普通高等学校通识教育重点教材
"互联网+"应用型创新人才培养精品教材

大学语文翻转课堂的应用能力训练

DAXUE YUWEN FANZHUAN KETANG DE
YINGYONG NENGLI XUNLIAN

主　编　金秋萍
执行主编　阮　菲　付欣怡
副主编　陈文娟　陈　原　赵玲芳　殷梦娇
（排名不分先后 按姓氏笔画排列）

西南财经大学出版社
Southwestern University of Finance & Economics Press
中国·成都

图书在版编目(CIP)数据

大学语文翻转课堂的应用能力训练/金秋萍主编.—成都:西南财经大学出版社,2018.8(2020.8 重印)
ISBN 978-7-5504-3549-0

Ⅰ.①大… Ⅱ.①金… Ⅲ.①大学语文课—高等学校—教学参考资料 Ⅳ.①H193.9

中国版本图书馆 CIP 数据核字(2018)第 136634 号

大学语文翻转课堂的应用能力训练

DAXUE YUWEN FANZHUAN KETANG DE YINGYONG NENGLI XUNLIAN

主编　金秋萍

责任编辑:李特军
助理编辑:雷静
装帧设计:王振华
封面设计:张鹏
责任印制:朱曼丽

出版发行	西南财经大学出版社(四川省成都市光华村街55号)
网　　址	http://www.bookcj.com
电子邮件	bookcj@ foxmail.com
邮政编码	610074
电　　话	028-87353785
照　　排	北京壹滴水文化传播有限公司
印　　刷	安徽新华印刷股份有限公司
成品尺寸	185mm×260mm
印　　张	16
字　　数	362 千字
版　　次	2018 年 8 月第 1 版
印　　次	2020 年 8 月第 3 次印刷
书　　号	ISBN 978-7-5504-3549-0
定　　价	86.80 元

前 言

　　2015年11月16日,教育部、国家发改委、财政部发布《引导部分地方普通本科高校向应用型转变的指导意见》。自此,我国本科院校开始走上应用型本科院校的改革之路。2016年12月28日国务院常务会议通过了《国家教育事业发展第十三个五年规划》,进一步推动了部分本科高校向应用型高校的转变。2017年12月20日,国务院办公厅又印发《关于深化产教融合的若干意见》,要求:"大力支持应用型本科和行业特色类高校建设,提高应用型人才培养比重。"在此背景下,应用型本科高校发展迅猛。

　　"应用型本科高校"是指以应用型为办学定位,以应用型本科教育为主的本科院校,是对新型的本科教育和新层次的高职教育相结合的教育模式的探索,重点培养适应社会经济发展需求的应用型本科专业人才。"应用"是其核心,要求以体现时代精神和社会发展要求的人才观、质量观和教育观为先导,以在新的高等教育形势下构建满足和适应经济与社会发展需要的新的学科方向、专业结构、课程体系,更新教学内容、教学环节、教学方法和教学手段,全面提高教学水平,培养具有较强社会适应能力和竞争能力的高素质应用型人才。

　　目前,虽然我国应用型本科高校的建设仍处于起步阶段,但关于应用型本科高校建设的研究成果颇丰,研究内容主要集中在应用型本科高校的发展战略、人才培养模式、教学改革三方面。但关于应用型本科高校公共基础课的研究略显不足,对《大学语文》课程改革的研究成果更是缺乏。

　　"公共基础课"是本科高校各专业或者一定类别专业的学生必修的基础课程通常针针对大学一至二年级学生开设,处于课程体系关键地位。

　　在应用型本科高校"公共基础课"开设过程中,教材的选择与使用是极为重要的环节。首先,教材是承载学科知识的载体,是学生获取知识的重要媒介。其次,教材也是教师开展课堂教学的重要依据。再次,教材反映了编者的教育理念和先进的教学方法,促进教学改革,提升教学效果。通过选择与使用优质的教材,能快速地刺激教师进行教学改革,实现应用型人才的培养目标。

　　根据目前应用型本科高校发展的现状以及教育部对应用型本科高校人才培养的要求,为适应当前的教学需求,我们以公共基础课《大学语文》为契机,编写了《大学语文翻转课堂的应用能力训练》教材。本教材以《大学语文》部分课程为例,结合"互联网+"背景下公共基础课程的教学方法,将人文素养、专业技能与就业取向相接轨,努力构建符合应用型本科高校人才培养目标的公共基础课程的教学体系,探索公共基础课程的教学改革与实践。

　　下面将教材的具体内容说明如下:

　　1.编写总则

　　本教材以教育部对应用型本科高校人才培养目标的要求为准则,以先进的教学理念为指导,以翻转课堂的教学手段为依托,以传统经典语文文本为教学基础,着力于培养学生的综合应用能力。编写始终坚持"四个结合",即文本研读与能力训练相结合、单项应用能力与综合应用能力相结合、实践运用与文化素养相结合、课堂教学与课外实践相结合,构建多层次、立体化、全方位的教学体系,努力实现学生综合应用能力的提高、文化素养的提升的教学目标。

　　2.教学目标

　　总体上体现了教学设计的层次性、教学内容的立体化、能力训练的全方位的特点。

　　(1)教学目标呈层递性分为:一般要求、较高要求和更高要求。"一般要求"需要学生基本掌握单项应用能力;"较高要求"需要学生掌握并运用综合应用能力;"更高要求"需要学生在运用综合应用能力的基础上实现创新发展。

　　(2)按照翻转课堂的教学模式设置教学内容,由理论指导、指导笔记、总结反馈、实践运用、思考练习、拓展阅读六部分。其中"实践运用"分设两个实践场景提供实践指导、实践要求和自我检测,形成立体化的教学体系。

　　(3)通过信息解码能力、应用写作能力、口语表达能力、管理决策能力、创新思维能力五大模块进行课程的应用型转化。在课堂教学中,锁定各能力的梯形训练目标,设置实用且有趣的训练项目,调动学生的学习主动性和积极性,提高学生的综合应用能力。

　　3.教材特点

　　(1)以学生的应用能力培养为导向,提炼出应用型本科高校课程应当着重培养学生的五种能力;

　　(2)以综合实践能力的提升为目标,通过对教材选文的深入解读及实践运用训练,提升学生的综合实践能力;

（3）以实践训练为主体，内容编写强调实践运用，从载体教材的优质选文出发，提供真实的实践场景，训练符合就业需求的实践能力；

（4）以线上与线下结合的模式引导教学过程，充分利用云平台，通过课前预习测试、课堂随机小测、课堂众答互评、课后作业巩固等方式，以"分散化、全时段、多维度"形式渗透到整个教学中；

（5）以翻转课堂的教学模式为指导，章节框架的设置严格按照翻转课堂的教学模式，充分调动学生自主学习的积极性；

（6）以课堂教学与课外实践结合的手段拓展教学内容，部分实践场景需要学生进行课外实践，部分"思考练习""知识链接""拓展阅读"需要学生利用课外时间完成，实现课堂教学内容的进一步延伸。

4.使用对象

本教材可作为应用型本科高校大学生应用能力培养与实践指导用书、高等院校《大学语文》课程的教辅用书，亦可供广大学生和教育工作者阅读、学习之用。

5.教材内容

教材按照五大应用能力分为五大部分，每部分以训练一种应用能力为核心，具体如下表所示：

名称	第一章	第二章	第三章	第四章
第一部分 信息解码	信息的筛选与提取——抽丝剥茧、披沙拣金	信息分析与文本解读——字斟句酌、条分缕析	信息的鉴别与评价——去伪存真、鞭辟入里	信息的整合与运用——厚积薄发、融会贯通
第二部分 应用写作	求职简历——金子也要以对的方式发光	合同契约——一字千金的买卖马虎不得	工作报告——让你的工作成绩不再隐形	活动策划——运筹帷幄可不是纸上谈兵
第三部分 口语表达	演讲口才——有效传达重要信息	辩论口才——准确分析双方观点	面试口才——重点突出自身优势	销售口才——按需展现商品特点
第四部分 管理决策	自我管理——万丈高楼平地起	沟通协调——目交心通众心齐	团队管理——同心协力泰山移	领导决策——握筹布画决千里
第五部分 创新思维	敏锐观察力——开启创新之门	关联想象——破解创新之谜	头脑风暴——解除创新之难	团队创意——成就创新之举

6.教材框架示图

大学语文翻转课堂
的应用能力训练

第一部分 信息解码
- 第一章 信息的筛选与提取
- 第二章 信息分析与文本解读
- 第三章 信息的鉴别与评价
- 第四章 信息的整合与运用

第二部分 应用写作
- 第一章 求职简历
- 第二章 合同契约
- 第三章 工作报告
- 第四章 活动策划

第三部分 口语表达
- 第一章 演讲口才
- 第二章 辩论口才
- 第三章 面试口才
- 第四章 销售口才

第四部分 管理决策
- 第一章 自我管理
- 第二章 沟通协调
- 第三章 团队管理
- 第四章 领导决策

第五部分 创新思维
- 第一章 敏锐观察力
- 第二章 关联想象
- 第三章 头脑风暴
- 第四章 团队创意

能力训练
- ❶ 理论指导 —— 指导笔记
- 总结反馈
- 实践场景
- ❷ 实践运用 —— 实践要求
- 实践指导
- 自我检测
- ❸ 知识链接
- ❹ 思考练习
- ❺ 拓展阅读

　　本教材配有网络学习平台,读者可通过扫描封底的二维码进行线上学习。

　　最后,谨向帮助、支持、鼓励完成本教材出版的无锡太湖学院董事会、校领导以及相关部门,致以深深的敬意和诚挚的感谢!

　　由于对应用型本科高校公共基础课,尤其是对《大学语义》课程的教学改革理论研究较少,加之编者水平有限,教材中难免存在疏漏或谬误,恳请广大读者批评指正。

教材编写组

2018 年 5 月 1 日

目录
C O N T E N T S

第一部分　信息解码

【导言】

　　各位同学,欢迎来到"实用技能训练"课堂!在本次训练中大家将面临五次挑战,我们将从第一关——"信息解码"开始"打怪升级",希望大家能够"过五关,斩六将",最终圆满完成闯关任务。

　　"信息解码"是指对接收到的各种信息进行筛选、提取、分析、评判、加工、整合与运用。"信息解码"能力是我们在日常生活和学习中必不可少的一项技能。在"信息大爆炸"的时代,"信息解码"能力尤为重要。因为只有经过解码,才能精准地找到最有价值的信息,进而将其与原有的知识体系相整合,并且进一步扩充、完善我们的认知体系,提升学习能力。对于学习者来说,是否善于对信息材料进行解码,将决定其学习效果的好坏。对信息材料进行解码,是对内在知识重新建构的过程,也是一个创造的过程。在这一部分,我们将聚焦于"信息解码"能力的培养,逐一进行信息的筛选与提取、信息的分析与解读、信息的鉴别与评价、信息的整合与运用四个技能的训练。通过这四个小关卡的考验,你将所向披靡,在"信息大爆炸"的时代也能游刃有余地获取对自己有价值的信息。下面,就让我们开始挑战吧!

第一章　信息的筛选与提取——抽丝剥茧、披沙拣金

　　美国电影《霹雳五号》(又名《机器人五号》)中主人公机器人"五号"说得最多的台词便是"Input"(信息输入)。对于"五号"来说,信息具有和食物一样的功能,只有不断地输入信息,它才能够对自己所处的世界有更多的了解,才可以与人类进行无障碍交流,保持"活着"的状态。这样看来,获取信息与获取食物在某种程度上是相通的。要想在信息时代永葆活力、不被淘汰,我们在面对种类繁多、杂乱无序的信息时,必须得像挑剔食物一样挑剔信息,通过对信息进行筛选和提取,抽丝剥茧、披沙拣金,获取亟须的养分。

一、理论指导

　　信息的筛选是指根据需要从纷繁的信息材料中舍弃无用信息,排除干扰信息,找到有用

信息。信息的提取,则是在信息筛选的基础上,对有效信息进行提炼和概括。

在语文学习中,所谓信息,是指我们通过阅读而得到的语句消息、篇章情报、主题思想,或者包含某些信息的数据、图表等。这些信息,有些是通过粗浅的阅读即可获得的显性信息,有些则是需要经过分析、加工、提炼、整合而获得的隐性信息。筛选与提取信息,就是在整体把握文章主旨的基础上,根据一定的阅读目的,运用各种方法与技巧,对文章内容进行有目的地分析,用以区别文中所用材料的作用和用途,从中筛选出有效的信息材料并加以提炼。

图 1-1-1　机器人"五号"①

(一)信息的筛选

那么,如何迅速而精准地筛选出有效信息?可以先从文体出发,确定有效信息的大致区域,随后根据文本结构及文本内容筛选重要信息。

1.文体结构分析法

一般来说,不同的文体有不同的结构,其侧重传达的信息也各有不同。因此,在筛选信息时,不同文体应区别对待。从文体入手进行信息筛选,可以帮助我们锁定有效信息的种类及最有可能分布的区域。记叙文以记叙、描写为主要表达方式,以记人、叙事、写景、状物为主要内容。在阅读记叙文时,应重点把握记叙的要素、顺序、人称、结构、详略等。议论文以议论为主要表达方式,通过讲事实、摆道理,直接表达作者的观点和主张。在阅读议论文时,应重点把握文章的总论点、分论点、论据及论证方法。说明文则以说明为主要表达方式,主要介绍或解释事物的状态、性质、构造、功能、制作方法、发展过程和事理的成因、功过。在阅读这类文体时,要着重把握文章的主要说明对象及其主要特征及说明的中心和方法。应用文往往是为满足日常生活、工作及学习的实际需要而创作的,所以在阅读应用文时,须注意其特定的写作目的。

我们不妨以易中天论述成都城市文化性格的文章《朴野与儒雅》②为例加以说明。本文可视为一篇议论文,全文的中心论点在标题中便已明确点出:成都突出的文化性格有二——朴野与儒雅。围绕这一中心论题,正文可划分为两个层次,第一层论述成都之"朴野",第二层论述成都之"儒雅"。从整体上看,只要熟悉议论文的结构方式,便能很快找到本文的总论点与分论点。至于各层次中更细致的信息则需要我们在随后的精读中再去筛选了。不光是议论文,其他文体的有效信息的初步筛选也都可以从分析文体结构的方式入手。

---

① 图 1-1-1 为美国电影《霹雳五号》(Short Circuit)中的角色——机器人"五号",图片来源:http://et.21cn.com/movie/huati/2008/08/06/5030195.shtml。

② 金秋萍,陆家桂.大学语文[M].上海:上海交通大学出版社,2017:168-173.

2.细节突破法

从文体的角度进行信息的筛选往往适用于粗略地把握文章的基本内容,了解重要信息的分布情况。想要进一步理解文本,则需要在仔细阅读文本的基础上,结合问题,运用一定的方法进一步筛选有效信息。我们可以借鉴美国学者亚当·罗宾逊在其著作《如何学习:用更短的时间达到更佳效果和更好成绩》中提出的"赛博学习法"①。"赛博学习法"的核心与精髓便是罗宾逊总结出的在阅读中具有广泛适用性的十二个问题,其中与信息筛选相关的主要是前七个问题:

问题1:我阅读这篇文章的目的是什么?

问题2:关于这个话题,我已经知道些什么?

问题3:这篇文章的主要内容是什么?

问题4:作者接下来要说什么?

问题5:"专业问题"是什么?

问题6:针对这些信息,我能提出什么问题?

问题7:在这篇文章里哪些是重要信息?

对前三个问题的解答我们可以通过"文体结构分析法"来回答,后面四个问题则需要从文本细节出发进行突破。第五个问题中的"专业问题"是学科或课程学习中的一些基本问题,熟悉这些问题对于课程学习会有很大的帮助。语文学科的"专业问题"不外乎以下这些:

第一类:对文章内容概况和主旨的把握。

第二类:根据语言环境,理解重点词语的含义,对句子进行推敲、品味和赏析。

第三类:对人物性格特点的理解与评价。

第四类:结合文章内容,对表达技巧、表达手法的判断和分析。

在回答这四类问题时,可以从一些细节进行突破:

第一,从关键词或核心语句突破。文中的关键词往往是一些重要概念或反复出现的核心词汇;而核心语句往往是文中能兼顾前后、领挈全文的句子,常分布在篇首或篇末,也有些出现在篇中或标题中。筛选出关键词及核心语句,对于了解文章主要内容、理解文章主旨大有助益。例如,在上文提到的《朴野与儒雅》中,题目中的两个词语"朴野"与"儒雅"无疑是全文的关键词。因此,我们在品读文章,品味成都的城市文化性格时,可以以"朴野"与"儒雅"为突破口:为什么将成都的城市文化性格定位为"朴野"与"儒雅"?"朴野"体现在哪些方面?"儒雅"又有哪些表现?

第二,挖掘隐含信息突破。语言的魅力在于它既可以开门见山,让人初见便心领神会,又能够准确表达作者想要传达的内容和思想。但更多的时候,它"犹抱琵琶半遮面",需要读者绞尽脑汁地去揣摩、体会隐藏在文本之下的深意。因此,在进行信息筛选时,尤其要注意

---

① "赛博学习法"详见本章"知识链接"。

那些矛盾、对立的关键词,抑或隽永含蓄、耐人寻味的词句,以破解文本密码,加深对文本的理解。如《朴野与儒雅》一文中,两个关键词"朴野"与"儒雅"所指涉的内涵不尽相同,二者并列看似有些违和,这种违和便是我们挖掘隐含信息,进一步理解城市文化性格之复杂的突破口。

总之,我们要掌握信息筛选的基本方法并要善于思考,以便迅速筛选出重要信息,进一步进行信息分析与解码。

(二) 信息的提取

信息的提取建立在信息筛选的基础上,提取信息,便是对筛选出来的信息进行提炼和组合。信息的筛选重在对原始材料进行选择,筛选出来的信息往往较"原生态"——芜杂、无序且性质、类别多样,分布在文本的不同区域。信息的提取在某种程度上有些类似数学中的"合并同类项"与"排列组合"。我们需要根据问题将同类型的、散于各处的信息拨拢到一起,也需要试着将看似关系不大的信息组合到一起,期待它们发生"化学反应"甚至创造出迥异于原貌的新信息。

要完成信息的提取,须分"两步走":首先,明确筛选信息的目的,只有清楚地知道自己需要的是关于什么问题的信息,才能有针对性地将相关信息集中到一起;其次,提炼、整合信息,筛选出有效信息后,对信息进行分类集中、合并组合或归纳概括。

在提取信息时可以选择不同的方法。若有效信息的表达已经语言简练、表意明确,则直接使用"原句移用法"提取信息。若有效信息分布较散乱,但不同区域的有效信息的表达也足够概括、凝练,可选择"关键词句组合法"对有效信息进行相应的整合。若有效信息表达不够凝练或者不适合直接组合,需要采取"重组法"及"转换表述"法进行整合。在转换表达时,须遵循以下几个原则:

第一,语言要显,忌含蓄、笼统;

第二,语言要简,力求简洁、凝练;

第三,语句通顺,切忌语病;

第四,选择合适的句式,一般宜用判断句、陈述句,不用省略句、问句等特殊句式。

下面我们以《聊斋志异·婴宁》[①]为例进行一次提取信息的练习。《聊斋志异·婴宁》作为一篇记叙文,文章以主人公"婴宁"为题,因此,解读婴宁的人物性格特征是理解这篇文章的一个关键问题。婴宁有哪些性格特征呢?借助上面所介绍的信息筛选法可知,"爱笑"是婴宁最为突出的一个特征。我们可以从文中多处直接提取有效信息加以佐证:婴宁与王子服初见之时,"笑容可掬";再见之时,"笑辄不辍";及至二人同归王家,婴宁犹喜"大笑""浓笑"。可以说,在西人子祸事之前,但凡婴宁出场,便伴随笑声。这些信息不难提取。除此之外,通过细读全文,我们不难发现,鬼母、王生、王母也都曾评价婴宁,"呆痴如婴儿""憨痴""憨生"。对这些信息进行提取,可以总结出婴宁另一个性格特征:憨痴。那么,"爱笑"和

---

① 金秋萍,陆家桂.大学语文[M].上海:上海交通大学出版社,2017:184-187.

"憨痴"是否足以全面概括婴宁的性格？我们还要注意对隐含信息进行提取。在文末，蒲松龄借"异史氏"之口评价婴宁："观其孜孜憨笑，似全无心肝者。而墙下恶作剧，其黠孰甚焉。至凄恋鬼母，反笑为哭，我婴宁殆隐于笑者矣。"①这一评语可谓暗藏玄机，"似全无心肝"，一个"似"字便在某种程度上否定了婴宁表面的"憨痴"；而"黠孰甚""隐于笑者"则进一步提示婴宁绝非那么简单，婴宁之"笑"背后还隐藏着更丰富的信息。只有全面筛选、提取相关信息并对其解码，我们才能全面认识婴宁，理解这一人物的性格特征。

总之，信息的筛选与提取都各有其法，在这一能力的培养过程中，我们要掌握基本的理论与方法，继而揣摩思考，领会其要领，以便为进一步进行信息解码打下坚实的基础。

✎ 指导笔记

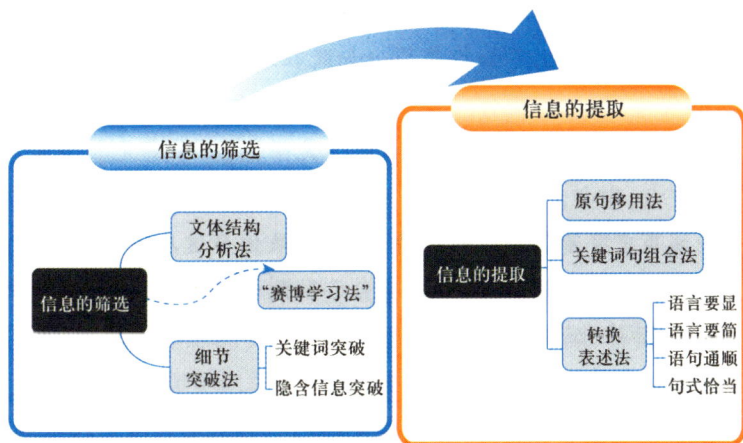

📚 总结反馈

请组织语言回答以下问题，要求语言简洁、凝练。这些问题涵盖了上述理论指导的重要内容，如果无法顺利作答，你需要重新阅读相关材料。

1.阅读文本时，可采用哪些方法筛选有效信息？

_____

2.解析文本时如何对有效信息进行提取？

_____

3.在提取信息时应遵循哪些原则？

_____

① 金秋萍,陆家桂.大学语文[M]上海:上海交通大学出版社,2017:187.

检测点	1	2	3	4	5
(3)能够结合照片讲述自己关于城市的独家记忆,或者可以阐明自己对照片所包含信息的理解。					
(4)可以提炼出几个关键词来概括、总结城市文化性格。					
(5)在讲述自己的城市记忆,进行城市文化品读时,能够运用多种表达方法。					
(6)能够透过物品或现象挖掘地域文化或城市文化的丰富性、复杂性。					

【实践二】

1.实践场景

自媒体的盛行,不仅带来了传播渠道和方式的改变,同时这一趋势也使语言表达呈现出新的特点和发展趋势。每时每刻,在世界的各个角落都有网络热词产生,一些网络热词借助即时通信工具得以迅速传播,并被广泛应用。网络热词作为一种文化现象,反映了某个时期一个国家或一个地区人们普遍关注的问题和事物,具有时代特征,反映出某个时代的热点话题及民生问题。部分极具传播力的网络热词甚至会催生相应的网络文化热潮。因此,网络热词可成为透视流行文化的一个切入点。近些年,不少网络热词受到网民的追捧,并被广泛使用,网络媒体也会总结年度网络热词,选出年度之最。你对哪些网络热词印象深刻?

2.实践要求

(1)请结合个人体验,筛选出近三年内你认为最具影响力的网络热词,并在此基础上,进一步搜集、筛选、提取信息,形成自选网络热词的分析报告。

(2)广泛搜集信息进行筛选、提取,按照一定的标准选取自己认为最具研究价值的网络热词;班级同学所选择的网络热词尽可能丰富多样。

(3)通过各种途径搜集、筛选、提取信息,梳理所选热词的来源、使用情况。

(4)分析所选热词,探析所选定的网络热词所反映的社会现象及社会文化。

(5)对筛选出的有效信息进行提取整合,形成网络热词分析报告。

(6)进行课堂报告,结合自己整理的材料,口头讲述自己的分析报告及此次实践心得。

3.实践指导

信息的搜集可通过多种途径实现,网络热词相关信息的搜集与整理主要依靠网络资源。在信息搜集时,仍可借鉴"赛博学习法",通过设置问题,有针对性地搜集、筛选信息。

如何对网络热词的词源及引申词义进行分析?如何看待网络热词与社会现象或社会文化之间的关系?我们可借鉴《朴野与儒雅》中对"㸆"的分析:

"㸆"这个字,是成都方言,音pa,原本用于烹调,指食物煮至烂熟软和但外形完整之状。比如汤圆煮熟了就叫"煮㸆了",红薯烤熟了就叫"㸆红苕"。引而申之,则软和就叫"㸆和",软饭就叫"㸆饭",柔软就叫"㸆溜溜"。用到人身上,则有"㸆子""㸆疲""㸆蛋""㸆耳朵"等说法。不过,"耙耳朵"是一个专用名词,特指怕老婆的人。[1]

上面这段话对"耙"的本义、引申义,以及与之相关的词汇都做了分析,而最后又特别分析了"耙耳朵",并将这一词语的使用与成都特定的人文文化相联系。我们对网络热词的分析研究完全可以借鉴上文的思路。

4.自我检测

请结合下面的检测表进行自我测评,检测自己本次的实践表现,并且根据各检测点的完成情况找到自身在本次实践中的不足,有针对性地进行强化训练。

检测点	基本达到要求 请打"√"	未达到要求 请打"×"
(1)在筛选网络热词时有一定的选择标准。	( )	( )
(2)在系统研究前对所选择的网络热词有一定的了解。	( )	( )
(3)对词语的意义、演变规律有一定的了解。	( )	( )
(4)对所选择的网络热词的产生及使用的社会文化背景有一定的了解。	( )	( )
(5)能够进行信息的筛选、提取,分析总结选取的网络热词所反映出的社会问题及社会文化。	( )	( )
(6)能够按照一定的逻辑,对自己所筛选、提取的信息进行分析、整合,形成系统的分析报告。	( )	( )
(7)能够用流畅、凝练的语言讲述、分享自己的实践成果与实践心得体会。	( )	( )

A+B=C 三、知识链接

(一)TED 演讲视频:JP Rangaswami 演讲《信息就是食物》

如果像看待食物那样看待信息
is what would would happen differently in your life

图 1-1-2 演讲视频截图[2]

---

[1] 金秋萍,陆家桂.大学语文[M].上海:上海交通大学出版社,2017:171.

[2] 图 1-1-2 来源:http://open.163.com/movie/2013/9/6/P/M97FP1T9T_M9G12F56P.html。

(二)"赛博学习法"①

"Cyber",音译:赛博,来源于古希腊单词,意思是引航员或者是拥有控制权。"Cyber Learning",即赛博学习法,是由美国学习问题专家亚当·罗宾逊通过观察采访,总结出的数百位成绩优秀学生的高效学习法。它能够帮助学习者在最短的时间达到更佳效果和更好的成绩。快来学习一下吧!

图 1-1-3②

赛博学习法是一种动态的学习过程,在这个过程中你(不是你的老师,也不是某些教科书的作者)会掌握控制权,成为你自己学习的"引航员"。

这种方法的第一步是对话:你会针对正在学习的材料,提出一系列具体的问题。慢慢地,通过信息的整理和再整理,以及在新材料与你学过的知识之间建立新的联系,你将真正理解材料。

赛博学习法:十二个问题

当尖子生们在学习某一个科目的时候,不管有意无意,他们都会问同样的十二个问题。这些问题是赛博学习法的基础。接下来,我们将花整整十二个章节的时间,讨论每一个问题。

问题1:我阅读这篇文章的目的是什么?

在阅读之前,你必须知道为什么要阅读,这样你在阅读的过程中,就会知道自己应该留心什么。

问题2:关于这个话题,我已经知道些什么?

在你看完标题但还没有开始阅读正文之前,作为热身,你应该花几分钟的时间快速写下关于对应话题所有你知道的事情。

问题3:这篇文章的主要内容是什么?

开始仔细阅读之前,你需要通过略读文章来知道文章的要点梗概。

问题4:作者接下来要说什么?

你可以尝试一边阅读,一边预测作者接下来要讲些什么内容,让自己先他(或她)一步。

问题5:"专业问题"是什么?

每一个科目都会有一套自己的问题,必须牢记这些问题。

---

① 亚当·罗宾逊.如何学习:用更短的时间达到更佳效果和更好成绩[M].林悦,译.北京:中国青年出版社,2016:52-54.

② 图 1-1-3 来源:https://mp.weixin.qq.com/s/CMsrP4moHn6t5gcTQd5erQ.

问题6:针对这些信息,我能提出什么问题?

当你在阅读的时候,你必须意识到你能从材料中提炼出什么问题。

问题7:这篇文章里哪些是重要信息?

你必须分辨哪些信息是重要的,值得你把它们写进你的笔记里面的,主要的判断依据是你的阅读目的(问题1)。

问题8:针对这些信息,我要如何进行改述和总结?

在你选择、记录重要信息的过程中,你应该用你自己的话,尽可能简短地来表达作者的意思。

问题9:我应该如何组织这些信息?

记完笔记之后,仔细看看你的笔记,看看文章是如何组织信息的,同时,也想想你是否能够创造合理的新信息组或者信息关联。

问题10:我如何用图表来说明这些信息?

再一次通读笔记,你现在的目标应该是尽可能多地将信息转化成符号或者图片。

问题11:对我而言,这些信息的记忆点是什么?

现在你已经对文章的信息进行了处理,而且也开始理解这些信息,你需要一些技巧来帮助你,确保你能够记住考试所需要的信息。

问题12:这些信息如何才能与我已知的知识结合起来?

当你阅读笔记时,你应该看看新信息怎样才能够与你已经知道的知识结合起来——不是只关于这个话题,而是关于其他所有方面。

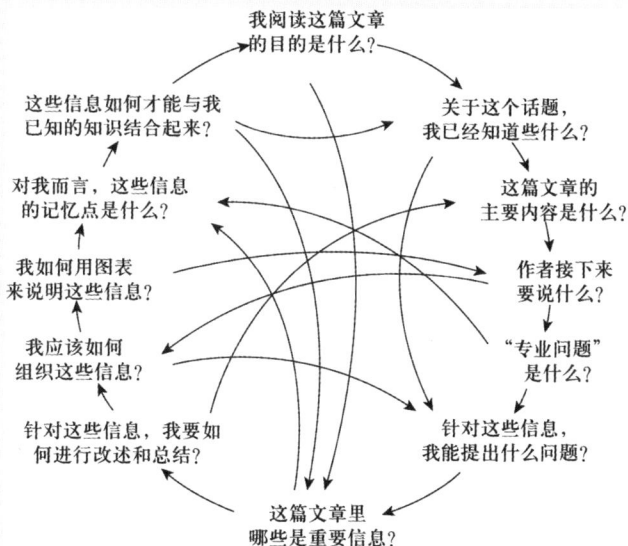

图 1-1-4 "赛博学习法"十二问①

① 图 1-1-4 来源:http://www.360doc.com/content/16/0113/01/18791455_527490911.shtml。

四、思考练习

1.英国著名的教育理论家艾尔弗雷德·诺思·怀特海有一篇影响深远的文章——《想象力：大学存在的理由》。为什么怀特海会认为想象力是大学存在的理由？请根据本章所学知识，从文中筛选、提取信息，回答这一问题。

2.新学年伊始，大批新生入校，各社团的招新活动也如火如荼地开展，在令人眼花缭乱的众多社团中你将如何选择？能否根据自己的调查研究制作一份分析表？要求在分析表中呈现自己选择社团的标准，各社团与你的选择标准的契合点，并分析预测自己在社团中可能取得的发展与进步。

3.你所在的城市博物馆将有一次美术馆珍藏特展，你与朋友约定一起参观。为使你们的行程紧凑，参观活动更有收获，你能否搜集、筛选、提取有效信息制作一份参观攻略？

五、拓展阅读

1.布朗.学会提问：批判性思维指南[M].赵玉芳，向景辉，译.北京：中国轻工业出版社,2006.

2.R.基思·索耶.剑桥学习科学手册[M].徐晓东，译.北京：教育科学出版社,2010.

3.亚当·罗宾逊.如何学习：用更短的时间达到更佳效果和更好成绩[M].林悦，译.北京：中国青年出版社,2016.

第二章　信息分析与文本解读——字斟句酌、条分缕析

在学会筛选与提取信息后，我们将进一步进行信息分析与解读能力的训练。信息分析能力，是我们在日常生活及专业学习中必备的一项技能。而在各种信息的分析中，对文学作品的分析无疑是较为复杂的，解读文学作品也是"实用技能训练"的一个重点。因此，本章我们将侧重介绍分析、解读文学作品的方法。

💼 一、理论指导

所谓信息分析，便是在搜集、筛选信息的基础上，以一定的目标为导向，分析各信息元素之间的潜在联系，建立逻辑网络，得出结论。

图 1-2-1　儿童益智拼图①

在日常生活中，人们会接收到各种各样的信息，并有意无意地进行信息分析：在出行前，根据天气预报安排行程、准备着装；在与人交谈时，分析对方的言语、表情、姿态，继而做出回复。同时，信息分析不存在年龄界限，比如儿童在做游戏时也经常需要分析信息。进行信息分析的关键便是在各信息元素间建立一定的逻辑联系。我们可以以儿童拼图游戏为例表现信息分析的过程：图 1-2-1 是常见的儿童益智拼图。不难看出，这幅完整的图片可拆分为 9 个小块。在这一游戏中，儿童要完成的任务便是把散乱的 9 块拼图拼在一起，形成一幅完整的图片。要顺利完成这个任务，关键便是找到 9 块拼图之间的联系。儿童在游戏过程中经过相关提示或反复的实践，会逐渐明白：可以根据熊猫的形象去进行拼接，或者根据各拼图的凹凸寻找相互契合的图片。这一过程便是信息分析。总之，在这个过程中，找到各拼图间的联系至关重要。

专业的信息分析当然远比我们所举的例子复杂得多，但二者具有相通性：无论是对何种性质的信息进行分析，最为关键的是找到信息元素间的潜在联系。文学作品的分析亦是如此。解读文学作品，便是根据作品提供的信息，准确把握各要素之间的关系，体会它们之间的相互作用，并在作品语言（也可能是涉及其他性质的元素）的提示下，借助自己的想象力、

---

① 图 1-2-1 来源：http://www.yiwugou.com/product/detail/928511389.html。

艺术感受能力及生活经验等,对作品的意义、意味做出解读。要成功地解读文学作品,须掌握一定的方法。本章我们选取影响较大,并且有普遍实用价值的文本细读法与互文性阅读法来讲解。

(一) 文本细读:回归文本,深入阅读

文本细读法是20世纪中叶在"新批评"①理论的思潮中逐渐形成的一种文本解读方法。所谓"文本",从文学角度说,通常是具有完整、系统含义的一个句子或多个句子的组合。而"细读"(Close Reading),直译便是"封闭式"阅读。之所以称为"封闭式",是因为受语义学的影响,新批评主义认为,文学作品是一个完整的、多层次的艺术客体,是一个独立自主的世界,文学作品本身就是文学活动的本原。以作品为本体,从文学作品本身出发研究文学就成为新批评主义的理论核心。立足于文本的语义分析,新批评流派极为推崇"文本细读"法,认为这是进行文本解读的行之有效的方法。

那么,如何进行文本细读? 可以从以下两个方面入手实践:

1.直面文本

从某种意义上来说,阅读是读者在知识储备、情感体验及经验阅历等方面与作家的应和。因为每个人的知识储备及生活经历都不尽相同,在阅读时,受阅读者自身素养及经验的影响,阅读结果往往呈现出一定的差异性。正如西方谚语所言:"一千个读者眼里有一千个哈姆雷特。"鲁迅先生在谈论《红楼梦》时也表达了类似的观点:"《红楼梦》……单是命意,就因读者的眼光而有种种,经学家看见《易》,道学家看见淫,才子看见缠绵,革命家看见排满,流言家看见宫闱秘事……"②

可见,在很多情况下,文本解读并不具有唯一正确性,甚至同一个人在不同时期、不同状态下解读出来的内容也会有所不同。越是经典作品,便越具有无穷阐释性,正如卡尔维诺所说:"一部经典作品是一本从不会耗尽它要向读者说的一切东西的书。"③每一次阅读经典实际上都是一次重读。如何摆脱阐释的迷雾,发出自己的声音? 这就要求我们在进行阅读时,首先要有"排除干扰,直面文本"的态度。直面文学作品,要先从自己的阅读体会出发,寻找线索来触动文学作品所隐含的作家的心灵世界与读者参与阅读的心灵世界之间的应和。其他外在的因素——研究和解说,只能在读者与文本之间已经有了心心相印的可能性以后,才能够发挥它的积极意义。如果一个读者在没有直接阅读作品之前先读了大量的有关评论,就很容易陷入自我迷失,找不到自己的阅读感受。

① "新批评"是英美现代文学批评中最有影响的流派之一,它于20世纪20年代在英国发端,30年代在美国形成,并于四五十年代在美国形成趋势。50年代后期,"新批评"渐趋衰落,但"新批评"提倡和实践的立足文本的语义分析仍不失为文学批评的基本方法之一,对当今的文学批评尤其是诗歌批评产生着深远的影响。
② 鲁迅.鲁迅全集·第8卷·集外集拾遗补编[M].北京:人民文学出版社,2005:179.
③ 伊塔洛·卡尔维诺.为什么读经典[M].黄灿然,译.南京:译林出版社,2006:4.

2.寻找文本"缝隙"①

直面文本是态度,而寻找文本中的"缝隙"则是进行阐释的一个突破口。所谓"文本缝隙",是指一篇作品中引而不发、含而不露的内容,或是作品在形式、结构、语言、情感、思想等方面所表现出来的不一致、不和谐的内容。寻找文本的缝隙,发现文本矛盾,是文本分析最常用的手段之一。

美国作家海明威曾指出,自己在创作时始终秉承"冰山原则":"我总是试图根据冰山原则去写作,水底的部分占整座冰山的八分之七,凡是你知道的东西都可以省略,略去的是海底看不见的部分,这会使你的冰山深厚起来。"②海明威无疑揭示出了创作的规律:出于艺术性的考虑,用文字明确表达出来的东西可能只是作家全部意旨的一小部分,而要还原作家在作品中所塑造的世界,参透作家在作品中传达的情感及思想,就需要读者费尽心力,将海面以下八分之七的内容挖掘出来。这是一个探险的过程,在这一过程中,只有用心寻找那些"缝隙",才有可能发现作家潜藏的宝藏。文本之中人物的身份、人物的对话,所涉及的意象中都可能存在"缝隙"。进行文本细读,就是要尽可能地发现"缝隙"、弥合"缝隙",还原作家的精神世界③。

(二)互文性阅读:重视联系,拓宽视野

如果说文本细读更关注文本自身的话,互文性阅读则更关注文本之间的潜在联系。"互文性"(Intertextuality)这一概念最早是由法国符号学家朱丽娅·克里斯蒂娃在其《符号学》一书中提出来的:"任何作品的本文④都像是由许多行文的镶嵌品那样构成的,任何本文都是其他本文的吸收和转化。"⑤在文本的层面,"互文性"强调作品之间的关联性,亦即强调一个确定的文本与它所引用、改写、吸收、扩展,或在总体上加以改造的其他文本之间的关系,解码者应当依据这种关系去理解文本。"互文性"可能存在于同一个作家的不同作品中,也可能存在于不同时期、不同作家的作品中。由于"互文性"的存在,在文本细读的基础上,我们可以去找寻存在"互文性"的文本,拓展研究视野,挖掘多维度解读文本的可能性。

1.横向联系,比较阅读

这里所说的"横向联系",主要指联系作家自身有关联性的作品,或作家及其亲友所提供的关于作品创作的素材。在"互文性"阅读中,最简单有效的方法便是直接从作家或其亲友所提供的,有关作品创作的相关素材中找寻有效信息,理解作家的创作意图。以老舍的《断魂枪》为例,关于这篇小说的创作意旨,老舍及其子舒乙都曾谈及。老舍在其作品《小说,语言及其他》中解释,"写到这里,我只写了两个字:'不传',就结束了。还有很多东西没说,让

---

① 陈思和.文本细读在当代的意义及其方法[J].河北学刊,2004,24(2):115.

② 崔道怡,朱伟."冰山"理论:对话与潜对话[M].北京:中国工人出版社,1987:79.

③ "寻找文本缝隙"具体案例参看本章"知识链接"。

④ 因为翻译的缘故,早期"文本"也被翻译为"本文",这里的"本文"也就是文本。

⑤ 朱丽娅·克里斯蒂娃.符号学:意义分析研究[M].//朱立元.现代西方美学史,上海:上海文艺出版社,1993:947.

读者去想。想什么呢？就让他们想想小说的'底'——许多好技术，就因个人的保守，而失传了"①。而舒乙也曾在演讲时提及："老舍先生爱打拳，他的代表作之一《断魂枪》，就是写的拳师。其中有一个人物叫沙子龙，一身的好功夫，就是不传。老舍先生批判这种爱的错位，他很爱这些文化的精致发达，但他又批判你爱的错位。他认为这些东西都是文化，都是应该继承的，应该保留的，但是你爱的不是时候，不是地方。这是老舍先生的高明之处。"②我们在解读这篇小说时，便可全面借鉴这些材料。

除了借鉴第一手的素材外，将同一作家的不同作品进行横向比较用以借鉴也是可行的。老舍生活在近代文化转型期，他对传统文化的传承问题进行了广泛的探讨。除《断魂枪》外，他不少作品也都涉及这一主题，如长篇小说《二马》《四世同堂》，短篇小说《老字号》等。我们在解读《断魂枪》时，也不妨与上面提及的其他作品进行横向比较阅读，在这个过程中，可能会有新的发现。

2.注重经典,寻找原型

从文学及文化学的角度来看，"经典"指经过历史选择，流传久远、经久不衰的作品，它们往往具有典范性与权威性，在某种程度上可以起到影响及塑造后世文化的作用。这里的"原型"，是指作品内部的隐形结构或曰"文化模式"，它往往出自民间的文化资源，反映了民间对于现实生活的习惯性理解。如果深入探究便会发现，看似不同的故事，很可能其内在原型具有同构性。因此，注重经典、寻找原型，可以帮助我们解锁文化基因，找到文本的文化之根，更好地理解文本所蕴含的文化信息。

以戴望舒的《雨巷》③为例，这首诗歌的中心意象是"丁香一样的姑娘"。解读这首诗歌，势必要对中心意象进行解析。诗人在诗歌中反复以"丁香"来渲染气氛。如若我们检索中华文化宝库便会发现，在长久的中国文学及文化发展过程中，"丁香"已凝结为一个特殊的具有美丽、高洁、愁怨的意象。在清楚这一点之后，我们便能理解《雨巷》的情感基调了。

《雨巷》除了沿用古典意象，作者还沿用了一个故事原型——"求女"故事原型。从中国文学源头开始，"求女"便成为历代作家反复书写的一个主题，在《诗经》的《蒹葭》《关雎》等篇目、屈原的《离骚》中我们都可以看到这一主题，当代这一主题也一再被吟咏。而在中国文学中，"求女"故事往往有着这样的结构:美丽女子出现——男子追求——求而不得。李白的一句诗"美人如花隔云端"很好地概括了这一主题的惯用结构。如此，"求女"故事在某种程度上便可被视为中国文学的一个原型。在《雨巷》中，诗人对那个"丁香一样的姑娘"满怀倾慕，然而却也一直难以接近。不难看出，《雨巷》是对先秦时期便已出现的"求女"故事原型的回应与应用。

① 老舍.文学.语言及其他[M].//老舍.老舍文集·第十六卷.北京:人民文学出版社,1991.
② 选自舒乙的演讲稿《老舍的爱好》，摘自 http://www.360doc.com/content/16/1116/08/33735976_606922487.shtml。
③ 金秋萍,陆家桂.大学语文[M].上海:上海交通大学出版社,2017:35-36.

总之,文本细读重在分析文本的内部结构,对文本进行探微;而互文性阅读重在找到不同文本之间的关联性,在文化系谱中找寻影响文本生成的文化基因,从文化学角度去解读文本。虽然我们在这一部分是以文学作品的解读为例来讲解这两种方法的,然大道至简、万物相通,所以我们在进行其他性质的文字材料或其他形式的艺术作品的解读时,也可以试着将所介绍的方法融会进去。当然,法无定法、式无定式,我们在具体实践时还要视材料而定。

✏ 指导笔记

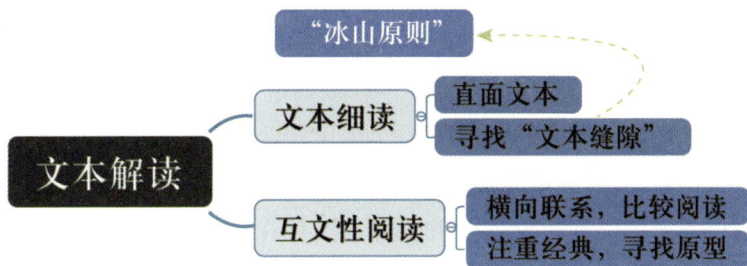

📚 总结反馈

以下几个词语是从"理论指导"中提炼出的关键词,请根据自己的理解进行阐释。

关键词	关键词阐释
文本细读	
"文本缝隙"	
"冰山原则"	
"互文性"	
"原型"	

🎨 二、实践运用

【实践一】

1.实践场景

某校"梦之翼"志愿者支教社团本着"筑梦,成就未来"的原则,每个暑假都要到长期定点支援的乡村小学进行为期两周的支教活动。在活动期间,社团将为小学生开设语文、数学、文化、体育、音乐等相关课程,报名参加支教活动的成员根据自己的特长负责相关课程的授课。小李是支教社团成员,今年,他也报名参加暑期支教活动,并将承担五年级语文课程的讲授任务。根据授课计划,小李在第三次课上将要给学生讲授杜牧的诗歌《题扬州禅智寺》。为更好地引导学生理解诗歌,小李在课前精心备课,并有意识地将诗歌解读的一些方法贯穿在自己的课堂中。假如你是小李,你将如何进行教学?

题扬州禅智寺①

杜牧

雨过一蝉噪,飘萧松桂秋。青苔满阶砌,白鸟故迟回。

暮霭生深树,斜阳下小楼。谁知竹西路,歌吹是扬州。

2.实践要求

(1)全班同学分组分工合作、共同备课。

(2)设计教学过程,各教学环节的设计充分考虑授课对象的认知水平及接受能力。

(3)合理解读诗歌,展现解读的视角及思路。

(4)在诗歌讲解过程中有意识地贯穿适合授课对象的诗歌解读方法。

(5)根据备课内容制作 PPT 课件,展现课堂教学的过程安排,突出教学重点与难点。

(6)每组推选一位同学作为代表,在课堂上结合 PPT 讲述教学设计,讲述时间控制在 15 分钟内。

3.实践指导

此次实践需要完成以下各环节的工作。

首先是备课环节,在这一环节我们重点完成对诗歌的解读。在解读诗歌时,可运用"文本细读"法对所有细节进行分析和综合推断。诗句的字里行间蕴藏着丰富的信息:诗人创作的时间,诗人所处的环境,诗人的心境等等。此外,也可以从诗句中发现"文本缝隙":诗人为什么会到禅智寺?扬州对于诗人是否有特殊意义?当然,我们可以以引导式与启发式的教学手段鼓励学生从文本中挖掘信息。在这个过程中"文本细读"法其实就可以在潜移默化中被学生接受。

其次是教学设计及课件制作环节。在进行教学设计时,要充分考虑授课对象的认知水平,不要出现过于专业的术语。在制作 PPT 时,要尽量做到简洁明了、条理清晰、重点突出。

最后是课堂报告环节,在这一过程中,重点是将教学设计讲清楚,讲述时要注意语言流畅、逻辑清晰。

4.自我检测

请根据下面的检测指标对自己的实践表现进行评价。每个检测点根据完成程度可获得相应数量的奖励贴:完成度很高——3 个,完成度良好——2 个,基本完成——1 个,没有完成——0 个。你可以根据自己的完成情况进行针对性练习。

---

① 金秋萍,陆家桂.大学语文[M].上海:上海交通大学出版社,2017:22.

检测点	奖励贴(👍)
(1)能够运用一定的文本解读法从诗句中挖掘丰富的信息。	
(2)能够对诗歌中的意象、意境进行分析解读。	
(3)教学内容及教学环节的设计充分考虑到授课对象的认知水平与接受能力。	
(4)能够结合教学设计制作PPT,PPT条理清晰、重点突出。	
(5)进行课堂报告时姿态得体、语言流畅、逻辑清晰。	

【实践二】

1.实践场景

在××省第三届大学生校园文化节期间,为展示高校校园文化建设成果,主办单位策划组织"高校艺术活动展示周"活动,活动将组织演讲比赛、辩论赛、歌咏比赛、话剧表演大赛等。某学校话剧社团决定参加话剧表演大赛,并积极备赛。然而备赛工作进展并不顺利,参演同学在剧本研读方面一直不得要领,在表演时总是难以处理好角色之间的关系,整个表演缺乏张力。为突破这一瓶颈,社长邀请艺术学院的一名专业教师进行指导。在理论指导之余,为了让学生在短时期内能有所突破,指导教师要求参赛同学根据给定的对白进行即兴表演。下面是老师所提供的对白:

甲:××,我很羡慕你。

乙:我相信你会很幸福。

甲:谢谢你的祝福。但是你要知道,有些东西你拥有,我一辈子都无法拥有。

乙:××,不管你要去到哪儿,如果累了,如果想家了,就回来。

甲:但是话说回来,有时候也别硬撑着,弦绷得太紧,终归有一天会断的。

乙:我欠家里的。

甲:一切都是最好的安排,我与你的相遇也是一种缘分。

乙:我们没有父母,但我们在一起长大,以前觉得苦,现在想想,没有比那更甜的。

甲:你得到了一些东西,必然也将会失去同样的东西。

乙:再见。

甲:再见。①

2.实践要求

(1)根据台词对白揣测分析甲与乙各自的身份、遭遇以及二者之间潜在的关系。

(2)根据"实践场景"中提供的材料及自己的推测分析,脑补对白背后的故事,还原对白情境。

---

① 实践场景中的台词对白来自湖南卫视综艺节目"声临其境"2018年3月10日第10期,是演员朱亚文与尹正的即兴对白。

(3)参演同学两两一组,根据商讨出的人物关系及背后故事进行舞台表演。

(4)进行表演的各组同学要尽可能通过表演把人物关系、人物情绪展现给观众。

(5)表演结束后,其他同学对各组表现进行评比,选出表现最佳的一组。

3.实践指导

虽然这是一次话剧实践,但是对话剧台词及剧本的研读也可归入文本理解的范畴。此处我们仍可借鉴文本解读的方法来分析"实践场景"中所提供的对白。

例如,我们可以通过"文本细读"法,挖掘台词中的细节,搞清楚人际关系。另外,这段对白中也有很多的"缝隙",比如对白中两个人物的性别是什么。甲羡慕乙什么。甲提到的乙拥有而自己"一辈子也无法拥有"的东西是什么,等等。总之,找到这些"缝隙",根据前后的台词及自己的推测分析进行"完形填空",我们便能够逐渐厘清故事的主线。

"互文性阅读"在这里其实也可以运用,这是一段即兴对白,对白背景、对白双方身份等信息都未知,所以我们在理论指导中所提及的"横向联系、比较阅读"法就不太适用。但是"注重经典、寻找原型"可能会有一些帮助。例如我们可以联系自己所读过的文学作品、观看过的影视作品,寻找类似的情节或类似的故事框架,也许可以从中找到解读这段台词的线索。

4.自我检测

请根据下面的检测指标对自己的实践表现进行检测,并根据检测结果进行学习反思。

检测点	回答(是或否)
(1)是否能够根据台词对白,分析、推测出两个人的身份?	
(2)是否能够分析、推测出两个人物潜在的关系?	
(3)是否能够根据台词提供的信息还原这段台词背后完整的故事?	
(4)是否能够根据自己分析出的人物关系、还原出的故事情节进行相应的表演?	
(5)是否能够在表演中将自己分析出的信息恰当地展现出来?	

A+B=C 三、知识链接

文本细读之"寻找缝隙"[①]

读《倾城之恋》,还会发现另外一个有趣的现象:故事写的是白流苏和范柳原两人的"倾城之恋",作家却漏掉了一个重要场景的描写,那就是两人的第一次见面。按照张爱玲婆婆妈妈的叙事习惯,这样重要的场景(决定了两人一见钟情的开端),本来是不应该把它疏漏的,只能说这是作家故意为之,因为只有这样才能使白、范两人的恋爱变得不真实。我们在阅读文学作品的时候要学会寻找缝隙。文本细读不是笼统地讲故事,我

[①] 陈思和.文本细读在当代的意义及其方法[J].河北学刊,2004,24(2):115.

们细读的时候要注意读出它的破绽，读出作家遗漏的或者错误的地方。我有一个信念，任何一部好的文学作品，背后一定有一个完整的世界——只有诗歌不一样，因为诗歌是抒情的。小说的背后有一个完整的故事，有一个完整的理想的模型，但是作家没有能力把这个模型全部写出来。比如说，作家写一个爱情故事，他的意识里肯定存在着一个完整的爱情故事，但他不可能把心里感受到的爱情原原本本地表现出来，写出来的只是所要表达的一部分。很多作家在写完作品以后说，我的笔无力啊，我写不出这个伟大的故事。有的作家把作品改来改去，就是达不到他想要达到的这么一个完整的境界。这就有一个差距。所谓的"缝隙"，就暗示了这种差距的存在。"缝隙"里隐藏了大量的密码，帮助你完善这个故事。

《雷雨》里也有一个遗漏的情节：周朴园在蘩漪之前还有一位妻子，就是取代鲁妈的那个有钱人家的小姐。这个妻子在《雷雨》里面好像完全被忘掉了，什么都没留下。西方文学里不是有《阁楼上的疯女人》(*The Mad Woman in the Attic*)吗？从女权主义来说，这是一个值得关注的缝隙。为什么曹禺在剧本里对这个连名字也没有的女人一点信息也不提供呢？相反，对于生育过两个孩子的梅侍萍(鲁妈)，周家却保留了大量

图 1-2-2　话剧《雷雨》剧照①

的信息，又是照片又是老家具，还以周萍生母的身份时时挂在周朴园的口头上。荣辱相差如此之大，不能不引起细读的深思。

还有就是剧中人物口头上经常提起"三十年前"怎么怎么，指的是三十年前周家把鲁妈赶走的事件。可是，有一次讲课，我突然觉得不对呀，鲁大海出生三天的时候鲁妈被赶走的，鲁大海在剧本里出现时是二十七岁，应该是二十七年前被赶走才对啊？为什么说是三十年前呢？可能是"三十年前"说起来比较顺口，这里当是口误，可我觉得还是不对。我仔细排他们的年龄，周萍是二十八岁，那么周朴园与鲁妈在一起至少是在二十九年以前，也就是说，周朴园和鲁妈两个人相爱的时间是三年，所以，一点儿也没错，"三十年前"恰恰不是把鲁妈抛弃的日子，而是他们相爱的日子，他们两个人从相好到生子再到分离，正好是三个年头。那么，我就想，周朴园和鲁妈都不是在回忆一个悲惨的日子，而是在他们的潜意识里回忆着一个美好的日子。什么样的事情能这么刻骨铭心，值得他们在潜意识里面一再出现？那只有他们美好的爱情。我再想，周朴园并不是强奸了这个丫环，他们是相好了三年，而且三年里生了两个孩子，他们的家还布置得非常像个样子，事情已经过去三十年了，周朴园还保持了鲁妈当年的布置，他每次与蘩漪吵架，

① 图 1-2-2 来源：http://news.eastday.com/eastday/dftp/wytp/node26605/userobject1ai385211.html。

就要拿旧衬衣来怀旧。所有的事情都联系起来,你就会发现,其实周朴园对鲁妈的感情是非常深厚的。一个中年人有过一次失败的恋爱,这次恋爱又是刻骨铭心的,那后面的婚姻肯定是不幸福的,曾经沧海难为水嘛!所以,后来周朴园与蘩漪的婚姻生活当然是不幸福的。通过蘩漪的不幸福,通过那个已死的无名妻子的悲惨命运可以看出,周朴园和鲁侍萍其实是幸福的。这个故事就这么倒上去看,什么都想通了。

以前我们解释《雷雨》总说周朴园是如何的虚伪,可感觉里总是稀里糊涂的。如果从那些被遗漏的缝隙里寻找信息,《雷雨》说的就是一个非常完整的家庭伦理悲剧。周朴园和鲁妈的悲剧不就是过去陆游与唐婉的故事吗?《钗头凤》为什么可以流传千古,而周朴园就要遗臭百年呢?我觉得我读《雷雨》读到了能读通的东西。我们过去对文学名著的很多解释都是从教条出发的,我们不相信文本背后还有一个更加完整的世界,我们只相信显文本提供的东西。这是我要说的寻找缝隙,通过作家的遗漏和疏忽,我们可以慢慢读出很多从字面上读不出的东西。

四、思考练习

1.请运用本章所学的文本解读法对张爱玲《花凋》①一文中川嫦的形象进行分析解读。

2.2018年初,由日本游戏公司HIT-POINT研发的休闲小游戏《旅行青蛙》在朋友圈刷屏。众多玩家在享受游戏带来的乐趣时也开始琢磨这款游戏的主角——旅行青蛙的身份问题,一时之间,网络上出现了各种解读。如果你玩过这款游戏,能否根据你的体会谈谈你对旅行青蛙身份的解读?如果你没有玩过这款游戏,可以先简单了解一下游戏的设置,然后搜集相关资料,对旅行青蛙

图1-2-3 《旅行青蛙》游戏界面②

可能的身份进行整理,并对相关信息进行筛选、分析,找出自己最认可的解读。

3.1929年,比利时超现实主义画家马格利特画了一幅名为《形象的叛逆》的画。画面中央是一个巨大的烟斗,而画面下方则写了一行法文:"这不是一只烟斗。"几年以后,马格利特又画了一幅更具迷惑性的作品,题为《双重之谜》。画面的左上方有一个悬浮着的烟斗形象,右下方立着一个画架,上面摆着一幅画,就是1929年的那幅《形象的叛逆》。这两幅画的出现也引发了哲学层面的思考与讨论。请观察这两幅画,并说出你对这两幅画的理解。在有了自己的解读后,你也可以进一步搜索、参考相关材料或书籍,丰富自己的认知视角。

① 金秋萍,陆家桂.大学语文[M].上海:上海交通大学出版社,2017:217-227.
② 图1-2-3来源:http://www.cnanzhi.com/gonglue/3285.html。

图1-2-4　《形象的叛逆》①

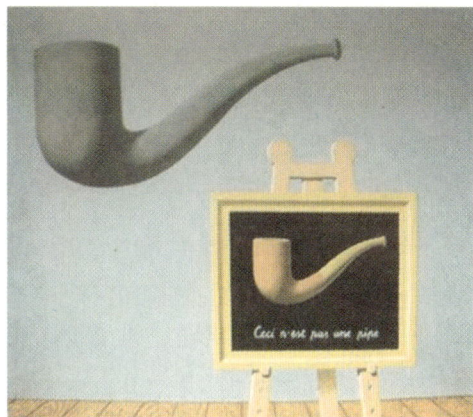

图1-2-5　《双重之谜》②

五、拓展阅读

1.陈思和.文本细读在当代的意义及其方法[J].河北学刊,2004,24(2):109-116.

2.孙绍振.名作细读——微观分析个案研究[M].上海:上海教育出版社,2009.

3.徐皓峰.刀与星辰:徐皓峰影评集[M].北京:世界图书出版公司,2012.

4.叶嘉莹.古诗词课[M].北京:生活·读书·新知三联书店,2018.

5.罗兰·巴特.作者的死亡[M].//罗兰·巴特.罗兰·巴特随笔选.怀宇,译.天津:百花文艺出版社,2005:294-301.

---

① 图1-2-4即为《形象的叛逆》,图片来源:https://baike.so.com/doc/380734-403213.html。

② 图1-2-5为《双重之谜》,图片来源:https://www.zhihu.com/question/27907140/answer/39376144。

第三章　信息的鉴别与评价——去伪存真、鞭辟入里

"打开窗户，新鲜空气会进来，苍蝇也会飞进来。"这句话在某种程度上可形象地概括信息社会的现状。一方面，网络和通信行业的发展，丰富了人们获取信息的途径；另一方面，各类信息质量参差不齐、真伪难辨，又令人无所适从。因此，在具备了信息筛选、提取、分析、解读能力之后，我们要进一步培养鉴别、评价信息的能力。

一、理论指导

信息鉴别与评价指的是信息接收者从一定的目的出发，运用已有的知识和经验，对信息的真伪性和实用性进行辨认、甄别、判断。有效地鉴别与评价信息，是信息解码过程中的一个重要环节，同时这也是利用信息的前提。

（一）信息的鉴别

2015 年 5 月 9 日，河南省许昌市人裴某偶然看到一档电视节目在推销一款热销藏品——《清明上河图大邮票》。据"专家"介绍，这一藏品极具收藏价值：其一，这是世界邮史上超长的大邮票，并有"中国故宫文化研究院院长""中国皇家书画院院长"题跋庆贺；其二，大邮票破例采用钞券纸印制，极其难得；其三，将国宝原貌 1∶1 呈现在法定邮票上。并且"专家"指出：收藏时间越长，藏品的价值就越高。听了专家

图 1-3-1①

的讲解后，心动不已的裴某主动通过电话联系卖家，以 1 980 元的价格购入一套藏品。此后一年多的时间中，裴某又陆续从销售人员手中购入金质十二生肖、"和玺"及"航天宝玺"等藏品，前后花费共计 6.4 万元。然而，藏品到手后，此前对方告知的拍卖会却一再延期，裴某并没有像预期的那样一夜暴富。裴某在意识到可能遭遇了骗局之后，向公安机关报警，警方经多方侦查举证，证实出售这些藏品的是一造假、诈骗集团。②

---

① 图 1-3-1 来源：http://www.paixin.com/photocopyright/143169399。
② 此案例来自《今日说法》2017 年 7 月 31 日的报道《卧底》，节目视频网址：http://tv.cntv.cn/video/C10328/e7e2e255fbfe439f9f127254cbbaa744。

　　与上述案例类似的骗局在当今社会令人防不胜防。在信息时代,信息可以帮人创造巨大的物质和精神财富,但是各类信息纷繁杂乱、鱼龙混杂、真伪难辨,也给人们带来了一定的困扰。因此,掌握一定的信息鉴别方法很有必要。

　　一般来说,对信息进行鉴别可从以下几个方面着手。

　　第一,依据常识、常理进行判断。自 2005 年以来,每隔一段时间"微波炉充值说"①便会重现江湖。传言声称可利用微波炉给各种 IC 卡充值:拿一张 A4 纸或者报纸,将 IC 卡包裹起来,要确保两边都是 3 层,然后将包裹起来的 IC 卡放入微波炉,档位调至大火,定时 25 秒,开启微波炉后,微波炉便会发射电磁波,电荷累积,金额增加,由此 IC 卡充值完成。诸如此类的信息,我们根据生活常识便能够鉴别其真伪。

　　第二,多环节考证各信息要素的真实性或科学性。一方面,我们可以从信息源出发去验证:信息提供者身份是否属实,对方是否能够提供相关的资质文件(证明性文件),信息来源是否具有权威性等。另一方面,我们也可以对信息的具体内容进行鉴别:信息的各项要素是否齐全,信息中涉及的事物是否客观存在,构成信息的各个要素是否真实等。此外,信息中如若包含专业知识,可向专业人士咨询。

图 1-3-2②

　　第三,运用逻辑推理对信息进行鉴别。从逻辑上进行推理,也是辨别信息真伪的重要途径。推理一般离不开论点、论据、论证三个元素。当接收到相关信息后,可以推敲一下信息中包含的论据是否正确,论据能否证明论点,论证过程是否符合逻辑。

　　第四,借鉴相关经验,或将获取的信息与同类信息相比较,再加以判断。

---

①　有关"微波炉充值说"的内容参考了网络信息,相关网址:https://www.guokr.com/article/37286/。

②　图 1-3-2 来源:http://tech.hexun.com/2015-04-29/175408002.html。

上述案例中,若裴某能对所谓"宝藏"提供者的身份信息多一些警惕,主动咨询专业人士的意见或对以往新闻报道、法制节目中的相关案例多加留意,也许能避免踏入陷阱。

以上我们所谈论的主要是与日常生活相关的信息鉴别,在我们的学习中,也经常需要对专业信息进行鉴别。专业信息的鉴别一般要求较高的专业素养,且不同专业的要求也会有所不同,我们在此不作详细论述。

(二)信息的评价①

信息的鉴别着眼于判断信息的真伪,而信息的评价则更关注信息的实用性、合理性。信息的价值取向可能跟时效性、信息接收者的情感倾向性或目标指向性相关,所以日常生活中,我们在评价信息时应结合具体语境。

除了在日常生活中进行信息评价外,在解读文学作品时,解读得出的结论是否合理也往往需要评价,这一过程更为复杂,可纳入广义的信息评价范畴。下面,我们重点对文学作品解读的合理性进行探讨。

一般来说,文学阅读有三种效果:正读、误读和曲解。"正读"重视吸收和接受,是一种尽量接近文学作品客观内容的阅读,文本意义的阐释及作家创作意图的探究是"正读"的主要追求。"误读"则强调变更和革新,是一种创造性的文学阅读,它追求阅读者的主观意识对文本意义的渗透。而"曲解"崇尚以我为主、结论先行,是一种主观化、随意性的文学阅读。

由于读者与作者在时代背景、文化素养、价值取向等方面均存在着诸多差异,"正读"只能是一个理想化的状态,解读中的偏差总是不可避免的。可以说,"误读"才是文学阅读中最常见的形态。但作为创造性的文学阅读形式,"误读"并非毫无限制地随意解读,它仍基于对文本相对确定的思想内涵的把握,在文本所提供的语境中进行阐释。也就是说,"误读"也总是以某种程度上的"正确阅读"为目标,一旦阅读完全超越了文本,解读的边界被无限制扩展,"误读"就变质为"曲解"。"曲解"可以说是"误读"的极端化形式。无论是"正读"还是"误读",都承认文本内容对文学阐释的制约性,都把文本所提供的意义要素作为文本解读的起点。"曲解"则不同,它是"借他人之酒盅,浇胸中之块垒"——曲解文本乃是读者表达自我主张的手段而已。曲解之所以发生,往往是因为读者在解读之前"多是心下先有一个意思了,即将他人说话来说自家的意思,其有不合者,则硬穿凿之使合"②。所以在进行文学解读时,应注意不能过度阐释,曲解文本。同样,评价某一种解读是否合理也应看它是否在"误读"允许的范围内,"曲解"并不是合理的文学解读。

导致"曲解"的原因主要有三个:

第一,游离于作品所提供的文本内容和规定语境之外,对文本意义作毫无根据的解释。

---

① 汪正龙."正读"、误读与曲解——论文学阅读的三种形态[J].江西社会科学,2005(4):72-77.
② 黎靖德.朱子语类·卷第十一·读书法(下)[M].北京:中华书局,1986:185.

如汉代经学盛行,儒生在解诗时往往有意从政治道德教化的角度去理解作品,强调诗歌的教化作用。如《诗大序》开篇便断言《诗经·关雎》意在赞颂"后妃之德也"①,并从这一角度出发做了进一步的推论:"是以《关雎》乐得淑女以配君子,优在进贤才,不淫其色,哀窈窕,思贤才,而无伤善之心焉,是关雎之义也。"②再如 2010 年,北京外国语大学中文系副教授丁某曾在新浪博客发表文章《我赞成把朱自清〈背影〉从语文课本中删去》③,引发网友激烈争论。在文中,丁教授赞同一些中学生对于《背影》的解读:《背影》中的父亲违反了交通规则,将它选入中学课本不具有正确的引导意义,因此应将其从语文课本中删除。不得不说这样的解读实在是舍本逐末。朱光潜先生在谈论文学创作时曾指出:作家在创作时,往往"取一个主要角色或主要故事做中心","其余的人物故事穿插",目的在于"烘托主角的性格或理清主要故事的线索"④。所以,我们在解读时,应根据作者的安排,在作者设定的语境中找准解读的角度。

第二,脱离文本的历史语境和审美特征,对文学作品作不合时宜的历史分析,甚至庸俗的社会学分析,根据自己的好恶任意肢解文本内容,喜好"上纲上线"。如对于《红楼梦》经典片段之一"宝玉挨打",有学者作了这样的解读:"代表封建势力的贾政想置宝玉于死地,以绝将来之患。宝玉遭了一顿毒打之后,非但没有屈服,反而因为认清了封建统治者的凶恶面目,他的叛逆性格更为坚定。"⑤原作中,贾政打贾宝玉,完全是一个父亲对于不上进的儿子进行管教,乃是人之常情,生硬地将其解读为阶级之间的对立,无疑过于牵强附会,有曲解之嫌。

第三,在文学解读活动中,机械搬用新的思想、方法和阐释框架,导致文学阐释的形式不能有效地与文本的客观内容以及审美特性相匹配,给人以牵强、拼合之感,自然难以形成合理的结论。例如当下,网络文化盛行,某些词语被赋予了新的意义。有读者在解读古典作品时,便刻意用新生成的语义系统去牵强附会,消解了经典作品原本的美学意蕴,甚至使经典的文本变得低俗不堪,这也是不可取的。

所以,我们在进行文本解读时,应把握好解读之"度",在充分发挥自身能动性、进行创造性地解读的同时,也应尊重文本,尊重作者意图,避免"曲解"。

总之,信息的鉴别与评价是信息解码的重要环节之一,面对鱼龙混杂的信息,我们须保持警惕并掌握信息鉴别的基本方法。另外,在信息解码过程中,我们要学会在一定的评价标准内衡量信息的价值,以便进一步合理利用信息。

---

① 李学勤.毛诗正义·毛诗注疏卷第一·周南关雎诂训传第一[M].北京:北京大学出版社,1999:4.

② 李学勤.毛诗正义·毛诗注疏卷第一·周南关雎诂训传第一[M].北京:北京大学出版社,1999:21.

③ 文章详见:http://blog.sina.com.cn/s/blog_4900fe270100k3kd.html。

④ 朱光潜.选择与安排[M].//金秋萍,陆家桂.大学语文.上海:上海交通大学出版社,2017:148.

⑤ 游国恩,王起,等.中国文学史(四)[M].北京:人民文学出版社,2002:279.

指导笔记

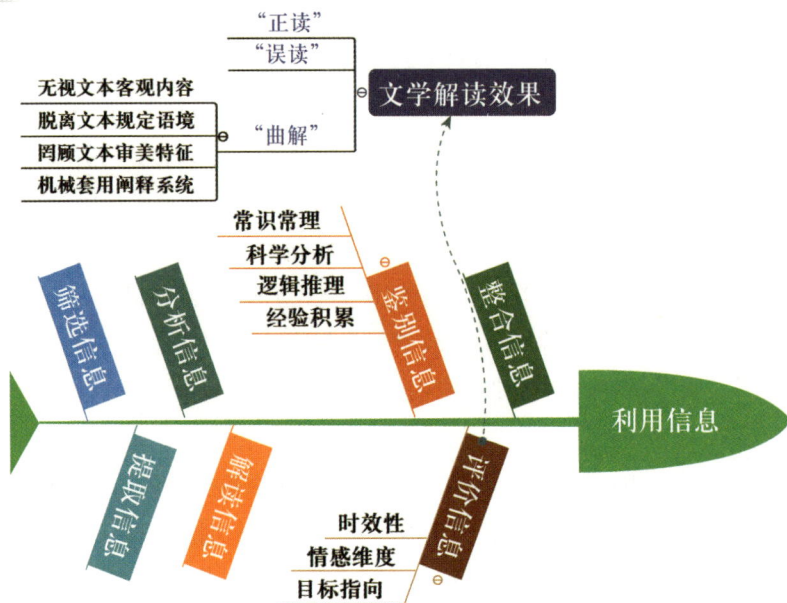

总结反馈

请根据你对"理论指导"部分的理解,判断下面各题中的说法是否正确(正确的打"√",错误的打"×")。如果你对某些题目没有把握,则需重新回顾"理论指导"。

题干	判断结果
(1)常识或常理在信息鉴别环节中没什么作用。	
(2)逻辑推理在信息鉴别环节有着重要意义。	
(3)情感因素不会影响信息的价值评价。	
(4)在文学作品的解读中,"误读"是不可取的。	
(5)脱离文本的语言环境和审美特征有可能会造成曲解文意。	

二、实践运用

【实践一】

1.实践场景

某日,小王去商场购物,适逢商场正进行酬宾抽奖活动,但小王并未过多留意。然而,等他回到家后却收到一条中奖信息(发送信息的号码为16113815839227),称他是该商场今日第1 000位购物者,根据商场酬宾抽奖活动的相关规则,他将获得商场头等奖——价值12万元的轿车一部,短信中言明他须在翌日 18 时前缴纳 2 800 元的相关手续费,缴纳账号为××银行 622661085412××××,一切手续办妥后,便可领奖。信息中称若有疑问可与商场服务专员联系,联系电话:13815839×××。你能否帮助小王鉴别这一消息的真伪?

2.实践要求

(1)分析可从哪些角度出发对小王所接收到的信息进行鉴别。

(2)找出"实践场景"中中奖信息可能存在的漏洞。

(3)对中奖信息来源的权威性进行鉴别。

(4)运用恰当的方法对中奖信息中的元素进行分析鉴别。

(5)根据自己的综合分析对中奖信息的真伪性进行判断。

3.实践指导

这是生活中较为常见的场景,对实践场景中的中奖信息进行鉴别大体可采用四种方法:

其一,根据常识、常理进行鉴别。商场进行有奖销售时,所设置的奖项金额有一定的限制,超过限额即属于不正当竞争。那么,你是否知道《中华人民共和国反不正当竞争法》的相关规定? 是否可从法律法规的角度去鉴别中奖信息?

其二,可对信息源、各信息元素进行判断。例如,发送该信息的号码是否可信,信息发送者是如何获得小王的相关信息的,信息中提到的银行账号是否有问题,信息中提供的商场服务专员的联系方式是否属实,等等。

其三,可直接向商场求证或咨询诸如法律工作者之类的专业人员。

其四,进行逻辑推理,并辅以相关经验进行判断。

4.自我检测

请根据下面的检测指标对自己的实践表现进行检测,并根据检测结果进行学习反思。

检测点	回答(是或否)
(1)是否能够找到鉴别信息的角度?	
(2)是否了解《中华人民共和国反不正当竞争法》的相关规定?	
(3)是否能够从信息源出发对中奖信息进行鉴别?	
(4)是否能够找出信息中可能存在问题的信息元素并对其进行鉴别?	
(5)是否能够综合运用多种方法对中奖信息进行鉴别?	

【实践二】

1.实践场景

小林是某高校大一的学生,一直对《西游记》颇感兴趣。近日,小林无意中从一本另类解读《西游记》的著作中看到一个观点:红孩儿不是牛魔王的儿子,而是太上老君的私生子! 该

29

书作者给出的论据如下:其一,红孩儿长相清秀,比哪吒还有富贵相①,没有一点儿"牛"的基因,并且他被托塔天王的天罡刀扎伤后并未现原形,说明他根本不是牛。其二,牛魔王与铁扇公主都不会吐三昧真火,红孩儿却会,而三昧真火乃道家不传之秘。其三,铁扇公主的芭蕉扇应是太上老君所赠,铁扇公主与太上老君之间关系暧昧。其四,知道孙悟空怕烟的只有太上老君一人,而红孩儿却也知道以烟来击退孙悟空,说明红孩儿与太上老君关系匪浅。其五,红孩儿把天庭设在火云洞周边的众多山神土地都当作仆人使唤,可见其背景之深厚。其六,红孩儿称观音为"脓包观音",且敢于直接挑战观音,而观音在降服红孩儿后,却提拔他在自己身边做善财童子,助其修成正果,实为给太上老君面子。因此,种种迹象表明:红孩儿实乃太上老君的私生子!③ 这一观点完全颠覆了小林此前的认知,更难以判断这样的解读是否合理。你是否能帮助小林进行评判呢?

图 1-3-3　央视 86 版《西游记》中的红孩儿②

2.实践要求

(1)分小组进行讨论,试分析上述材料中有关人士对于红孩儿身份的解读是否合理。

(2)各小组成员进行内部讨论,指出"实践场景中"所列举的六条证据是否可信。

(3)结合《西游记》文本,说明做出以上判断的理由。

(4)各小组将本组成员的观点进行提炼、汇总。

(5)每组推选一名代表,在课堂上阐述本组成员的观点,其他各组进行评论。

3.实践指导

本次实践活动主要是对文学作品解读的合理性进行评价,需要评价的信息较多,整体上是要评判关于"红孩儿是太上老君的私生子"的解读是否合理。要对这一结论进行评判,需要对作者据以得出此结论的论据进行分析判断。因此,在对作者的核心论点进行评价前,需要先对六条证据进行评判。之后可借助一定的逻辑推理,从论据出发,推断作者对于红孩儿真实身份的解读是否合理。

另外需要注意的是,文学作品的解读不是随意而发的,而是从具体的文本出发,进行合理解读。所以,无论是对六条论据还是对总结论进行评判,都要结合《西游记》的文本来进行。无论观点是肯定还是否定,也都必须从文本中找到依据。

---

① 原著中描述红孩儿相貌:"面如傅粉三分白,唇若涂朱一表才。鬓挽青云欺靛染,眉分新月似刀裁。战裙巧绣盘龙凤,形比哪吒更富胎。"吴承恩.西游记[M].北京:人民文学出版社,1980:495.

② 图 1-3-3 来源:http://beijing.edushi.com/bang/info/4-109-n3826123.html? open_source=weibo_search。

③ 以上对于《西游记》的另类解读是吴闲云在其著作《煮酒探西游》中发表的见解。吴闲云.煮酒探西游[M].北京:民主与建设出版社,2016:288-292.

4.自我检测

请根据下面的检测指标对自己的实践表现进行检测,每个检测点根据完成程度可获得相应数量的奖励贴:完成度很高——3个,完成度良好——2个,基本完成——1个,没有完成——0个。你可以根据自己的完成情况进行针对性练习。

检测点	奖励贴(👍)
(1)在小组讨论中,能踊跃发表意见。	
(2)对于"实践场景"中提到的有关《西游记》的信息能够进行自主鉴别、判断。	
(3)能够从《西游记》文本出发,为自己的判断找出依据。	
(4)在分析判断的过程中,能够有效借助逻辑推理进行评判。	
(5)在小组意见提炼、汇总过程中,能与其他成员共同合作完成任务。	
(6)在其他小组成员发言时,能积极思考,对其观点进行评判。	

三、知识链接

反对阐释①

谈到艺术,阐释指的是从作品整体中抽取一系列的因素(X,Y,Z,等等)。阐释的工作实际成了转换的工作。阐释者说,瞧,你没看见X其实是——或其实意味着——A? Y其实是B? Z其实是C?

是什么样的状况能激发起这种对文本转换的好奇的投入? 历史为这一答案提供了一些材料。阐释最先出现于古典古代晚期②的文化中,那时,神话的影响力和可信度已被科学启蒙所带来的"现实主义的"世界观所瓦解。一旦那个困扰后神话意识的问题——即宗教象征的适宜性问题——被提出来,原初形式的古代文本就不再能被人接受。于是,阐释应运而生,以使古代文本适宜于"现代"的要求。因而,斯多葛派③把荷马史诗中所描绘的宙斯及其性情狂暴的一族的粗野特征以寓言化的方式予以消除,以符合他们原初的观点,即诸神一定是有道德的。他们解释道,荷马描写宙斯与勒托的通

---

① 苏珊·桑塔格.反对阐释[M].程巍,译.上海:上海译文出版社,2003:6-9.这里"反对阐释"是指反对过度阐释。

② "古典古代晚期",原文为"late classical antiquity",不是一个确切的时代概念,正如它下面一行的那个"后神话意识"(post-mythic consciousness)。"古典"一词通常是指古希腊和古罗马时期,即从公元前八世纪(荷马生活的时代,英国哲学家罗素在《西方哲学史》上卷第一篇中,把荷马称为"希腊文明第一个有名的产儿")一直到西罗马帝国灭亡时的公元五世纪。以中世纪的基督教立场看,这是一个异教的、世俗的时代。考虑到后面提到的斐洛为公元一世纪时人,那么所谓"古典古代晚期"或"后神话(时期)"可以粗略地指基督教纪元开始后的五个世纪。

③ 斯多葛派是公元前300年左右在雅典创立的学派,崇尚唯心主义。

奸,其真实用意是寓示力量与智慧的结合。以同一种腔调,亚里山大城的斐洛把希伯来语《圣经》的那些如实的历史叙述阐释为灵魂的种种范式。斐洛说,出埃及、在沙漠流浪四十年、进入迦南这个应许之地的故事,其实是个人灵魂解放、受难以及最终获救的寓言。阐释于是就在文本清晰明了的原意与(后来的)读者的要求之间预先假定了某种不一致。而阐释试图去解决这种不一致。情形因而成了这样,即因某种原因,文本已变得不能为人所接受;但它还不能被抛弃。阐释是以修补翻新的方式保留那些被认为太珍贵以至不可否弃的古老文本的极端策略。阐释者并没有真的去涂掉或重写文本,而是在改动它。但他不能承认自己在这么做。他宣称自己通过揭示文本的真实含义,只不过使文本变得可以理解罢了。不论阐释者对文本的改动有多大(另一个出名的例子是拉比和基督徒对具有明显色情色彩的《众歌之歌》的"精神"阐释①),他们都必定声称自己只是读出了本来就存在于文本中的那种意义。

然而,在我们这个时代,阐释甚至变得更为复杂。这是因为,当代对于阐释行为的热情常常是由对表面之物的公开的敌意或明显的鄙视所激发的,而不是由对陷入棘手状态的文本的虔敬之情(这或许掩盖了冒犯)所激发的。传统风格的阐释是固执的,但也充满敬意;它在字面意义之上建立起了另外一层意义。现代风格的阐释却是在挖掘,而一旦挖掘,就是在破坏;它在文本"后面"挖掘,以发现作为真实文本的潜文本。最著名、最有影响的现代学说,即马克思和弗洛伊德的学说,实际上不外乎是精心谋划的阐释学体系,是侵犯性的、不虔敬的阐释理论。用弗洛伊德的话说,所有能被观察到的现象都被当作表面内容而括入括号。这些表面内容必须被深究,必须被推到一边,以求发现表面之下的真正的意义——潜在的意义。对马克思来说诸如革命和战争这样的社会事件,对弗洛伊德来说个人生活中的事件(如神经官能症症状和失言)以及文本(如梦或者艺术作品)——所有这些,都被当作阐释的契机。根据马克思和弗洛伊德的看法,这些事件只不过看起来可以理解罢了。实际上,若不对它们进行阐释,它们就没有意义。去理解就是去阐释。去阐释就是去对现象进行重新陈述,实际上是去为其找到一个对等物。

因而,阐释不是(如许多人所设想的那样)一种绝对的价值,不是内在于潜能这个没有时间概念的领域的一种心理表意行为。阐释本身必须在人类意识的一种历史观中来加以评估。在某些文化语境中,阐释是一种解放的行为。它是改写和重估死去的过去的一种手段,是从死去的过去逃脱的一种手段。在另一些文化语境中,它是反动的、荒

---

① 《众歌之歌》通译为《雅歌》,即《圣经·旧约》(译者依据的是詹姆斯王版)的"所罗门之歌",其第一行吟诵道:"众歌之歌,此为所罗门之歌。"《众歌之歌》以忧伤哀凄的色调表达了"新妇"的相思之苦,其间不乏男女之情以及身体的描写。《众歌之歌》是希伯来《圣经》的一部分,又是基督教《圣经·旧约》的一部分,自然引起严厉的拉比(犹太教律法师)和基督教的经学家的尴尬,便双双对它做出"'精神'阐释"。

谬的、懦怯的和僵化的。

　　当今时代,阐释行为大体上是反动的和僵化的。像汽车和重工业的废气污染城市空气一样,艺术阐释的散发物也在毒害我们的感受力。就一种业已陷入以丧失活力和感觉力为代价的智力过度膨胀的古老困境中的文化而言,阐释是智力对艺术的报复。

　　不唯如此。阐释还是智力对世界的报复。去阐释,就是去使世界贫瘠,使世界枯竭——为的是另建一个"意义"的影子世界。阐释是把世界转换成这个世界("这个世界"! 倒好像还有另一个世界)。

　　世界,我们的世界,已足够贫瘠了,足够枯竭了。要去除对世界的一切复制,直到我们能够更直接地再度体验我们所拥有的东西。

🦉 四、思考练习

　　1.毕业在即,小林也在各招聘网站上浏览信息。某日,小林看到某民营机构"×××文化传播有限公司"在各大招聘网站发布的招聘信息,招聘国际汉语签约教师。招聘信息中要求应聘者须具有本科或本科以上学历,英语要过四级,普通话要在二级甲等以上,且声称"应聘者无须具备中国大陆境内教师资格证书和任何证书,但必须通过本机构的全球汉语教师应聘测评考核";其待遇让人心动,工资每年最低20万元人民币。另外,招聘信息中还提出,出国教汉语,必须成为签约教师,如果出具不了30万出国保证金证明,就得缴纳7 830元。按公司的说法,这笔钱是签约者出国时委托该公司向银行贷款、银行收取的利息。①

　　你能否帮助小林判断这一招聘信息是否可信? 请说出你的判断理由。

　　2.互联网的发展不仅给人们带来了海量的信息,同时,它也逐渐改变了人们学习、工作、生活、娱乐的方式,新型的互联网大学诸如"百度大学""谷歌大学""搜狐大学"等在某种程度上,承担起了传统大学传授知识的职能,是人们日常获取信息的重要来源。然而,一直以来,一些学者对互联网始终保持着警惕,他们认为互联网虽然是海量信息之源,但由于网民特别是青少年网民对于互联网的严重依赖也导致当代人好奇心钝化,深度思考缺乏,容易人云亦云。

图 1-3-4②

① 思考练习1中所涉及的案例参考"江苏新西方文化传播有限公司"招聘骗局的相关报道,网址:http://news.cntv.cn/20110222/112271_1.shtml。

② 图 1-3-4 来源:http://www.quanjing.com/imgbuy/ul1010-8114.html。

因此,他们对于新式的"互联网大学"的重要性持质疑态度。

你如何看待上述材料中对互联网及"互联网大学"持质疑态度的学者的观点?请结合个人经验及感受谈谈你对互联网技术所造就的新型"大学"的认识。

3.某通用文学史教材在谈及沈从文的中篇小说《萧萧》①时,曾作如下评析:"在对乡下人生存方式的价值重估中,较有深度的是《萧萧》。主人公萧萧的生命始终处在被动的人生状态。作为童养媳,她没有人身自由,也无法把握自己的人生命运。在失身怀孕之后,面临的将是沉潭或发卖的命运。只是因为偶然的原因,才幸免于难。作品结尾处,饶有深意地写到萧萧的大儿子又在迎娶年长六岁的媳妇。生命的悲剧在不断轮回,根本原因就在于乡下人理性的蒙昧;作品中祖父对女学生的嘲弄、奚落正说明了这些乡下人与现代文明的隔绝以及由此导致的理性缺失。"③

图 1-3-5　电影《湘女萧萧》剧照②

你是否认同上述观点?请结合小说文本谈谈你的看法。

五、拓展阅读

1.汪正龙."正读"、误读与曲解——论文学阅读的三种形态[J].江西社会科学,2005(4):72-77.

2.孙绍振.多元解读和一元层层深入——文本分析的基本理论问题[J].中学语文教学,2009(8):4-8.

3.苏珊·桑塔格.反对阐释[M].程巍,译.上海:上海译文出版社,2003.

4.安伯托·艾柯.误读[M].吴燕莛,译.北京:新星出版社,2009.

5.吴闲云.煮酒探西游[M].北京:民主与建设出版社,2016.

① 沈从文.萧萧[M].//金秋萍,陆家桂.大学语文.上海:上海交通大学出版社,2017:197-205.
② 图 1-3-5 来源:http://dajia.qq.com/original/category/yangzao160511.html。
③ 朱栋霖.中国现代文学史[M].北京:高等教育出版社,1999:207.

第四章 信息的整合与运用——厚积薄发、融会贯通

在进行了信息的筛选与提取、信息的分析、鉴别与评价几个技能点的讲解与训练后,我们将进入"信息解码"的最后一个阶段——信息的整合与运用。毕竟,对信息材料进行解码,最终的目的便是要将所获得的信息内化为经验与知识,并与我们原有的认知体系相整合,进而在实践中发挥作用。

💼 一、理论指导

在美国的问答网站 Quora 上,"读了很多书,也忘了很多,那么读书的意义何在?"这一问题有一个高票答案:When I was a child, I ate a lot of food. Most of it is long gone and forgotten, but certainly some of it became my very bones and flesh. Think of reading as the same thing for the mind.——当我还是一个孩子时,我吃过许多东西。它们已经远去,埋没在我的记忆中。但可以肯定的是,它们的一部分已经长成了我的骨头和肉。阅读之于个人心智的成熟亦是如此。

人体摄取食物,目的在于促进身体的成长,而整合信息,也旨在不断丰富、完善认知体系,使信息可以发挥最大价值。

(一)信息的整合

信息整合是指将某一范围内,原本多元、异构、散布的信息资源按一定逻辑组织为一个整体,便于对其进行管理和利用。我们在"信息的筛选与提取"部分曾提及,在组织单个问题的答案时,须整合有效信。本章重在探讨如何对不同阶段所接收的不同类型的信息进行整合。

1.信息整合的重要性

以信息的存在形式为划分依据,人类接收到的信息大体可分为两类:一类是体系性较强的专业信息,这一类信息经过人类的加工处理,已转化为知识;另一类则是在日常生活中接收的零散信息。就前一种来说,学习专业信息,往往需将专业知识拆分为若干知识单元,进而基于专业知识体系去逐一学习、领悟。例如,进入一个专业往往要学习若干门课程,而每门课程的学习也往往是以零散知识点的掌握为基础的。因此,专业知识的学习在初级阶段是化整为零的过程。然而,要精通一门课程、一个专业,则须将零散的知识点再串联起来,化零为整,使之形成一个相对完整的课程或专业知识体系。只有这样,我们才能应对复杂的任务与挑战。此外,不止一门课程、一个专业的学习须重视信息的整合,当下,学科融合(FOS:Fusion of subjects)的呼声越来越高,跨学科、交叉式研究已成为趋势。在这样的背景下,将不

同学科之间相互渗透、交叉的知识进行整合,一方面能够激发研究者的创新思维,促进学科的深入发展;另一方面,也可使个人认知系统更加立体、完善。

专业信息需整合,非专业的零散信息也同样需要加以整合。在信息时代,人类可通过多种途径轻而易举地获取纷繁复杂的信息。然而,零散的信息很难发挥其价值,各自离散、毫无关联的信息越多,信息接收者便越容易被信息支配,而缺乏掌控、运用信息的能力。那么,如何驾驭信息使其发挥最大价值?整合,便是解决途径之一。对零散信息进行整合,便像是在井然有序的房间中添置新的物件,我们可按类别或功用将其安置在合适的地方。这样,房间在保持有序的前提下品种更齐全、布局更美观。事物之间总是存在着千丝万缕的联系,零散信息看似毫无章法,但如果我

图 1-4-1①

们擅长进行联系,便可能发现它与业已形成的认知体系的契合之处。用联系的视角找寻信息之间的关系,就像用心培育树木,长此以往,知识之树才会枝繁叶茂,个人的认知系统才会更加成熟、完善。

2.信息整合的方法

如何进行信息的整合?可供参考的方法不少,这里我们重点介绍斯科特·扬所提出的"整体性学习法"。

"整体性学习"是基于信息间的相互关联性,"运用大脑中已有的丰富神经网络吸收、整合信息"②,把个人所接收到的信息串联起来,创造信息的网络,构建个人的认知系统。它强调对待不同类型的信息应采取不同的学习策略,要多角度看待信息,并充分运用类比、比喻等方法吸收各种信息,在众多信息间创造关联,以加强个人对信息的理解与驾驭。

斯科特·扬指出,在人的认知系统中储存着一定的基础知识与若干知识结构,学习的过程其实就是利用已知去理解未知,并尽可能地在未知与已知间创立联系,使其融入相应的知识结构中去。这便是"整体性学习"的最终目标。为实现这一目标,须经过以下几个环节:获取信息→理解信息→扩展信息→纠错→应用,而测试在每一环节中都是必不可少的。我们可以用图示来更清晰地展现"整体性学习"的过程:

① 图 1-4-1 来源:https://www.vcg.com/creative/1001591869。
② 斯科特·扬.如何高效学习[M].程冕,译.北京:北京工业出版社,2014:10.

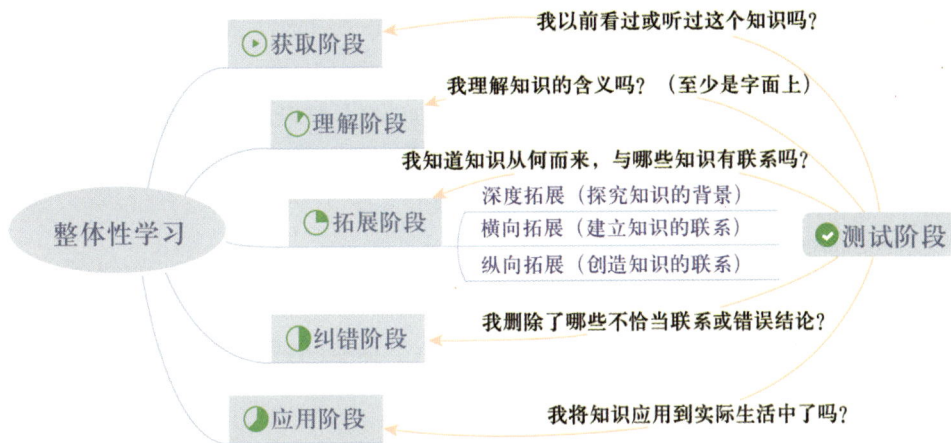

图 1-4-2　"整体性学习"法①

"获取阶段"与"理解阶段"我们在前面的章节中已进行讲解,这里便不再赘述。"拓展阶段"对于"整体性学习"目标的实现至关重要,能否创建信息(或知识)之间的联系,决定了能否理解与运用新消息(或知识)。

不妨以《战国策·冯谖客孟尝君》一文为例来尝试一下"整体性学习"法。该文初看似乎与我们之前所学没有太大联系,但如果从文中抽取出若干主题,进行知识的纵深联系,便可发现,通过这篇文章,我们可把此前不同阶段语文、历史等多个学科学到的知识联系到一起,构成一个小的知识结构。图 1-4-3 即是对相关知识的整合,当然,图中所串联的信息也只是一部分。

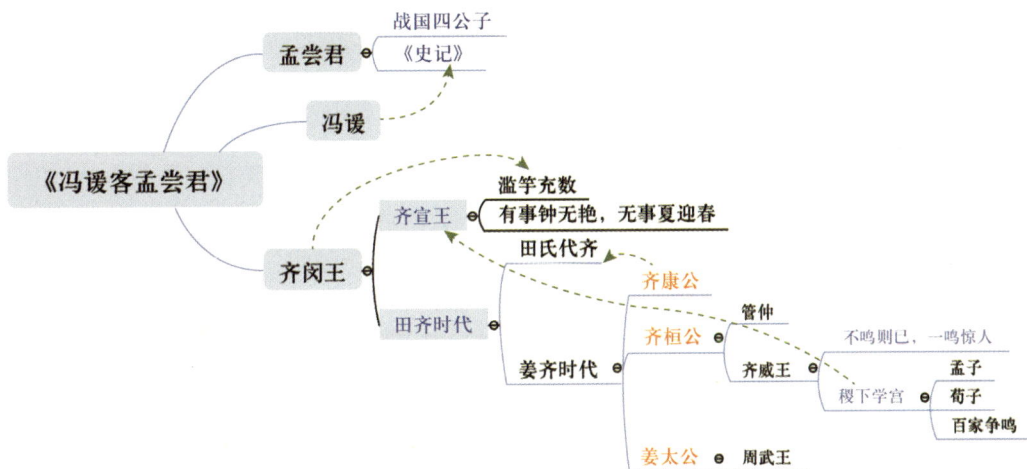

图 1-4-3　《冯谖客孟尝君》知识联系图

需要注意的是,整合信息并不是随意联系,而要切实找到不同信息间的内在联系,尝试

---

① 图 1-4-2 为笔者根据斯科特·扬的著作《如何高效学习》的相关内容并参考网络资源绘制,参考网址:http://blog.sina.com.cn/s/blog_686fb8e20102wf6c.html。

与测试是必不可少的。因此,在整合信息的过程中,可借助信息分享、互动、反馈的形式不断检验信息整合的效果。

除"整体性学习"法外,其他一些学习方法,诸如"费曼技巧""黄金圈法则""知识嫁接法"①等对于信息整合能力的培养都大有帮助。但不管采用哪一种方法,信息整合都旨在重建与更新自我认知体系。

(二)信息的运用

运用信息,就是信息接收者经过获取、鉴别、筛选、分析、整合几个环节之后,利用新信息指导实践或加工新信息的能力。它是信息解码的最终目的:信息解码着眼于信息价值的实现,而信息的价值只有通过利用方能体现。

1."日常知识表征框架"②

20世纪70年代,美国学者罗杰·尚克与他领导的研究小组曾提出"日常知识表征框架"的概念。"知识表征"是指信息在人脑中的储存和呈现方式,它是个体知识学习的关键。尚克研究小组指出,人们在日常生活中的经验被贮存在一个高度概括的"脚本"中,人们借助这些脚本而生活。所谓"脚本",是指在记忆中贮存的知识结构,它可以表征日常的情景、事件的顺序和特点以及与某些经验相关的物件等。研究者认为,在人们的头脑中储存着类似脚本一样的结构。人们能够识别新情景的重要特征并且从巨大的记忆库中搜索与当前情景最吻合的脚本结构进行套用。这一研究也解释了人们如何利用先前经验解决新情景中发生的问题。不难看出,"脚本"发挥作用,即建立在信息整合的基础之上:正是对相似场景相关信息的整合,才使得人们具有应对类似场景的经验。

结合日常生活场景便能更好理解"日常知识表征框架"在实践中所发挥的作用。在《红楼梦》"宝玉挨打"③一章中,因与忠顺亲王府豢养的伶人琪官私交,并被牵扯进琪官出逃事件中,加之与王夫人的丫头金钏儿跳井事件有一定的关系,贾宝玉被父亲贾政训斥,暴怒的贾政放狠话:"拿宝玉!拿大棍!拿索子捆上!"④此时贾宝玉的反应便是:寻找契机,"怎得个人来往里头去捎信"⑤,在碰到个粗使婆子后,他便如得珍宝,一再嘱咐她往里面送口信、搬救兵。贾宝玉显然已从以往类似事件中总结出了应对父亲严苛管教的有效经验,形成了特定的"脚本"。

2.CBR理论⑥

在"日常知识表征框架"理论的基础之上,尚克研究小组进一步发展出了CBR(Case:

① "知识嫁接法"详见知识链接部分。
② 这一部分相关概念及相关理论参考美国学者珍妮特·L.科洛德纳《基于案例的推理》一文,文章详见:R·基思·索耶.剑桥学习科学手册[M].徐晓东,译.北京:教育科学出版社,2010:259-265.
③ 金秋萍,陆家桂.大学语文[M].上海:上海交通大学出版社,2017:191-195.
④ 金秋萍,陆家桂.大学语文[M].上海:上海交通大学出版社,2017:192.
⑤ 金秋萍,陆家桂.大学语文[M].上海:上海交通大学出版社,2017:192.
⑥ CBR相关理论参考美国学者珍妮特·L.科洛德纳《基于案例的推理》一文,文章详见:R.基思·索耶.剑桥学习科学手册[M].徐晓东,译.北京:教育科学出版社,2010:259-265.

Based Reasoning)理论——案例式推理理论。CBR 理论主要内容包括以下几点：

第一，在努力完成感兴趣的目标的情境下，学习效果最好。

第二，为了更好地从自身经历中学习，学习者需要解释自身经历，以便将经历变成叙述良好的案例贮存到记忆中。

第三，应用记忆中案例的经验可以促进进一步的学习。应用和预测的失败表明学习者需要学习更多的知识，同时，失败也为学习者重新解释已有经验提供了契机。思考如何运用案例以及借鉴案例的教训来适应新情境，都能促进细节更丰富的案例的形成。学习者运用案例的机会越多，修正解释的能力和知识的运用能力就越强。

第四，学习者可以从自身及他人的案例中学习。

第五，如果可以提供及时的反馈，让学习者有机会认识到自己的错误或预测失败，并能解释其原因以及寻找对应的解决方式，那么学习者从错误及预测失败中能获得更好的学习效果。

不难看出，CBR 理论除强调运用经验指导实践外，更强调通过实践的反馈，不断对经验进行修正与更新。这也是在运用信息时应注意的一点：运用信息并不意味着信息解码任务的彻底完成，在信息解码中，信息搜集、筛选、分析、评判、整合与运用几个环节可以不断循环。唯有如此，我们才能获取最有价值的信息，并充分发挥信息的价值，促进自我认知能力及实践能力的提升。

综上所述，在信息整合与运用环节，我们要善于借鉴各种信息整合方法，构建属于自己的认知体系；同时，要在实践中检验自我认知体系的合理性，注重反思与分享，不断修正、更新信息，做到厚积薄发、融会贯通、精益求精。

✏ 指导笔记

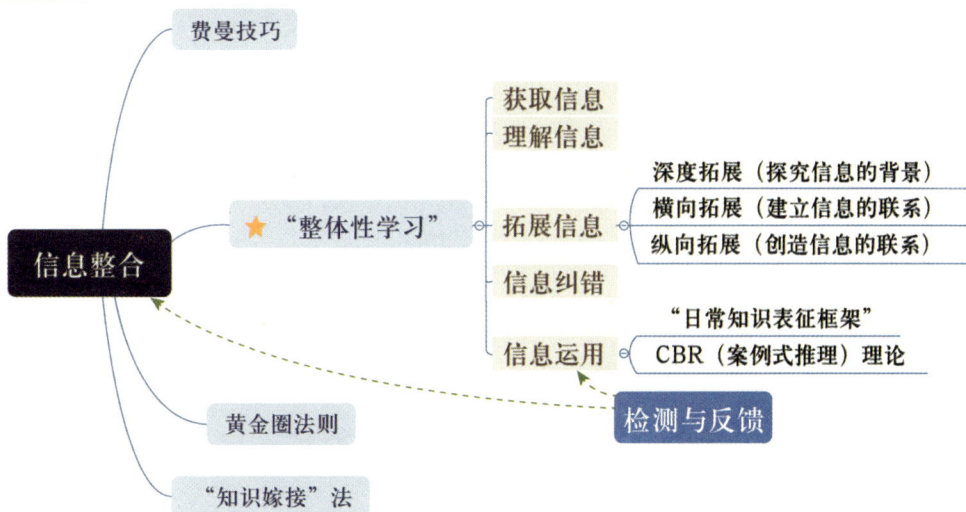

总结反馈

以下表格中的问题涵盖了本章的主要教学内容,请根据要求完成以下题目,以便你能更全面、更深入地理解"理论指导"部分的内容。如若某些题目不能顺利作答,请再回顾"理论指导"。

需要理解的内容	整合信息有什么重要意义?
	如何理解检测与反馈在信息整合与信息运用环节中的重要性?
需要应用的内容	如何运用"整体性学习"法进行信息的整合?
	如何运用CBR(案例式推理)理论来运用信息、指导实践?
需要拓展的内容	你能否通过信息的筛选、提取、整合,厘清"黄金圈法则"及"费曼技巧"的主要观点?
	在日常生活及学习中,你能想到哪些便于操作的、能够检测信息解码效果的方法?

二、实践运用

【实践一】

1.实践场景

小林是某高校旅游管理专业的一名学生,为完成专业实践任务,他选择在旅行社做实习导游。近期,小林将带团前往四川都江堰。为使自己的解说更有吸引力,小林尽可能地搜集、整合有关都江堰的各种信息。在搜集资料的过程中,小林看到了余秋雨先生的散文《都江堰》①,文中的一些信息给了小林灵感。如文中有一段内容是这样描述都江堰的:

它(都江堰)至今还在为无数民众输送汩汩清流。有了它,旱涝无常的四川平原成了天府之国,每当我们民族有了重大灾难,天府之国总是沉着地提供庇护和濡养。因此,可以毫不夸张地说,它永久性地灌溉了中华民族。有了它,才有诸葛亮、刘备的雄才大略,才有李白、杜甫、陆游的川行华章。说得近一点,有了它,抗日战争中的中国才有一个比较安定的后方②。

小林决定根据这篇散文的提示,对都江堰的相关信息进行搜集与整合,并充分运用到自己的旅游解说中。

2.实践要求

(1)五人一组进行分工合作,综合运用信息解码的各种技能,帮助小林写出一篇都江堰旅游解说稿,以小组的形式进行模拟解说。

(2)根据"实践场景"中散文《都江堰》选段的提示选取解说角度。

---

① 金秋萍,陆家桂.大学语文[M].上海:上海交通大学出版社,2017:134-137.
② 金秋萍,陆家桂.大学语文[M].上海:上海交通大学出版社,2017:134.

（3）在参考材料的基础上,充分运用学过的知识及了解的信息,力求解说角度多样。

（4）根据所选取的解说角度,充分利用材料中的信息,并有针对性地进行信息的搜集、筛选与整合,形成都江堰旅游解说词。

（5）各组推选出一名导游在课堂上依次进行模拟解说。

（6）小组之间进行互评,最后根据解说内容与解说效果,评选出最佳导游。

3.实践指导

此次实践其实是对"信息编码"能力的综合训练。第一,分析散文《都江堰》选段在谈论都江堰文明时的论说角度,其实是对信息进行分析与提炼的训练。第二,借鉴材料的论说角度,确定解说主题,这个过程其实也包含了信息的筛选、整合等技能训练:将材料中的信息与自己先前的知识储备相结合,以都江堰为主题,筛选、整合相关信息。第三,在前几个任务完成的基础上,按照不同的主题对相关信息进行整合,并合理安排各主题的分布方式,这一过程主要考查信息的整合能力。第四,进行角色扮演,解说都江堰,这一过程所体现的其实就是对信息的运用能力。第五,小组互评,涉及信息鉴别与评价能力。总之,掌握了"信息解码"各个环节的相应技能,便能顺利完成本次实践。

4.自我检测

请根据下列每个检测项进行自我测评,每个检测点最低为 1 分,最高为 5 分,在表格中对应的方框内打"√"。自我检测完成后,可根据各检测点的得分情况,对得分较低的内容进行进一步的强化训练。

检测点	1	2	3	4	5
（1）通过分析材料,能提炼出材料在讲述都江堰的文明史时所选取的论说角度。					
（2）在确定都江堰解说主题时,能将材料中的信息与自己认知体系中的信息相联系。					
（3）能综合运用信息搜集、筛选、提取、分析、整合等技能,组织解说材料。					
（4）能够充分运用所掌握的信息,进行模拟解说实践。					
（5）具备一定的信息鉴别与评判能力,能够对其他小组的模拟解说进行合理评价。					

【实践二】

1.实践场景

美国短篇小说家欧·亨利在小说《警察与赞美诗》[①]中讲述了穷困潦倒、走投无路的流浪汉苏贝为应付严冬,求得安身之所,自愿入狱的故事。为达目标,苏贝多次惹是生非——吃"霸王餐"、破坏他人物品、街头蓄意纠缠少妇、扰乱治安、故意偷窃他人财物等。在这一过程中,苏贝的"主动入狱"系列计划与行动暗合 CBR（案例式推理）理论。请阅读小说,并结合 CBR 理论的相关内容对于苏贝的行为进行解读。

① 金秋萍,陆家桂.大学语文[M].上海:上海交通大学出版社,2017:253-257.

2.实践要求

(1)结合 CBR 理论分析苏贝制订一系列"主动入狱"计划的依据。

(2)结合 CBR 理论分析苏贝第一次吃"霸王餐"的计划为什么会失败。

(3)结合 CBR 理论分析苏贝在第一次吃"霸王餐"的计划失败后,他如何在战略上进行调整。

(4)结合小说分析苏贝如何不断调整自己的"主动入狱"计划,在这一过程中 CBR 理论是如何发挥作用的。

(5)试分析警察在苏贝的系列计划实施过程中所扮演的角色与起到的作用。

3.实践指导

在进行分析之前,应充分理解 CBR 理论的主要观点。然后,可从苏贝的行为出发,在厘清苏贝的行动目的及行动过程的基础上,尝试寻找其行为与 CBR 理论的契合之处。在分析时,注意对 CBR 理论进行分解,尽可能从多个角度分析 CBR 理论在苏贝的"主动入狱"系列计划实施过程中的体现。

4.自我检测

请根据下面的检测指标对自己的实践表现进行检测,并根据检测结果进行学习反思。

检测点	回答(是或否)
(1)是否理解 CBR(案例式推理)理论的相关内容?	
(2)是否可以根据 CBR 理论的相关内容解释苏贝的系列"主动入狱"行动的理论依据?	
(3)是否能够结合 CBR 理论的相关内容解释苏贝是如何通过检测与反馈调整自己的计划的?	
(4)是否能够结合 CBR 理论分析苏贝的计划屡次失败的原因?	
(5)是否能够分析警察在苏贝的系列"主动入狱"行动中所扮演的角色及起到的作用?	

三、知识链接

知识的"嫁接"理论①

人类从古到今积累了大量的知识。这些知识被语言、文字和符号记录下来,经过加工整理,变成结构化的知识,并一代一代传承下来。今天的人们不可能也不需要重复前人获取知识的全部过程,而可以通过书本和老师(现在还有网络和数字媒体)等知识载

---

① 王竹立.新建构主义与知识创新[J].远程教育杂志,2012(2):37-38.

体学习大量的知识。然而这种来自媒体和老师等载体的知识都是前人或他人的理性认识，也就是二级结构的知识；对学习者来说，这些知识属于间接知识。这种间接知识进入学习者的大脑后，需要得到两个方面的支持才能够内化为学习者自身知识体系的一部分。第一个方面，新的间接知识需要与脑内原有的知识二级结构相对接。此时可能出现两种情况：一种是新的间接知识与原有二级结构内在逻辑一致，恰好能被原有二级结构顺利接纳；另一种是新的间接知识与原有二级结构内在逻辑不一致，不能被原有二级结构所接纳，需要原有的二级结构发生变构，才能被接纳，否则只能游离在外或很快被记忆主体遗忘。第二个方面，新的间接知识还需要与脑内知识的一级结构相对接，获得一级结构的支撑。这里又存在两种情况：一种是新的间接知识与相应的一级结构发生了"正确"的对接；另一种是新的间接知识在学习者大脑内找不到对应的一级结构，而与无关的一级结构发生了"错误"的对接，从而形成了错误的知识。例如，在著名的"鱼牛"童话里，鱼将从青蛙那里学到的关于牛的间接知识与脑内原有的关于"鱼"的一级结构知识进行错误的对接，结果产生了"鱼牛"的错误认知。

为了更好地说明知识传承与知识创新的过程，笔者提出了一种"知识嫁接"理论。具体内容如下：

(一)教育是一种知识"嫁接"过程

对间接知识的学习过程类似于果树的嫁接过程。果树嫁接是将一棵树(如梨树)的枝条，与另一种树木(如苹果树)的树枝进行对接，并使之存活与生长的过程。教育从某种意义上来说就是知识嫁接过程，即把已经专门化、结构化的知识"嫁接"到学习者头脑中的知识的二级结构中的过程。"嫁接"过来的知识一方面需要与学习者脑内的二级结构知识(嫁接部位)连成一体，另一方面又需要来自所嫁接的知识树木的根部(一级结构)的营养支持，只有这样新的知识才能存活并成为所嫁接的知识树的一部分。"嫁接"能否成功主要受新的间接知识与学习者原有知识二级结构的亲和力大小的影响，亲和力越大，成功的概率就越高。此外，还受"嫁接"技术的影响。亲和力包括两个方面：一是间接知识与原有知识结构上的相似性或接近性，相似性越高或者越接近，亲和力就越高；二是学习者对间接知识的兴趣和需求度，兴趣越大，亲和力就越大；需求度越高，亲和力也越高。"嫁接"技术是指知识的传授方法和学习方法。教育和教学是人类自己发明的一种知识传承体系(这种体系是动物所没有的，动物的学习只是简单的模仿)，是知识传递的人造系统。只有当教师在合适的时机采用合适的方法或技术进行教学，学习者采取恰当的方法进行学习，间接知识的"嫁接"才有可能成功。从这个角度思考，我们可以重新考查学校教育中的教学方式。学校在传承知识方面主要有两种代表性的模式，一种是传递——接受式教学，一种是自主探究式学习。前者主要是通过教师的讲授"传递"知识，后者强调应该通过协作和探究"发现"知识。如果我们过于强调知识不能通过教师的讲授而"传递"，必须通过在真实情景中的自主探究来建构，就可能走入另一个误区,即否定知识可以通过"嫁接"的方式而获得,都必须由自身生长出来一样。如果真是这样,知识传承将发生严重问题,因为我们不可能对前人所有的知识都去自主"发现"或建构一番,一些基础的知识依然需要借助"传递-接受"方式而快速获取。高明的教师就好像技能高超的园丁一样,能采取种种技术实现有效的"嫁接"。然而单纯的"传递-接受"式教学并不能很好地让"嫁接"过来的知识保持存活。如果得不到知识树根部(知识的一级结构)足够的营养支持,"嫁接"过来的知识也会很快"死掉"(遗忘或失效)。因此,在进行"传递-接受"式教学的同时,一定要开展协作探究式学习,以扩充学生的一级结构,为"嫁接"过来的新知识提供必要的营养支持。

(二)学习者的"自嫁接"比"被嫁接"更重要

我们还可以从另一个角度来思考知识"嫁接"的问题。教学包括教与学两个方面,"教"绝不仅仅是指教师把知识"嫁接"到学生头脑中的过程,更重要的是教会学生如何进行"自嫁接"的过程,在网络时代尤其如此。传统的"传递-接受"式教学主要是教给学生"知道(是)什么",而很少教会学生"知道在哪里""知道谁"和"知道怎样(做)",即只告诉学生现成的结论和答案。而很少告诉学生在哪里、如何和怎样获得这些结论与答案;而现代的教学应该更突出强调的是告诉学生后面这三个"知道"。也就是说,我们应该更多地传授"知识嫁接技术",教会学生如何"自嫁接",而不是仅仅传授知识本身。今天的教学中更多的不应该是知识性讲授,而应该是教师围绕如何掌握知识、运用知识和创新知识向学生进行示范性讲授。在网络时代,教师的地位和作用已然发生很大变化。具体来说,就是笔者在新建构主义理论中所提出的教师的五大职责:教会学生如何搜索(search),教会学生如何选择(select),教会学生如何思考(think),教会学生如何交流(communicate),教会学生如何写作(write)。新建构主义认为在保证学生作为学习主体的同时,应该强化教师的学习示范作用,以减少学习者盲目探究的时间、精力浪费。

(三)知识"嫁接"的目的是为了创新

"嫁接"学说给我们的进一步启示是:学习的目的不仅仅是为了知识的传承,更包括知识的创新。为创新而学习是学习的最终也是最高的目标。在网络时代,知识呈爆炸性增长,作为个体的学习者,我们穷尽一生之力也不可能掌握哪怕只是一个领域的人类全部知识,知识散布在知识网络的各个结点已是不争的事实。每个个体都只拥有知识体系的一小部分。就像树木嫁接是为了获得新品种新特性一样,知识"嫁接"同样是为了更新个体的知识结构和创造新的知识。例如苹果树与梨树嫁接后的果实既不再是原来的苹果,也不再是嫁接过来的梨子,而是一种叫作"苹果梨"的新品种。同样,知识"嫁接"的结果也是一方面更新了学习者原有的知识结构,另一方面被"嫁接"过来的知识也实现了个性化的改造与转化。正因为如此,嫁接成功的标志必然是知识的创新。嫁接越成功,知识创新的程度就越大。如果不是为了创新,嫁接将失去意义。根据个人的需要和问题解决的需要进行有目的的、针对性强的知识"嫁接"将有利于知识的创新。

四、思考练习

1.任选一本教材打开,翻看目录页,从中挑取一个关键词或知识点,根据自己的知识储备,试着以所选的关键词或知识点为中心,将相关知识进行整合,并以文字或图示的方式把整合出来的知识结构展现出来。

2.打开微博或微信,从自己原创、收藏或转发的消息或文章中选取一个出现频率较高的主题,以此主题为中心,尝试将其与自己接收到的专业信息及生活信息相联系,组合成一个微型知识结构。然后将你对这一主题的理解有条理、有系统地传达给自己的小伙伴。

学习吸收率金字塔

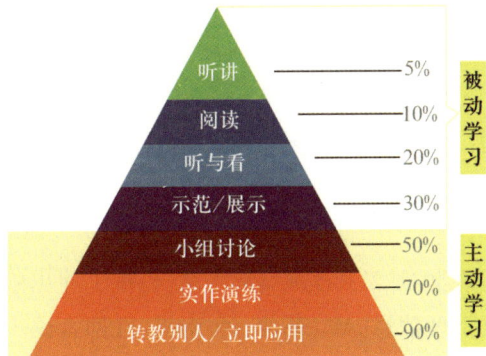

图 1-4-4①

3.美国国家训练实验室研究证明:采取不同的学习方式,学习者的平均学习效率是完全不同的,这就是著名的"学习金字塔"。从图 1-4-4"学习吸收率金字塔"中我们可以看到,学习越主动,学习效率也越高。在新媒介时代,用网络平台分享自己的学习成果,一方面可督促自己主动学习;另一方面,由分享所带来的互动与回馈,也可以帮助我们进一步认识到自己认知系统中存在的偏差。请选定一个知识点或一个主题,在一个月内试着在任意一个可进行网络交流与反馈的平台上,连续发布一系列文章,对于选定知识点或主题进行理解或解读。根据网络互动与反馈,定期适当调整或修正文章内容。在规定周期结束后,试将相关信息进行整合,以形成你对特定内容的认知体系。

4.在建构主义领域有一则很著名的寓言《鱼牛故事》:在一个小池塘里住着鱼和青蛙,它们是好朋友,都想出去看看,但因为鱼不能离开水,所以青蛙只好独自出去游历。游历归来,青蛙告诉鱼,外面有许多新奇有趣的东西。"比如说牛吧,"青蛙说,"它的身体很大,头上长着两只弯弯的犄角,以吃青草为生,身上有着黑白相间的斑块,长着四只粗壮的腿……"这时,在鱼的脑海里,出现的"牛"的形象是——鱼牛:在鱼的身体上,加上了它听到的牛的特征。

你能否从"信息解码"的角度综合分析这则寓言故事带给我们的启示?

---

① 图 1-4-4 来源:http://blog.sina.com.cn/s/blog_54b5e6900102yssz.html。

图 1-4-5 "鱼牛"的形象①

五、拓展阅读

1.王竹立.碎片与重构:互联网思维重塑大教育[M].北京:电子工业出版社,2015.

2.肯·威尔伯,特里·帕滕.生活就像练习:肯·威尔伯整合实践之道[M].金凡,等,译.北京:同心出版社,2013.

3.斯科特·扬.如何高效学习[M].程冕,译.北京:机械工业出版社,2014.

4.奥野宣之.如何有效整理信息[M].苏萍,译.南昌:江西人民出版社,2017.

---

① 图 1-4-5 来源:https://www.wendangwang.com/doc/1e49a3e58719c2fbfd3882b6。

第二部分　应用写作

【导言】

　　同学你好,恭喜你完成信息编码阶段的训练,你的能力提升了一个等级! 学会搜集资料、筛选和解读信息之后,对这些信息进行书面的加工、利用和再创造,就是写作。本章我们要进行应用写作能力的训练。非文科专业的学生一定觉得很奇怪为什么要学习应用写作? 因为应用写作能力是未来职场必不可少的生存技能之一。从求职时的简历写作,到入职后的合同签订,再到日常的工作报告、策划方案的撰写,无论从事何种职业,空有职业技能而无笔头表达的功夫,犹如单脚走路,那么职场之路必定充满坎坷,无法走得更远。因此,本章的训练目标是职场实用写作能力的专项提升。具体来说,本书精选了未来最可能发生的四个写作场景,设定了四个专项写作训练目标:特色鲜明、逻辑清晰的求职简历;结构完整、符合规范的合同契约;简洁高效、要点清楚的工作报告;周密完备、切实可行的活动策划。

第一章　求职简历——金子也要以对的方式发光

　　《灯下漫笔》的作者鲁迅,曾参加《新青年》的编辑工作,并在该期刊上发表多篇专栏文章。假如鲁迅曾经给《新青年》投过简历,他会怎么写? 老舍笔下《断魂枪》中的主人公沙子龙,处在时代变革和社会转型时期,无奈放弃了从事多年的镖局营生,转行开了客栈,然而这真的是最适合他的工作吗? 如果他穿越到了现代,他会应聘什么样的工作呢,是物业保安、总裁保镖,还是武术教练? 他会在求职网站上投出一份怎样的简历呢? 对于每一位同学来说,毕业后你的职场征程将从撰写一份出色的简历开始。下面我们就来进行求职简历写作能力的训练。

💼 一、理论指导

　　求职简历的体例没有统一的规定,求职者可根据表述需求自由定制,但总页数不能过多,两页之内为宜,否则啰唆冗余的信息反而会让阅读者抓不住关键要点,注意调整字体和行距,保证第二页的内容超过纸张的三分之一。有些企业会给求职者发放统一的填写表格,此种情况不在本章的讨论范围内。根据笔者对我国当前求职市场的调研,推荐栏目式的写作体例①,即对简历内容分栏目进行罗列;不推荐表格式体例,因为表格中信息的散点化分布,使得关键信息不易被筛选和读取,会给 HR(Human Resources 的缩写,即人力资源部门)造成阅读障碍。

(一)基本信息

在求职简历的文首清晰地罗列求职者的基本信息,主要包括求职意向(可选)、姓名、照片、性别、联系方式、个人优势关键词等。做到要点清晰即可,切忌罗列过于烦琐的非必要项目。

求职意向通常放在文首,强调意向职位。我们提倡"一岗一投,有的放矢",比起同一份简历的大量海投,不如在仔细阅读意向企业招聘启事上的岗位要求后,精准研究与自身能力最匹配、求职成功率最大的1~3个具体职位,按照求职意愿由大到小罗列出来,最大限度地向 HR 展示你的求职诚意。求职意向是可选项目,因为在电子信息化的今天,许多求职网站发布的具体招聘信息后就有"一键投递"按钮,系统后台会自动把你的简历与意向岗位匹配起来。值得注意的是,互联网在大大节省了信息传递成本的同时,也增加了信息到达的困难度,你的简历很有可能被淹没在海投的电子简历中间,有时反其道而行之会有出其不意的效果,某人就通过精心设计、打印和邮寄纸质简历而非电子邮件,让企业印象深刻,赢得了面试机会并最终获得了梦寐以求的工作。在这种情况下,意向职位则成了必不可少的项目内容。

照片的选择应注意摄像场景的正式性,显示出你的职业化。

联系方式以使用正式的工作邮箱为宜,建议另行注册,与日常使用的邮箱区别开来,既显示了职业化,又不会错过来自 HR 的面试通知邮件。

在基本信息栏中添加一栏醒目的"个人优势关键词"项,以彰显你的个人定位与特色,可以包括:专业领域+专长特色+岗位职务,例如,"汉语言文学专业教学骨干""机械工程资深项目负责人""渠道资源丰富的资深媒体人""社团骨干管理达人"(应届生)……我们提倡在日常生活中也应当有一些"营销思维",添加"个人优势关键词"可以帮你在最短的时间内在 HR 心中树立起你的"个人品牌",即一个人在他人头脑中所留下的印象或情感,也是一个人所拥有的独特而鲜明的外在和内在特质,包括形象、修养、专长能力和价值观等一系列内容。一个定位清晰的个人品牌,既能突显清晰的求职思路,表示你对自我定位有清晰的认识,也能让 HR 印象深刻,便于其迅速匹配你的特质与岗位需求。

(二)受教育经历

一般从大学本科以上开始罗列你的受教育经历,除特别知名的院校之外,无须罗列整个初、中等教育经历。通常按照时间顺序依次罗列,以方便 HR 核实。

注意一定要找到你受教育经历中的亮点特色,如非名校可以突出学校的专业特色定位,例如"XX 学院,注重将知识转化为能力的应用型特色本科院校"。综合排名一般的学校可

① 栏目式写作体例的范文可在网络学习平台中查看。

以突出其专业排名,若学校和专业皆不突出者,可以在大学期间有意识地选修一些与将来意向的应聘岗位联系紧密的课程,将这些课程写入你的受教育经历。相信一个有意识规划自己职业生涯、思路清晰的应届毕业生,一定会被 HR 所留意。

(三)掌握的技能

掌握的技能应当是你在简历中重点突出的部分。付费接受职业教育是每个人应该在大学时代完成的事,企业是不会为求职者的继续学习而买单的。换言之,企业需要的是立刻能在工作中派上用场的"技能",而非死记硬背的纯理论的"知识",学过某项课程不代表掌握了对应的实用技能,一个不能将大学时学过的理论知识转化为实用技能的求职者,纵使饱读诗书也只是纸上谈兵,必然是无法打动 HR 的。

我们给出的建议是:知识+技能+证明(证书或实践),比如,"我计算机课程成绩优异(知识),熟练掌握 C++语言的编程技巧(技能),获得了计算机二级证书(证书证明),曾在××公司实习期间独立开发×软件以用于……(实践证明)"。再如,"我新闻学课程成绩优异(知识),熟练掌握新闻采编的技巧(技能),曾在校团委宣传处负责微信公众号的新闻采编工作,发表过×篇点击率在×以上的文章,受到了校团委老师的肯定(实践证明)"。

(四)工作(实习)经历

罗列你的工作经历,应届生可以罗列在校期间的实习、社团实践经历。由于你极可能有过多个领域的工作(实习)经历,可先将所有的经历在草稿纸上罗列出来,按照专业领域分类,在每个专业领域的子类别下,按照重要度排列各项经历,把最重要的经历排在前面。写简历时应根据岗位对专业领域的排序进行对应调整,将与应聘岗位最对口的专业领域工作(实习)经历放在前面。比如一个同学在校期间,既有过校学生会的组织管理经验,又有过餐饮行业的服务经验以及服装行业的销售经验,那么假如他应聘的是一个销售岗位,就应当把服装行业的销售经验写在最前面。在经历条目过于丰富的情况下,可删去无关的经历,以节省 HR 阅览时的"心智成本",便于其迅速抓取你与该岗位的匹配信息。

写作时要注意详略得当,需要详述的经历包括:

(1)该经历的来之不易,比如通过何种严格的选拔最终获得了该岗位。

(2)过程中遇到的最大的困难及你是如何克服的,让 HR 看到你是一个能在压力下工作,并且有解决问题的能力的人。

(3)一定要精确到成果,如仅仅写"我在《××晚报》担任过实习记者"是不够的,应当精确到发表过多少篇文章,获得了怎样的读者反响;仅写"我在××超市家电部门担任过销售员"也是不够的,应当精确到平均每月的成交额与客户转化率(即多少进店客户转化为了最终消费的客户),或者精确到困难个案,比如你是如何处理好某位棘手客户的投诉的。

(4)若某条经历能够体现你的个人特质与企业文化或岗位要求的一致性,则应当详写,比如企业文化强调创新精神,你可以详写自己如何编写小程序优化了企业原来的服务流程;再比如岗位要求强调责任心,你可以详写自己如何恪尽职守、自愿连续加班多少天以确保项目顺利运行。但注意求职场景中语言的正式性和专业性,切忌出现过于口语化的措辞,也要避免过于主观和强烈情感的表达,应尽量用数据和客观事实、成绩说话。

指导笔记

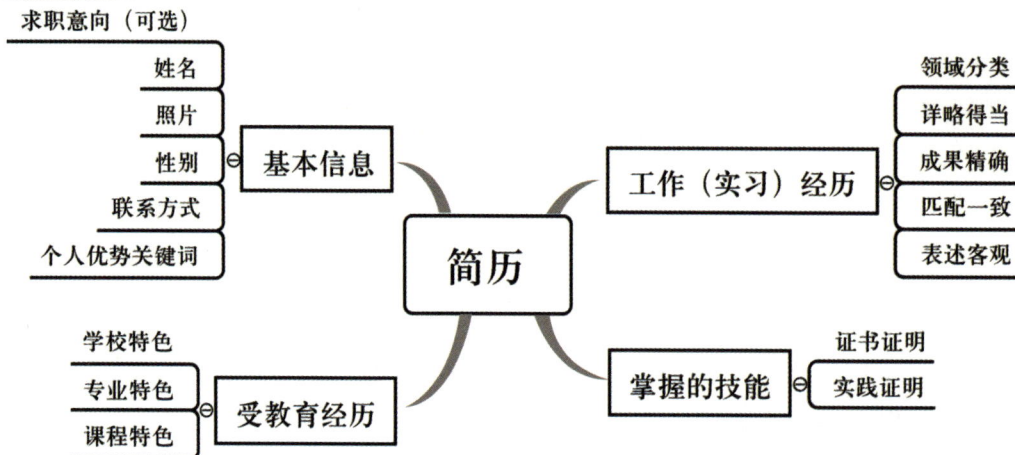

总结反馈

　　请用完整的句子回答以下问题,这些问题涵盖了上述理论指导的大多数重要内容,如果无法回答其中的某个问题,你需要重新阅读上述资料。

　　1.如何定义自己的"个人优势关键词"?

　　2.为什么对于用人单位来说,求职者掌握的"技能"比"知识"更重要?

　　3.在写工作(实习)经历时,哪些情况下需要详述?

二、实践运用

【实践一】

1.实践场景

鲁迅应聘《新青年》专栏作家①

从日本留学归国,弃医从文的鲁迅先生,有志于投身到用笔杆治愈和拯救国人灵魂的事业中去。1915 年的某天,他看到了《青年杂志》(后改名为《新青年》)创刊号上有陈独秀先生写的发刊词《敬告青年》,以下为重要词句选摘,"自由的而非奴隶的……进步的而非保守的……进取的而非退隐的……世界的而非锁国的……实利的而非虚文的……科学的而非想象的……国人而欲脱蒙昧时代,羞为浅化之民也,则急起直追,当以科学与人权并重"②。鲁迅觉得该刊物的办刊精神与自己的志向高度一致,于是他琢磨着要给该刊物的主编写一封求职信,希望能够成为该刊的签约专栏作家。

2.实践要求

(1)学习课文《灯下漫笔》,并品读鲁迅的主要代表作品,如《狂人日记》《阿 Q 正传》《夏三虫》等,通过资料收集,尽可能详细地了解鲁迅的生平和性格。

(2)假设你是当年的鲁迅,欲在《新青年》上谋得一个专栏作家的职位,请你以鲁迅的视角写一份求职简历,简历中的部分信息可根据需要适当进行虚拟。

(3)综合运用资料收集、信息解码能力,尽量还原当时的真实历史,在真实的基础上,充分展开想象,对简历中的部分信息适当进行虚拟。

(4)根据本节"理论指导"部分中给出的基本写作框架进行灵活套用,努力做到内容翔实、特色鲜明、逻辑清晰。

(5)各组成员经过前期讨论、分工撰写、小组汇总、集体修改后,撰写一份简历,字数不少于 500 字。

(6)尝试用鲁迅先生特有的语言风格对简历的语言进行润色(高级要求,选做)。

3.实践指导

(1)在写简历之前,首先要做的是了解职位信息,岗位的招聘信息通常我们可以在哪里了解?

(2)根据陈独秀所写的《发刊词》选摘,你觉得《新青年》的办刊宗旨是什么?读者定位是什么?企业文化的主要精神是什么?如果《新青年》要出一则专栏作家岗位的招聘启事的话,会怎么写?请虚拟一则《新青年》杂志的专栏作家的岗位招聘启事,分条详细列举出"职位描述"与"职位要求"。分析这些之后,我们应当如何将结论应用到鲁迅简历的写作里?

---

① 本实践场景为笔者出于教学需要,根据相关历史资料进行的改编,具有一定的虚拟性,读者不应将其作为完全的史实。

② 资料来源:百度词条"新青年"https://baike.baidu.com/item/%E6%96%B0%E9%9D%92%E5%B9%B4/25994? fr=aladdin#4_1。

（3）通过对资料的收集、信息的整合，简要列出鲁迅的基本信息，包括姓名、照片、联系方式等。思考：当时社会的文人没有电话和邮箱，最可能的联系方式是什么？

（4）通过对鲁迅的主要代表作品的品读，你觉得鲁迅的写作风格是什么？最大的写作特色是什么？其是否能与《新青年》杂志的定位相匹配？

（5）如果用一个短语来形容鲁迅，你会怎样定义他的"个人优势关键词"？将其写入简历的基本信息中。

（6）你认为鲁迅最擅长的技能是什么？最能突显他这一技能的代表作品是什么？在读者群中的受欢迎度如何？

（7）除了写作能力以外，鲁迅还有没有其他的"加分"项目可以写到简历中？比如他在文化圈中的个人影响力，与其他知名作家的熟识关系等。

（8）在鲁迅的受教育经历中，有一段学医的经历，似乎与目标职位并不匹配，写作简历时应当如何处理？

（9）鲁迅的工作经历大致可以概括为哪几个专业领域？是否有不必要的条目需要删去？

（10）怎样阐述鲁迅的特殊经历、能力和特质，使其与《新青年》杂志的企业文化及岗位要求相匹配？

4.自我检测

请根据自己能力的提升度给每一项检测指标评分，最低为 1 分，最高为 5 分，在表格中对应的方框内打"√"，并根据综合得分情况，写一段不少于 50 字的实践运用小结。

检测点	1	2	3	4	5
（1）写简历前仔细解读了应聘岗位的信息，包括职位描述、招聘要求、企业文化等。					
（2）能通过资料的收集和信息的整合，简要列出鲁迅的基本信息，尽量还原历史真实。					
（3）能用合适的语言，概括鲁迅的写作风格、写作特色，并将这些信息体现在简历中。					
（4）能给鲁迅找到恰当的"个人优势关键词"，让简历阅读者对其印象深刻。					
（5）写简历时突出了掌握的技能，并且列出相应的成果证明，即鲁迅的代表作。					
（6）对受教育经历与目标岗位不匹配的问题进行了妥当地处理。					
（7）工作（实习）经历按照专业领域进行了分类，删去了多余的条目。					
（8）对鲁迅的特殊经历、能力和特质的阐释，能使其与企业文化及岗位要求相匹配。					
小结：					

【实践二】

1.实践场景

武林高手穿越时空找工作

火车和洋枪的时代来了，镖局行业被时代所淘汰，沙子龙失去了镖师的工作，一起逝去的还有他武林高手的江湖威望。无奈，沙子龙只得转行去经营客栈，但是这终究不是他的志向,在他内心深处依然怀念着武行和那些与功夫相伴的日子。他在内心深处说:"上天啊,请再给我一个选择职业的机会吧!"忽然,他穿越到了现代,可以通过互联网投递简历了!他迫不及待地打开了求职网站搜索到了以下三个意向职位[①]:

※**物业保安**　4 000~5 000 元/月

岗位职责:

(1)日常安全保卫工作;

(2)区域巡逻;

(3)岗亭站岗、车辆收费;

(4)处理各类突发事件。

任职要求:

(1)身高 175CM 以上,身体健康,容貌端正,无犯罪记录;

(2)熟悉安全制度、意外事件及紧急事故之预防与安排;

(3)有保安经验或退伍军人优先考虑。

※**总裁保镖**　8 000~10 000 元/月

岗位职责:

(1)总裁日常安全保卫工作;

(2)完成总裁交办的其他任务;

(3)具有较强的沟通能力、协调能力及应对突发事件的处理能力;

(4)负责公司日常安全保卫及其他工作协助;

(5)领导进行贴身保护,防止一切不安全因素对领导所造成的伤害。

岗位要求:

(1)175cm 以上,高中及以上学历;

(2)为人正直忠诚,具有高度的责任心,五官端正、形象良好、身体健康;

(3)身手灵活,具备搏击、散打、擒拿、格斗技能。

※**武术教练**　6 000~8 000 元/月

岗位职责:

(1)独立完成少儿武术(3~12 岁)所有课程教学;

(2)按公司规定及要求完成每次授课,并做好课程记录,针对学生问题制定改进方案;

(3)与家长和学习顾问进行充分沟通,全方面了解学生学习及其他情况,有针对性地教学,提高家长满意度;

(4)配合营地、配合中心进行相关的课程宣传活动及市场推广活动。

任职要求:

(1)武术相关专业,热爱武术行业;

---

① 均摘自前程无忧网,www.jobs.51job.com,入选时有删改。

(2)具备3~5年教学经验,拥有社会体育指导员、武术段位证书优先;

(3)对小孩子有耐心有亲和力,性格外向、具有较强的沟通能力、抗压能力与团队精神;

(4)为人正直,态度端正,举止大方得体,有责任心。

2.实践要求

(1)选择一个最适合沙子龙的岗位,替他写一份求职简历,简历中的部分信息(如年龄、身高、学历、从业经历等)可根据需要适当虚拟。

(2)熟读课文《断魂枪》,在对沙子龙的人物性格进行客观分析的基础上,选择最适合他的职业,职业的选择应当有理有据。

(3)在尽可能忠实于原文的基础上进行合理想象,对简历中的部分信息进行适当的虚拟。

(4)根据本节"理论指导"部分中给出的基本写作框架进行灵活套用,努力做到内容翔实、特色鲜明、逻辑清晰。

(5)各组成员经过前期讨论、分工撰写、小组汇总、集体修改后,撰写一份简历,字数不少于500字。

3.实践指导

(1)根据老舍先生在小说《断魂枪》中对沙子龙这一人物形象的塑造,你觉得沙子龙最有可能选择的职业是三个岗位中的哪一个? 为什么? 薪酬会是他优先考虑的因素吗?

(2)沙子龙在受教育经历方面显然不具有太大的竞争力,这一点如何在简历中进行适当处理,扬长避短?

(3)思考一下从上一份工作——镖师中,沙子龙获得的职业经验是什么? 他最有竞争力的职业技能是什么?

(4)沙子龙在镖局的工作中,有过带徒弟的经历,即教育领域的经验,这对他找工作有什么帮助? 如何在简历中体现这一优势?

(5)如何给沙子龙定义一个让人过目不忘的"个人优势关键词"?

(6)从现代企业的管理角度来说,管理者难免会担忧员工不遵守公司的规章管理制度,因而沙子龙身上的"江湖气"可能会成为他找工作的障碍,如何在写作中消除HR心中有关这方面的担忧?

(7)沙子龙经常接济他穷困潦倒的徒弟们,这体现了他的什么品质? 在面对王三胜的激将法时,沙子龙表现得气定神闲,这又体现了他的什么品质? 面对众人传说他败给孙老者的诋毁和谣言时,沙子龙的表现又体现了他的品质? 在简历写作中体现这些品质对提高他的求职成功率有帮助吗?

(8)为了体现沙子龙的人格特质与所应聘岗位的企业文化相匹配,不妨在他的工作经历中构思一个他在走镖路上发生的故事。想一想,在这个故事中着力要体现出沙子龙的什么特质,是责任感? 是面对突发状况的应对能力? 是团队精神或领导能力? 是抗压能力? 还是吃苦耐劳的精神?

4.自我检测

请根据自己能力提升度给每一项检测指标评分,最低为 1 分,最高为 5 分,在表格中对应的方框内打"√",并根据综合得分情况,写一段不少于 50 字的实践运用小结。

检测点	1	2	3	4	5
(1)通过对求职网站上的招聘岗位信息进行分析,找到了最适合投递简历的职位。					
(2)通过对《断魂枪》原文的解读,把握沙子龙的人物形象和性格,在此基础上进行了合理想象。					
(3)在写作简历时,如某一方面不具有优势,而另一方面很突出时,注意扬长避短。					
(4)给沙子龙定义恰当的"个人优势关键词",让简历阅读者对其印象深刻。					
(5)在过去的工作(实习)经历中寻找与目标职位相匹配的亮点。					
(6)能根据课文,对沙子龙的性格品质进行总结,然后在简历写作中体现他的优秀品质,增加求职成功率。					
(7)在工作经历中体现了与任职要求相匹配的人格特质。					
小结:					

A+B=C 三、知识链接

(一)特色创意简历分享①

应聘岗位:美食微信公众号编辑

简历特色:以游戏人物属性图为框架,结合岗位所需要的技能和特质,以生动幽默的方式对简历内容进行了创造性的编辑组合,让人耳目一新的同时,也从侧面印证了求职者具备了目标岗位所需要的创意思维能力和一定的图文编辑技能。

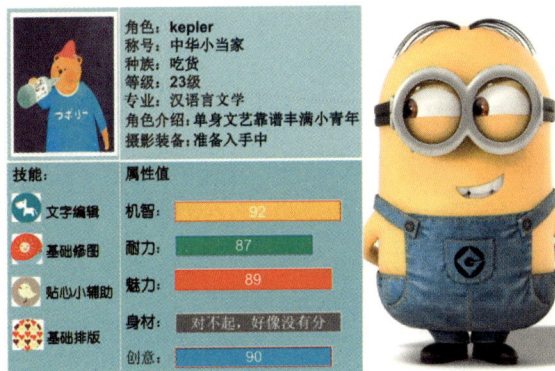

---

① 简历来源:编者所指导的学生作业,作者苏予健。

（二）期刊论文选摘

《应届大学毕业生求职简历调查分析》①（赵鹏娟、李永鑫，2009），由从事人员招聘的专家和人力资源开发专业的在读硕士研究生组成的研究团队，随机搜集了 410 份简历，经过整理、筛选后针对 159 份样本进行编码分析、统计，得出简历中存在以下问题：

第一，96.2% 的简历标题是"个人简历"四字或个人格言。这类简历与标题是"XXX的求职简历"或者"XXX的个人简历"的简历同时出现在简历堆中给招聘人员的印象是不言而喻的。后者把自己的名字写在首行醒目的位置，由于"首因效应"，招聘人员很容易记住求职者的名字，而且有时招聘人员也会认为这是求职者自信的一种表现。

第二，32.7% 的求职意向不合格，即没有求职意向；23.9% 的应聘岗位不明确。求职意向是简历中不可或缺的内容。而部分求职者担心竞争激烈，不注明具体的职位。抱着随他们安排的心理或干脆表态"愿意在贵公司任何部门"。这样的表达只会让用人单位感到求职者不适合任何职位。如今的用人单位比较看中"术业有专攻"的人。因此，大学生对自己的职业生涯要有清晰的规划，围绕所学专业的一个领域明确地表达求职意向，才能吸引招聘人员的眼球。

第三，实践及奖励维度的优秀率仅 4.4%。对于缺乏工作经验的应届大学毕业生来说，兼职或者学校组织的实习显得比较重要。而简历中对这一部分的介绍却只以顺叙的形式，简单描述什么时间在哪个地方实习或做过兼职，并没有告诉招聘人员活动的目的及其整个过程。模糊的描述导致招聘人员无法推测求职者的动手操作能力。而采用倒叙的方式或有针对性地量化社会实践成果并突出过程及列举有代表性的奖项，招聘人员可以判断出求职者是否具有胜任基础岗位的能力。

第四，爱好、特长、自评有利于招聘人员评价求职者的价值观与企业的文化是否匹配。有 9.4% 的求职简历没有爱好、特长、自评等内容。46.5% 的简历描述的与应聘岗位关系不大。如一个应聘营销岗位的求职者写的兴趣爱好是读书、思考。而营销岗位更注重社会交往能力，简历中应该展现应聘者与应聘岗位所需人格特质相一致的方面。

第五，12.6% 的简历出现有扣分情况。问题主要集中在简历中出现了"很好""精通""获得大家一致好评""有良好的组织协调能力"等模糊词汇以及涉及有关个人隐私的身份证号码、家庭情况、户籍等，提到了用人单位忌讳的福利报酬问题。

🦉 四、思考练习

1.采访一位你身边的亲戚朋友或者老师同学，罗列他的主要经历，试着为他写一份完整的简历。

---

① 赵鹏娟，李永鑫.应届大学生毕业求职简历调查分析[J].人才资源开发,2009:38-39.

2.列出你所感兴趣的几个行业领域,例如管理、教育、艺术……思考:在写作针对这些领域的不同简历时,有什么区别? 如何"因岗制宜"地组织语言表达和逻辑结构?

3.回忆一下你进入大学以来的经历,用一个故事来体现你某方面的人格特质的"闪光点",写成一段文字。可参考的闪光点:有毅力、有耐心、有爱心、有责任心、有团队精神、有创造力、有领导力等。

4.给自己设定几个可能的"个人优势关键词",让周围的同学好友对你所选的关键词进行比较和品评,看看树立怎样的"个人品牌"更适合你的特点,也更有利于你未来的发展。

五、拓展阅读

1.廖艳君.求职简历的撰写要诀[J].新闻与写作,2008(1):61.

2.程基伟.写好个人求职简历[J].科学导报,2008,26(14):106.

3.张家平.赏心悦目简洁明了让求职简历靓起来[J].秘书之友,2017(1):35-37.

4.翟淼淼.大学生求职简历的写作技巧[J].考试周刊,2017(7):152-152.

5.程林盛.怎样写好求职简历[J].中国大学生就业:综合版,2017(13):27-29.

6.于天.例谈大学生求职信的写法[J].应用写作,2018(1):37-39.

第二章　合同契约——一字千金的买卖马虎不得

　　《短歌行》①表现了曹操求才若渴,渴望广揽天下英才的决心。三国鼎立,犹如三家创业公司在进行市场竞争,同时抢夺有限的人才资源。如何拟写一份有吸引力的雇佣合同,知人善任的同时又有效地约束好员工?《世说新语·任诞》中有一篇《王子猷暂住空宅》,讲了随性所致、率意而为的王子猷暂住友人空宅时,恣意在院子里种满竹子的故事。假设你把房子租给他这样任性的租客,你要与他签订怎样的契约,以约束他的行为呢?从职场征程的角度来说,在顺利谋得理想职位后,不管是签订劳务合同还是租房契约,都需要了解合同契约的规范写法。当然,对有志于创业的同学来说,懂得如何与招聘对象签订劳动合同、租用办公场地就更为必要。本节我们来进行合同契约写作能力的训练。

一、理论指导

　　合同,又叫契约,是依法确定当事人之间设立、变更、终止民事关系的协议,具有法律效力。合同的类型是多种多样的,有买卖合同、赠予合同、借款合同、租赁合同等。

　　(一)合同写作的通用体例和一般方法

　　(1)合同名称。

　　即契约的标题,表明合同的内容和性质,一般由"事由+文体"构成,例如借贷契约、买卖合同、劳动协议等。

　　(2)当事人基本情况。

　　当事人可以是某个组织机构,也可以是某个自然人。当事人如果是法人或者其他组织,必须明确它们的名称(全称,与营业执照上的名称相符)和地址。当事人如果是自然人,必须明确其姓名和住所(身份证等有效证件上的姓名和住所)。

　　合同当事人一般用甲乙双方来表示。甲方一般是指提出目标的一方,在合同拟订过程中提出要实现什么目标;乙方一般是指完成目标的一方,在合同中主要是提出如何保证实现,并根据完成情况获取收益的一方。

　　(3)合同编号、签订时间和地点。

　　给合同编号是为了便于存档和备查。签订时间一般即合同生效的时间。签订地点关系到日后发生纠纷时申诉的地方和适用的法律法规,不同国家、地方的法律法规是不一样的。

　　(4)订立缘由及经过。

　　这是合同正文的序言,表明合同目的与合法性,表明订立合同的当事人双方均是出于自愿,经过平等协商达成一致后订立的如下条款。

---

① 金秋萍,陆家桂.大学语文[M].上海:上海交通大学出版社,2017:9.

（5）合同的一般条款。

不同的合同的具体条款各不相同,本文列举了《中华人民共和国合同法》规定的一般条款,包括:

第一,标的,即当事人权利和义务指向的对象,例如买卖合同中的商品,劳动协议中雇佣劳动的服务内容。

第二,数量,标的的数量应包括计量单位和数目。

第三,质量,标的的质量应明确检验的标准,以及质量的验收方法和时间地点等。当事人可协商一致约定某种标准,但不得低于国家强制性标准。

第四,价款或者报酬,价款用来支付财物,报酬用来支付劳务,都是用一定的货币量来表示。

第五,履行期限、地点和方式,明确当事人的享有权利和履行义务的时间界限,交付标的物和支付价款或报酬的地点,以及时间方式和行为方式。比如一次完成还是分期完成,交付标的物是采用送货、提货,还是代运等方式,支付价款或报酬是采用银行转账还是票据结算等。

第六,违约责任,当事人一方不履行合同义务或履行不符合约定时,违约方应当以何种方式进行补救或赔偿,例如支付违约金的数额,或退货、更换、修理、重做、减少价款或者报酬。

第七,争议解决办法,当事人若日后发生争议可采取的解决方法有和解、调解、仲裁、诉讼。

（6）合同的一般说明。

说明合同的有效期限、份数和保存方式,一般表述为"本合同一式两份,双方各执一份,每份具有相同的法律效力,经双方签字或盖章后立即生效"。

（7）合同的签署。

一般位于合同尾部,除当事人签名或盖章之外,还常设有当事人双方的单位名称、地址、电话、传真、邮编、开户银行、银行账号等,既便于联系履行,也是当事人资格的佐证。

另外,我国推行"合同示范文本制度"①,由国家有关部门拟定、发布一些各行业常用的标准合同范文,以供群众参考。此举旨在规范合同当事人的签约行为和经营行为,保护双方的合法权益,对社会主义法律制度起到了积极作用。建议在写作合同之前先查阅相关资料,找到相应类别的国家示范合同文本,在此基础上进行个性化的改写更为妥善。

（二）小心合同文本中的"陷阱"

掌握正确的合同书写方法固然重要,但生活中更常见的情况是需要精确阅读和审查他人拟写的合同草稿,避开其中可能埋藏的文字"陷阱"。下面我们就来试看几个案例:

（1）程某与邻居王某私下签订的买房合同中写道"10 月 20 日 x 给 x 定金 200 万,余款在房屋过户时一次性付清"。随后程某改变了主意不想买房了,希望能要回定金 200 万,但是王某

① 根据国办发〔1990〕13 号文件、国家工商局〔1990〕133 号文件及北京市政府办公厅〔1990〕44 号文件精神,合同示范文本制度已于 1990 年 10 月 1 日起在全国逐步推行。

坚持认为"定"金不是"订"金,自己无须偿还。咨询律师后律师也表示:定金和订金的法律意义和法律后果大相径庭,"定"金一般可以不退,因为其具有担保性质,可适用"定金罚则"——交付定金一方违约,则无权要求接受定金方返还;如果接受方违约,则要双倍返还①。

(2)某员工在进公司时签订的劳务合同中有如下条款,"试用期为3~6个月,试用期工资为转正后工资的80%",当时他并没有提出质疑,想当然地认为只要自己工作表现优秀,试用期自然会按照最短的3个月计算。可第四月时他领取到的依然是试用期工资,当他向公司表示异议时,公司说试用期为6个月,这是当初合同上约定好了的。虽然该员工感到很委屈,但也无可奈何。

(3)2007年3月,永州市民何某幸运地抽到小区内的一个车位,与物业公司签订了车位租赁协议。协议约定,物业公司只承担赔偿以外的其他管理责任。何某心想,汽车买有保险,万一出现汽车失窃、损害等情况,可要求保险公司赔偿,于是在协议上签了字。3个月后,何某的汽车在小区车位失窃,他要求物业公司赔偿,但物业公司以先前签订的协议约定可免责为由,拒绝何某的赔偿请求。何某随后向保险公司索赔,不料也遭拒绝。无奈之下,何某只好诉至法院。法院审理此案后认为,汽车失窃后,保险公司未赔偿保险金之前,何某已放弃了对物业公司请求赔偿的权利,导致保险公司不能向物业公司代为求偿。保险公司依照《保险法》的有关规定,不需要承担赔偿保险金的责任②。

以上案例警示我们,在签订合同时一定要慎之又慎,仔细阅读合同条款,揣摩和辨别词义,尤其小心那些模棱两可的、极易造成误会的词句表达。毕竟,一字千金的买卖可马虎不得呀!

📝 指导笔记

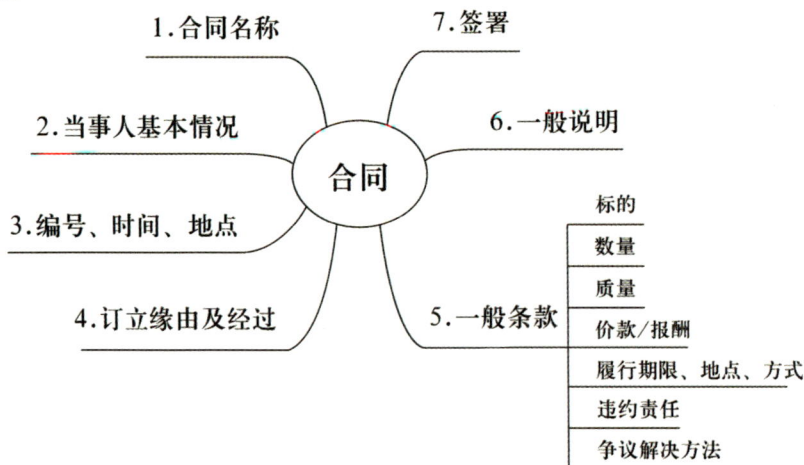

---

① 案例来源:《合同中的陷阱,一字之差,百万损失》,http://www.360doc.com/content/16/1125/22/28451161_609548600.shtml。

② 案例来源:《律师教你识别合同中的文字陷阱》,https://baijiahao.baidu.com/s? id=1582256721348796583。

总结反馈

　　判断下列说法正确与否,正确的在括号里打"√",错误的打"×",并把错误的地方改正过来。这些问题涵盖了上述理论指导的大多数重要内容,如果无法回答其中的某个问题,你需要重新阅读上述资料。

　　(　　)合同与契约是两种文体,有不一样的写作方法。

　　(　　)合同的当事人可以是某个机构组织,也可以是某个自然人。

　　(　　)合同中的甲乙双方可以按照需要随机指定,互相调换。

　　(　　)合同的标的只能是实物。

　　(　　)除了支付违约金外,承担违约责任的方式还有许多种。

　　(　　)合同条款一旦写就,便立即生效。

二、实践运用

【实践一】

1.实践场景

求贤若渴的曹操①

　　三国鼎立,犹如三家创业公司在进行激烈的市场竞争,抢夺有限的人才资源。作为"曹氏企业 CEO"的曹孟德,为了招贤纳士扩大自己的实力,更是日夜忧思。他想到周公为了招揽天下贤能之士,接见求见之人,一次沐浴要多次握着头发,一餐饭要多次吐出口中食物来。于是他在《短歌行》中写下"周公吐哺,天下归心"②这样的诗句来表达他的理想。赤壁大战将近,曹操思忖着要招聘若干名干将,带领水陆大军 20 余万人前往东吴征战。现在,有人递来了简历,曹操决定与他签订一份劳动协议书。如何写出一份对人才有吸引力的劳动合同呢? 知人善任的同时,还要能有效地约束员工。军机大事尤其关系重大,如果不制定严格的保密协议条款,一旦军机走漏,后果将不堪设想。此时的曹操犯了难……

　　2.实践要求

　　(1)假设赤壁之战前夕,曹操要招聘将才讨伐东吴,招聘对象的身份和具体岗位工种不限,你可以从历史资料中寻找合适的人选,也可以自由虚构。请参考国家劳动合同示范文本,拟写一份现代版的劳动合同。

　　(2)综合运用资料收集、信息解码能力,尽量还原当时的历史真实,在真实的基础上,充分展开想象力,可对合同中的部分信息适当进行虚拟。

　　(3)根据本节"理论指导"部分中给出的基本写作框架进行灵活套用,努力做到结构完

---

① 本实践场景为笔者出于教学需要,根据相关历史资料进行的改编,具有一定的虚拟性,读者不需将其当作完全的史实。

② 金秋萍,陆家桂.大学语文[M].上海:上海交通大学出版,2017:9.

整、符合规范、考虑周密、语言严谨。

（4）各组成员经过前期讨论、分工撰写、小组汇总、集体修改后，撰写一份合同，总体字数不少于 500 字。

劳动合同

用人单位（甲方）　　　　　　　　　　　员工姓名（乙方）

地址（住所）　　　　　　　　　　　　　身份证住址：

法定代表人（主要负责人）　　　　　　　身份证号码：

根据《中华人民共和国劳动法》《中华人民共和国劳动合同法》等有关劳动法律、法规的规定，甲乙双方按照"合法、公平、平等自愿、协商一致、诚实信用"的原则，签订本劳动合同，确立劳动关系。

一、劳动合同期限（略）

二、工作内容和工作地点（略）

三、工作时间和休息休假（略）

四、劳动报酬（略）

五、社会保险和福利待遇（略）

六、劳动保护、劳动条件和职业危害防护（略）

七、劳动纪律（略）

八、履行和变更（略）

九、解除、终止和续订（略）

十、违约责任（略）

十一、争议处理（略）

十二、其他约定（略）

劳动合同未尽事宜或劳动合同条款与《中华人民共和国劳动法》的规定有抵触的，按现行劳动法规执行。

本劳动合同一式两份，甲、乙双方各执一份。经甲、乙双方签章生效，涂改或冒签无效。

甲方：（盖章）　　　　　　　　　　　　乙方：（签名或盖章）

法定代表人：（或委托代理人）

　　　年　月　日　　　　　　　　　　　　　　　年　月　日

3.实践指导

（1）甲方是以曹操个人的名义还是以某个组织的名义写好？如果是后者的话，用什么组织名称比较好？

（2）劳动合同期限至少应该持续到什么时候？

（3）工作内容应该与伐吴的战事有关，具体可以分为哪些方面？工作地点是哪里？

（4）工作时间和休息休假的时间应该是固定的吗？

（5）考虑到战事可能的伤亡事故，劳动报酬的支付方式应该用哪种比较合适？

（6）带兵打仗属于高危工种，社会保险和福利待遇应当作怎样相应的调整？

（7）职业危害防护这一条，应该根据特殊的工作内容作怎样相应的规定？

（8）常言道"军令如山""军纪严明"，请在劳动纪律这一类目下尽可能详细地列出需要遵守的纪律，比如严守军事机密等，并在违约责任中写明不遵守军纪的后果。

（9）一般争议处理的方式都是到更高级的权威机构进行仲裁或诉讼，在这个个案中应当怎样拟定争议处理的方式？

4.自我检测

对照以下各检测点的内容，审视自己的实践成果，并写一段不少于50字的实践运用小结。

检测点	基本达到要求请打"√"	未达到要求请打"×"
（1）合同内容中的甲方可以是某个组织机构，也可以是某个自然人，组织机构应以法人为代表。		
（2）能够依据需要制定合理的劳动合同期限。		
（3）能够将工作内容细化，尽可能地考虑周全详尽。		
（4）工作和休息时间不一定是固定的，而应该根据需要用准确的语言进行描述。		
（5）劳动报酬的支付方式应该根据岗位的特殊性进行调整。		
（6）特殊的工种，在签订劳动合同时要强调职业危害防护、劳动纪律、违约责任。		
（7）能够根据实际情况拟定特殊的争议处理方式。		
小结：		

【实践二】

1.实践场景

王子猷暂租空宅①

生活在魏晋时期的你，早就听闻王羲之之子、著名的"富二代"王子猷，日常生活十分随性，率意而为。比如他夜间忽然兴起，坐着小船赶了一夜的路去找好友戴安道聊天，至天明时分好不容易到了戴家门口却不入，称已"兴尽而返，何必见戴"②。还有一次他暂住在朋友的空宅里，称一天都不能没有竹子，便把他家园子种满了竹子。（《世说新语》：王子猷尝暂

---

① 本实践场景为笔者出于教学需要，根据相关历史资料进行的改编，具有一定的虚拟性，读者不需将其当作完全的史实。

② 金秋萍，陆家桂.大学语文[M].上海：上海交通大学出版社，2017：179.

寄人空宅住,便令种竹。或问:"暂住何烦尔!"王啸咏良久,直指竹曰:"何可一日无此君!")没想到王子猷最近旅行到你的城市,现在想求租你家大院内的一间空屋子。你很了解他的性格和为人,思忖着要与他拟定一份租房合同来约束他的行为,以确保双方合作愉快。

2.实践要求

(1)请参考国家房屋租赁示范文本,拟写一份你与王子猷的房屋租赁合同。

(2)综合运用资料收集、信息解码能力,尽量还原当时的真实历史,在真实的基础上,充分展开想象,可对合同中的部分信息适当进行虚拟。

(3)灵活套用本节"理论指导"中给出的基本写作框架,努力做到结构完整、符合规范、考虑周密、语言严谨。

(4)各组成员经过前期讨论、分工撰写、小组汇总、集体修改后,撰写一份合同,总体字数不少于500字。

房屋租赁合同

订立合同双方:

出租方:_____,以下简称甲方   承租方:_____,以下简称乙方

根据《中华人民共和国合同法》及有关规定,为明确甲、乙双方的权利义务关系,经双方协商一致,签订本合同。

第一条 房屋概况(略)

第二条 租赁期限(略)

乙方有下列情形之一的,甲方可以终止合同,收回房屋:(略)

第三条 租金和租金交纳期限、税费和税费交纳方式(略)

第四条 租赁期间的房屋修缮和装饰(略)

第五条 租赁双方的变更(略)

第六条 违约责任 (略)

上述违约行为的经济索赔事宜,甲乙双方议定在本合同签证机关的监督下进行。

第七条 免责条件(略)

因上述原因而终止合同的,租金按实际使用时间计算,多退少补。

第八条 争议解决的方式(略)

第九条 其他约定事宜(略)

第十条 合同生效

本合同未尽事宜,甲乙双方可共同协商,签订补充协议。补充协议报送市房屋租赁管理机关认可并报有关部门备案后,与本合同具有同等效力。

本合同一式4份,其中正本2份,甲乙方各执1份;副本2份,送市房管局、工商局备案。

(合同签署部分略)

3.实践指导

(1)像王子猷这样的租客很有可能恣意改变屋内的陈设,有些改变在房主的允许范围内,而有些则超出了房主的接受范围,应该在合同的哪一条中、以怎样的方式加以区别限定?

(2)租赁期间的房屋修缮及装饰应该如何确定权责? 哪些由房东来修缮? 哪些应该由租客自己承担?

(3)对于像王子猷这样性格的租客,租金的交纳方式应该怎样更好? 是短周期多次交纳呢,还是长周期减少催缴次数更好?

(4)王子猷一向率性而为,如果他逾期不肯交纳房租怎么办? 租赁的押金方面应当如何约定?

(5)关于双方违约责任的认定和赔偿事宜,是否应当约定第三方进行监督? 第三方可以是谁?

(6)如果租房过程中产生争议,应当采取何种解决方式?

(7)根据《世说新语》中描述的魏晋名士们恣意而为的生活方式,比如服用五石散、聚众狂饮、把酒高歌、驾车狂奔、席地而睡、扪虱而谈等,仔细想想是否还有其他未尽的事宜需要加以特别的约定? 比如住宅安全方面、卫生保洁方面、遵纪守法方面等。

4.自我检测

对照以下各检测点的内容,审视自己的实践成果,并写一段不少于 50 字的实践运用小结。

检测点	基本达到要求请打"√"	未达到要求请打"×"
(1)针对合约签订对象的不同性格特点,应当尽可能将合同条款考虑周全。		
(2)针对标的物的不同侧面应当明确权责,哪些由甲方承担,哪些由乙方承担。		
(3)在租赁合同中,租金和押金的交纳方式应当因对象而异,尽量减少风险。		
(4)关于双方违约责任的认定和赔偿,应当约定一个合适的第三方进行监督。		
(5)能够选取适当的方式解决在合同履行过程中双方可能发生的争议。		
(6)在合同文尾处通常应增加"其他"项,阐述前文未尽事宜。		
小结:		

A+B=C 三、知识链接

经济合同写作中应注意的问题①

随着商品经济的迅猛发展,合同在经济生活中的地位越发重要。但由于市场主体法律素质不高,在合同的订立、履行过程中因语言的不规范而引发的经济纠纷时有发生,影响了正常的社会经济秩序。为从中吸取教训,笔者通过辅导《应用写作》,结合所收集的有纠纷的经济合同,通过分析研究,认为在合同写作中应注意以下几个问题:

一、合同性质界定要清

合同性质直接决定着当事人之间的法律关系,合同性质不同,双方之间的权利和义务不同。如代销合同与购销合同,前者当事人之间是一种委托代理关系,代销期间物权不发生转移;而后者双方当事人之间是一种买卖关系,一经验货,买方承担风险责任。企业在订立合同时往往不注意两种合同的区别,把代销合同笼统地写成购销合同,由此容易引起纠纷。

二、标的物数量要准确

数量是衡量标的的指标,没有一定的数量,权利和义务的大小就很难确定,它直接关系到合同的具体履行。因此,签定时对于标的物的数量,必须按照国家规定的计量单位标清写明,只有这样,才便于履行。有的合同在计量标准方面往往用"打""包""把""扎"等口头语,容易产生分歧,造成纠纷。如沈阳某一商场接到杭州某纸扇厂的订货单,上面标明每打扇子××元,按通常每打扇子12把计算,价格低于其他扇厂。于是该商场和纸扇厂签写合同,进货几万元。但等货到以后,发现每打扇子只有10把。官司打倒法院,法院调查属实:该厂过去一直是每打10把出售,价格也如合同上标明的一样。结果商场为此损失了上万元。

三、标的物的质量标准要统一

质量是指标的内在与外观的基本素质,即质的规定性,是合同主要条款中的重要内容。因此,签写合同时对于其标的的质量如技术指标、质量要求、规格、型号都必须规定得明确、具体。有国家统一标准的,按国家标准执行;无国家标准可按专业或主管部门标准执行,并须另附协议或提交样品。只有这样,才便于合同的履行。有不少单位在合同产品质量栏中笼统使用"有关标准""通用标准"之类的用语,有的合同甚至对质量标准无约定,这都容易产生歧义,引发纠纷。应当是什么标准就写明什么标准,一目了然,便于合同双方明白无误地贯彻执行。

四、履行的期限、地点、方式要具体确切

合同的期限是双方当事人实现权利履行义务的时间界限。履行方式是指当事人之

---

① 段文红.经济合同写作中应注意的问题[J].新疆广播电视大学学报,2001:29-30.

间采用什么样的方法履行合同。履行地点是权利人行使权利,义务人履行义务的地点。这三方面都是合同的主要条款,直接关系到合同的履行及其责任等,因此签写时必须要规定得具体、明确,而不能含糊不清。一些企业在合同中往往有"月底发货""见人发货""每季度送货一次""合同生效后立即履行"等表述,这种因履行期限不明确而引起纠纷,给生产经营带来一定的损失。如黑龙江省的 D 厂曾向 E 厂订购仪器,合同书上规定:"货到验收付款。"浙江省某单位向 G 厂订购一批玩具,在合同中规定:"货到验收后10 天付款。"结果供货方发货数日之久,需要厂家均不付款,他们宣称:"货未验收,不能付款。"供方不知什么原因,经查找,发现合同未写具体日期,给需方造成可乘之机。E 厂的货款凡经催促,拖了一年多,尚未收回。G 厂的货款拖了两年多,几经交涉,才陆续收回。

五、定金和预付款要严格区分

定金是合同担保的一种形式,具有惩罚性。当付定金的一方不履行合同时,无权要求返还定金;接受定金的一方不履行合同时,应双倍返还定金。而预付款却没有惩罚性,即使支付预付款的一方不履行合同,对方也不能要求返还预付款;反过来,接受预付款的一方不履行合同时,也没有加倍返还的义务,而只需将原款返还。但是,一些企业在订立合同时易将二者混淆。

六、合同用语要明确,文字书写要规范

合同的用语必须十分明确,决不可含糊不清,或模棱两可,否则易于产生理解上的分歧,引起争议索赔事件。合同写作是一项很严肃的事情,在撰写过程中要注意字斟句酌,甚至连一笔一画,一个标点符号也不能轻易放过。稍有不慎,就会出现漏洞。轻则造成不必要的麻烦,重则会造成巨大的经济损失和不良的政治影响。如四川省盐亭县一家公司从广州一家公司购进价值数万元的手表,货到三日,县公司因故电告广州,要求退货。广州方面回电,电文是"手表不要退回"。县公司接到电文后,认为对方同意退货,立即将货物退回。广州方面则认为县公司违反合同,又不听电报劝阻,强行退货。随即向法院提起诉讼。但以败诉告终。分析原因,是因为电文内容少了一个标点符号而产生歧义造成的。除以上需要注意的几个问题外,在签订合同时,还应当注意合同的主要条款是否齐全,违约责任是否清晰,对未尽事宜也要另有约定,以确保双方当事人的合法权益,减少经济纠纷,提高经济效益。

🦉 四、思考练习

1. 在撰写合同表达有关内容时,措辞用语必须准确严密、恰如其分,既不夸大,也不缩小。请指出下列文字表达有何错漏之处,如何修改?

(1)甲方购买住宅一套

（2）该商品房交付使用时,房屋实际面积与暂测面积的差别不超过3%

（3）房产证应于房屋正式交付使用后240天内办妥①

2.找一名同学与你同时练习。搜集一份真实的合同,用A4纸打印后用美工刀将若干处关键的词句、语段抠去之后,两名同学互换合同。拿到经过"处理"的合同,取一张新的A4纸垫在合同下方,尝试将镂空处的文字补齐,然后两名同学对照原合同文本互相批阅、评价。

3.《谏逐客书》②被喻为秦朝第一公文。李斯向秦王详解了驱逐六国门客的利弊,力谏秦王留住六国人才为秦所用。但是,有郑国渠一事在先,秦王唯恐六国人才表面归顺、实存异心,假如你是秦王,你要如何撰写一份雇佣合同,在约束他国人才的同时,又能让他们安心任职、为秦效力？

4.案例分析:鲍先生承包了某公司的厂房建设工程,并于2005年11月16日向对方缴纳100万元保证金。后来,诸多原因导致该工程没有能够真正开工建设,该公司同意于2013年8月15日退还鲍先生保证金100万元。关于在这期间产生的利息怎么办的问题,该公司答应按月利率0.7%计算,同时在合同中约定:"如在2013年8月15日前无法归还,按2005年至2013年8月15日后银行同期贷款利率的四倍计算支付利息。"眼见到了约定还钱的时间,该公司却迟迟未有迹象表明要还款。鲍先生很气愤,他将该公司诉至义乌市法院,要求对方返还保证金,并从2005年11月16日起按银行贷款利率的四倍计付利息,但庭审判决并未支持鲍先生的诉讼请求。请你分析一下其中原因③。

五、拓展阅读

1.周小舟.中华人民共和国合同范本全书[M].中国法制出版社.2016,7.

2.吴歌.合同写作中概念运用存在的问题[J].辽宁教育学院学报,2001,18(5):31-32.

3.薛福连.合同写作怎样"咬文嚼字"[J].写作(上旬刊),2006(9):25-26.

4.杨喜军.常见问题分析简易经济合同写作[J].应用写作,2016(11):21-23.

5.周玉文.房屋租赁合同写作应注意的几个问题[J].应用写作,2017(07):21-23.

6.合同范本大全,链接地址:https://www.liuxue86.com/hetongfanben.

---

① 陈立恒.合同写作要求浅谈[J].广西商业高等专科学校学报,2003:73-75.

② 金秋萍,陆家桂.大学语文[M].上海:上海交通大学出版社,2017:57-58.

③ 案例来源:《一字之差错失百万 合同藏"语言陷阱"》,http://news.youth.cn/sh/201507/t20150730_6940383.htm。

第三章 工作报告——让工作成绩不再隐形

诸葛亮的《出师表》在上呈汉献帝的报告中,充分表现了"鞠躬尽瘁,死而后已"的精神,让杜甫在《蜀相》[①]中感叹"长使英雄泪满襟"。如果《出师表》被改写成一篇现代版的报告范文,它会是什么样子呢?如果冯谖[②]在"焚券市义"后能够呈给孟尝君一份工作报告解释原委、详析利弊,可能也不会招致主公的不悦与误会。如果你是他,会怎样写一个合格的工作报告向孟尝君报告"市义"这件事呢?因此,无论是撰写工作计划还是汇报总结,一份优秀的工作报告都能起到下情上达的重要作用,并可能关系到你未来的前途升迁。本章我们就来训练工作报告的写作能力。

一、理论指导

根据职场的具体情形不同,工作报告的内容也是千变万化,报告对象可能是上级领导也可能是部门同仁,报告的时间跨度从每日的例行简报到周报、月报、季报、年报等不一而足。大多数人未来可能会就职企业[③],下面就从工作总结、工作计划两部分谈一谈工作报告的写作要点。

(一) 标题

工作报告的标题一般有三种写法:第一种由"单位名称+时间期限(+内容范围)+文种名称"构成,如《××学院 2018 年迎评促建工作报告》;第二种标题的写法是直接概括报告内容,如"深化教学改革 建一流应用型本科高校";第三种为正副标题法,是前两种写法的结合,正标题类似第二种写法,副标题类似第一种写法,如《推进教学改革 加强师资建设——××学院 2018 年迎评促建工作报告》。

(二) 工作总结部分

在工作报告中,一般先要对过去的工作情况进行回顾与思考,形成总结性文字。这是对前一阶段工作的检查、反思和研究,目的在于总结经验教训,最终形成理论化、系统化的书面材料。总结部分主要有以下作用:

(1)找出决策失误、运作偏差,为今后的工作开展提供借鉴;

(2)交流信息,推广经验,避免在无知盲目中走弯路;

(3)作为上下级之间沟通的桥梁,有助于提升工作绩效。

总结部分一般涵盖以下三方面的内容:

---

① 金秋萍,陆家桂.大学语文[M].上海:上海交通大学出版社,2017:20-21.
② 金秋萍,陆家桂.大学语文[M].上海:上海交通大学出版社,2017:46.
③ 各政府机关单位的报告通常有特定的、严格的格式要求规范,须按模板写作,故不在本章讨论范围内.

（1）基本情况，即前一阶段工作的环境背景、具体任务、实施步骤等。在这一部分中，一般我们要先对已完成的工作内容进行大体的分类，然后根据分类展开具体论述。比如某幼儿教师的工作报告，将上一学年的工作情况分为"教育教学方面""生活护理及常规教育方面""家长工作"等方面进行论述，条理分明，报告审阅者一目了然。

（2）经验教训，即工作成效总结，有指导意义的工作体会等。例如，某幼儿教师在工作中发现个别幼儿的暴力行为，让其他孩子对其疏远的同时也打击了该幼儿的学习热情。经过一番探索后，从失败教训中总结出了应对此类问题的独到经验，便将这一经验写入工作报告中："发现这个问题后，我们针对幼儿情况采取了一定的措施，刚开始，我们总是采取批评教育的方法，并与家长联系，将幼儿这种坏习惯告诉家长，希望家长多多教育，可这种方法收效甚微，后来，我发现他很想得到小红花，于是利用午睡表现好的情况，及时表扬了他，并奖励他小红花，他很高兴，整个下午都很守纪律，以后，我们改变教育方式，总是借机会表扬他，鼓励他，慢慢地，孩子变得很听话，除了进餐、午睡表现好外，他还学着画画，帮助小朋友穿鞋子，这在以前想都不敢想。另外，我班有两个小朋友性格很内向，我们也针对幼儿情况多给幼儿交往与说话的机会，使幼儿有了明显的进步。"①

（3）问题建议，即明确下一阶段工作需要解决的主要问题，并提出解决该问题的建议。

（三）工作计划部分

在对过去工作情况进行深入思考及总结的基础上，工作报告中一般还应加入对下一阶段工作的计划，包括拟定目标、内容、步骤、措施和完成期限等。在日常工作中，"计划"有许多变体的名称，如"安排""打算""规划""设想""意见""方案"等。实际上，只要在报告中提及对下一阶段工作的部署和安排，都应属于计划的范畴。

工作计划部分一般包含以下四个方面的内容：

（1）制订计划的理由和依据，可以是上级的工作指示、交办事项，也可以是基于前一部分工作总结中发现的问题、得出的经验教训、提出的改进建议等；

（2）明确的目标、指标和要求。一般要精确到可以量化的指标，比如销售工作计划中的客户拜访次数目标、管理工作计划中的KPI（关键业绩指标）等；

（3）具体措施、行动步骤，时间分配，人力、物力、财力安排等，可用列表的形式来呈现，显得条理更为清晰；

（4）对必须注意的事项、需要说明的问题的补充说明。

需要强调的是，工作计划部分应当与前面的工作总结部分紧密联系，逻辑上一以贯之。大多数情况下，工作计划就是对工作总结部分中所给"建议"的具体实施计划。

当然，并非每一份工作报告，都必须完整包括上述内容，有时听报告的人只需要了解情况，无须报告人的分析和建议，或者在听取了报告人的建议后，自行安排下一步的工作计划。所以撰写者应当根据报告对象的知情需要，对上文所提及的内容进行灵活地取舍。

---

① 幼儿教师工作报告范文来源：http://sh.qihoo.com/pc/96cb72a87ff84daac.

（四）文尾

如果仅以个人的名义写工作报告,在正文右下方署名,日期换一行写在署名下方。如果代表某部门、某单位写工作报告,则应写上组织名称,有时还须加盖公章。

此外,如果有一些相关材料,正文里不宜展现,可放在文尾附录中,如附文、附表、附图等。

指导笔记

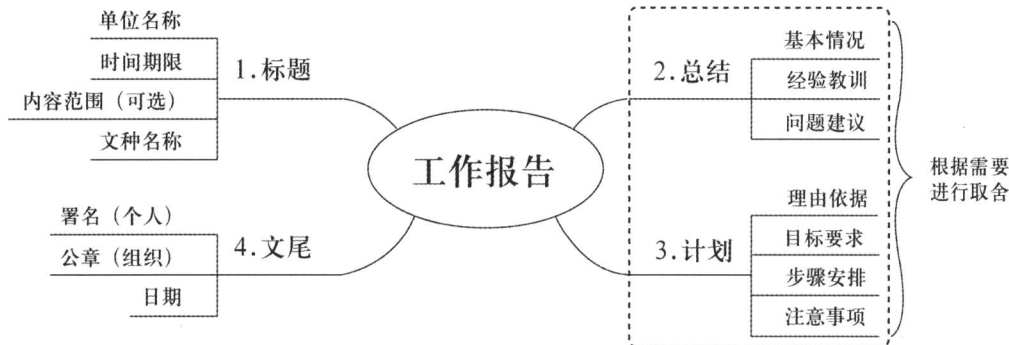

总结反馈

请用直线将左侧的各项内容分别与右侧的"总结""计划"两个圆框连接起来。如果无法对其中的某项内容作出判断,你可能需要重新阅读上述资料。

1. 制订下一步工作方案的理由和依据。
2. 总结工作中具有规律性和指导意义的心得体会。
3. 描述前一段工作的环境背景、具体任务。
4. 具体可行的措施和行动步骤。
5. 关于下一步行动所需投入的人力物力资源的描述。
6. 某车间下一季度的生产指标。

总结

计划

二、实践运用

【实践一】

1.实践场景

诸葛亮的工作报告①

唐代诗人杜甫定居成都的草堂后的第二年,有一天,他游历武侯祠,遥想当年诸葛孔明过人的才智与崇高的品格,感到钦佩的同时联想到自己当下的处境,萌生出了对诸葛功业未

---

① 本实践场景为笔者出于教学需要,根据相关历史资料进行的改编,具有一定的虚拟性,读者不应将其当作完全的史实。

尽、黄土长埋的唏嘘感慨,不由挥笔写下了《蜀相》①,对其"鞠躬尽瘁,死而后已"的精神,发出了"长使英雄泪满襟"的感叹。时间倒回到公元 227 年的三国争雄时代,在那个北伐出征前的不眠夜,诸葛亮伏在案前,就着摇曳的烛光,握笔思索……

2.实践要求

(1)参考下文《出师表》内容,请你以诸葛亮的口吻,写一份现代版的工作报告呈给蜀帝刘禅。内容主要为:总结多年来治理蜀汉的工作业绩,并阐述下一步的北伐计划。请综合运用资料收集、信息解码的能力,在基本符合历史事实的前提下,充分展开想象力,对报告中的内容适当进行虚拟。

(2)灵活套用本节"理论指导"中提供的基本写作框架,做到简洁高效、要点清楚。

(3)分组讨论,分工撰写,随后进行汇总、修改,撰写一份现代工作报告,总字数不少于500 字。

(4)尝试用《出师表》中的诸葛亮个性化的语言风格,对报告的语言进行润色(高级要求,可选)。

出师表

先帝创业未半而中道崩殂,今天下三分,益州疲弊,此诚危急存亡之秋也。然侍卫之臣不懈于内,忠志之士忘身于外者,盖追先帝之殊遇,欲报之于陛下也。诚宜开张圣听,以光先帝遗德,恢弘志士之气,不宜妄自菲薄,引喻失义,以塞忠谏之路也。

宫中府中,俱为一体,陟罚臧否,不宜异同。若有作奸犯科及为忠善者,宜付有司论其刑赏,以昭陛下平明之理,不宜偏私,使内外异法也。

侍中、侍郎郭攸之、费祎、董允等,此皆良实,志虑忠纯,是以先帝简拔以遗陛下。愚以为宫中之事,事无大小,悉以咨之,然后施行,必得裨补阙漏,有所广益。

将军向宠,性行淑均,晓畅军事,试用之于昔日,先帝称之曰能,是以众议举宠为督。愚以为营中之事,悉以咨之,必能使行阵和睦,优劣得所。

亲贤臣,远小人,此先汉所以兴隆也;亲小人,远贤臣,此后汉所以倾颓也。先帝在时,每与臣论此事,未尝不叹息痛恨于桓、灵也。侍中、尚书、长史、参军,此悉贞良死节之臣,愿陛下亲之信之,则汉室之隆,可计日而待也。

臣本布衣,躬耕于南阳,苟全性命于乱世,不求闻达于诸侯。先帝不以臣卑鄙,猥自枉屈,三顾臣于草庐之中,咨臣以当世之事,由是感激,遂许先帝以驱驰。后值倾覆,受任于败军之际,奉命于危难之间,尔来二十有一年矣。

先帝知臣谨慎,故临崩寄臣以大事也。受命以来,夙夜忧叹,恐托付不效,以伤先帝之明,故五月渡泸,深入不毛。今南方已定,兵甲已足,当奖率三军,北定中原,庶竭驽钝,攘除奸凶,兴复汉室,还于旧都。此臣所以报先帝而忠陛下之职分也。至于斟酌损益,进尽忠言,

---

① 金秋萍,陆家桂.大学语文[M].上海:上海交通大学出版社,2017:20-21.

则攸之、祎、允之任也。

愿陛下托臣以讨贼兴复之效,不效,则治臣之罪,以告先帝之灵。若无兴德之言,则责攸之、祎、允等之慢,以彰其咎;陛下亦宜自谋,以咨诹善道,察纳雅言,深追先帝遗诏,臣不胜受恩感激。

今当远离,临表涕零,不知所言。

3.实践指导

(1)报告的大体结构应该分为几部分,以怎样的逻辑串联成文?据此先列出各部分的小标题。

(2)报告中阐述的工作内容应该大致分为几个方面?划分的依据是什么?比如按照治理成果与疏漏划分为两部分,也可以按照内政、外交、军事、民生、人事等划分为多个方面,还可以按照"先帝(刘备)创业"的不同时期的时间线索进行划分。据此概括出各方面的主要工作内容,作为写作提纲。

(3)思考一下:关于对朝中人事的观察结果,诸葛亮在写入报告时应当运用怎样的语气?一般在报告中若涉及人事推荐,应避免把下属个人的"建议"写得太过强硬,使领导产生"不得不采用"的压力,从而适得其反。

(4)诸葛亮北伐的计划可以参考什么历史文献?

(5)在撰写北伐计划时,如何阐释才能做到详略得当、重点突出、条理明晰?

(6)在文尾是否应当增加一些附件,诸如"北伐行军路线图"或者"北伐计划表"等?

(7)如何组织当代语言的表达,才能够让蜀帝刘禅同样透过字里行间感受到写作者诸葛亮的一片赤诚之心?

4.自我检测

请根据自己的能力提升度给每一项检测指标评分,最低为 1 分,最高为 5 分,在表格中对应的方框内打"√",并根据综合得分情况,写一段不少于 50 字的实践运用小结。

检测点	1	2	3	4	5
(1)在写作工作报告时具有逻辑性地组织全文的构架,让阅读者一目了然。					
(2)在阐述工作内容时有多种划分的依据,可根据实际情况选择最合适的划分方式。					
(3)在报告中展现了对报告对象听取报告后的决定权的充分尊重。					
(4)立足于真实的历史事件,展开了合理的想象,成功地将《出师表》写成了现代版的工作报告。					
(5)对下一步工作计划的阐释,能做到详略得当、重点突出、条理明晰。					
(6)知道根据实际需要可在报告文尾增加附件。					
小结:					

【实践二】

1.实践场景

冯谖报告"焚券市义"①

战国时期,齐国人冯谖奉孟尝君之命前往其封邑薛地收债,临走前孟尝君说:"你看看我家里缺什么,你收完债后就帮我买点什么回来吧。"冯谖看到孟尝君家中珍珠宝玉、名驹、美人样样不缺,唯独缺了"义"。于是,他到了薛地后并没有向百姓索要债务,而是自作主张,以孟尝君的名义将债赐给了贫民。回去的路上,冯谖在思考如何向孟尝君解释这件事。如果直言不讳,恐怕三言两语很难解释清楚其中的利弊,到时主公非但不会感激,反而可能会误会、怪罪于他。思来想去,冯谖认为当务之急是先拟写一份工作报告,详陈利弊,分析未来天下局势的走向,让主公明白这样做的深意。

2.实践要求

史记·孟尝君列传

孟尝君闻冯驩烧券书,怒而使使召驩。驩至,孟尝君曰:"文食客三千人,故贷钱於薛。文奉邑少,而民尚多不以时与其息,客食恐不足,故请先生收责之。闻先生得钱,即以多具牛酒而烧券书,何?"冯驩曰:"然。不多具牛酒即不能毕会,无以知其有馀不足。有馀者,为要期。不足者,虽守而责之十年,息愈多,急,即以逃亡自捐之。若急,终无以偿,上则为君好利不爱士民,下则有离上抵负之名,非所以厉士民彰君声也。焚无用虚债之券,捐不可得之虚计,令薛民亲君而彰君之善声也,君有何疑焉!"孟尝君乃拊手而谢之。

……

自齐王毁废孟尝君,诸客皆去。後召而复之,冯驩迎之。未到,孟尝君太息叹曰:"文常好客,遇客无所敢失,食客三千有馀人,先生所知也。客见文一日废,皆背文而去,莫顾文者。今赖先生得复其位,客亦有何面目复见文乎? 如复见文者,必唾其面而大辱之。"冯驩结辔下拜。孟尝君下车接之,曰:"先生为客谢乎?"冯驩曰:"非为客谢也,为君之言失。夫物有必至,事有固然,君知之乎?"孟尝君曰:"愚不知所谓也。"曰:"生者必有死,物之必至也;富贵多士,贫贱寡友,事之固然也。君独不见夫趣市者乎? 明旦,侧肩争门而入;日暮之後,过市朝者掉臂而不顾。非好朝而恶暮,所期物忘其中。今君失位,宾客皆去,不足以怨士而徒绝宾客之路。原君遇客如故。"孟尝君再拜曰:"敬从命矣。闻先生之言,敢不奉教焉。"

---

(1)综合运用资料收集、信息解码的能力,在不违背历史基本事实的前提下,充分展开想象力,可对报告中的部分信息适当进行虚拟。可参考下文《史记·孟尝君列传》和《战国策·冯谖客孟尝君》②。

---

① 本实践场景为笔者出于教学学需要,根据相关历史资料进行的改编,具有一定的虚拟性,读者不需将其当作完全的史实。

② 金秋萍,陆家桂.大学语文[M].上海:上海交通大学出版社,2017:46.

（2）写作框架简洁高效、要点清楚。

（3）分组讨论、分工撰写，随后进行汇总、修改，撰写一份现代工作报告，总字数不少于500字。

3.实践指导

（1）报告分为哪几个部分，可以怎样的逻辑串联成文？据此先列出各部分的小标题。

（2）"焚券市义"这件事的大致原委、经过、结果，应分成几个层次进行阐述？列出各层次的概要作为写作提纲。

（3）用实实在在的债券买回来的"义"，是一个抽象的概念，如何在报告中将其细化、量化为具体的工作成果？

（4）在报告中应当如何分析利弊要害，让孟尝君明了"利"与"义"的取舍？

（5）老百姓对孟尝君的赞美与拥护之情，除了"民称万岁"之外，能否有更为详尽的表述，甚至变为量化的工作指标？

（6）冯谖在报告中应当如何措辞，才能让孟尝君感到民众的感激之情是对他本人的，而不是对"代理人"冯谖的？

（7）如何在报告中解释"先斩后奏"的行为原因，以避免责罚？

（8）关于下一步的工作计划，冯谖该怎样有组织、有条理地进行阐述，从而让孟尝君感到冯谖的工作是有计划、有步骤、有条理的？

（9）《战国策·冯谖客孟尝君》中的"请宗庙于薛"便"高枕无忧"的故事，在工作计划中如何进行化用？

4.自我检测

请根据自己能力提升度给每一项检测指标评分，最低为1分，最高为5分，在表格中对应的方框内打"√"，并根据综合得分情况，写一段不少于50字的实践运用小结。

检测点	1	2	3	4	5
（1）在写作前能够以清晰的逻辑列出写作提纲，拟写适当的小标题。					
（3）对于工作内容的总结，能够有条理地进行阐述，将原委、经过、结果阐述清楚。					
（3）能够将工作成果描述为具体的、实在的、细化量化后的成果指标。					
（4）在分析工作要点时，能够铺陈利弊，将工作的必要性阐述清楚。					
（5）在给领导上呈工作报告的过程中，做到了谦虚谨慎，避免了给人带来贪功、居功的印象。					
（6）在报告中有组织、有条理地阐述了工作计划，根据历史事实，展开了合理想象。					
小结：					

三、知识链接

个人工作报告范文①

一年来，在领导的领导和培养下，我加强学习锻炼，认真履行职责，积极调整心态，使我不论在思想认识上还是工作方法上都有了很大进步，鉴别力进一步增强，执行力进一步强化，承受力进一步提高。现将今年工作完成情况和明年工作思路总结如下。

一、20××年工作总结

今年是我工作的第四个年头，又身处办公室这样的综合性服务部门，一直以来，我始终牢记"不与上级争锋，不与同级争宠，不与下级争功"的"三不"原则，在委局领导的支持和帮助下，全面提高了自己的思想认识、工作能力和综合素质，较好地完成了各项工作任务。

（一）加强学习，努力增强鉴别力

一是加强理论知识学习。今年，主要以学习党的十八大精神为主线，分阶段、分类别学习相关理论知识，全面回顾了中国共产党十七届历次中央全会精神，全文通读了党的十八大报告，自觉学习了十八大精神辅导材料，系统整理了习近平总书记在常委见面会上的讲话、在十八届中国共产党中央政治局第一次集体学习时的讲话和在首都各界纪念现行宪法公布施行30周年大会上的讲话等履新后的重要讲话，政治敏锐性不断增强，政治立场进一步坚定。

二是加强业务知识学习。业务知识，常学常新。今年，重点围绕加强党的纯洁性、党性党风党纪教育、治理慵懒散奢、开展调查研究等方面，进行业务知识学习。十八大结束后，我重点学习了中国共产党中央纪律检查委员会向党的十八大的工作报告和十八届中央纪委第一次全体会议精神等，对今后工作思路有了大概了解，努力做到心知肚明，为更好地服务委局各部门开展好明年工作奠定良好基础。

三是注重知识更新。要学做事，首先要学做人。要想以崇高的品德、高尚的情操和良好的修养赢得尊敬，就必须靠长期学习和刻苦磨炼才能得来。今年，我利用业余时间通读了《苦难辉煌》《明朝那些事儿》《摇晃的中国》《三联生活周刊》《南方周末》《经济观察报》等书籍报刊，努力避免知识老化、思想僵化、能力退化，不断增长知识、增加智慧、增强本领，视野和思路得到进一步开阔。

（二）认真履职，不断强化执行力

今年，在调研信息、督查督办、文字材料、接待服务等日常工作中，我努力做到"不让领导布置的工作在我手中延误、不让需要办理的文电事项在我手中积压、不让到办公室

---

① 摘自留学网:https://www.liuxue86.com/a/3007553.html。

联系工作的同志在我这里受到冷落、不让委局机关和办公室的形象在我这里受到影响"。回顾今年的工作，我认为主要有以下几个特点：

第一，在计划上注重有序。一年来，根据办公室整体工作安排，由我牵头组织的调研服务、会务保障、接待考察等工作共计30余次。工作中，无论涉及多少单位，无论涵盖几个内容，我都坚持事无巨细地制定方案、拟订计划，努力做到按部就班、有条不紊，充分体现了计划性。也正是这种计划有序的工作方式，使我在各项工作中逐渐变得沉着冷静、自信成熟。

第二，在协调上注重有方。今年，全市系统运动会交由我区承办，作为全市性的体育赛事，不但委局领导甚至区委区政府主要领导都高度重视，明确提出要办出特色，办出水平。为了完成好任务，在这项工作中，我作为组织者之一，在委局领导的领导下承担了一些协调工作。工作中，注意方式方法，尤其是运动会当天，作为东道主和主办方的联系人之一，我承担着协调各方、服务全局的重要职责，仅仅是当天上午就接打电话上百次，为运动会的胜利召开做出了自己的贡献。

第三，在落实上注重有力。今年，在督促完成委局57项折子工程和两件政协提案的过程中，我始终坚持沟通在前、协调在先的原则，注重督查、注重落实，尤其是在提案件的办理中，与承办部门、提案代表和政府办等相关部门，保持了密切沟通，提前给予了答复，受到了各方好评。

第四，在反馈上注重有声。作为办公室的一员，我平时的很多工作都需要得到反馈信息。可以说，任何一次会议的成功举办，任何一次接待工作的顺利完成，任何一项领导批示的落实，都需要反馈，都离不开反馈。这就要求我必须做到在工作中坚持"事事有反馈，反馈必有声"。

回顾一年来的工作，我虽然取得了一些成绩，积累了一些经验，收获了一些希望，但是，实事求是地说，与领导的要求和自己的期待还有不小差距，主要表现在：在工作的韧劲上有待进一步历练，在工作的方式上有待进一步成熟，在工作的状态上有待进一步调整。总之，回顾取得的成绩，固然可喜，值得欣慰，但面对未来，仍感任重道远，不敢懈怠。

(三)调整心态，逐步提高承受力

一年来，在工作中，我明显感觉到自己遇到了所谓的"三年之痒"的瓶颈，工作疲态初显，出现了诸如状态起伏、动力不足等现象，一定程度上影响了工作效率。面对这些，我对自己认真地做了分析，及时进行自我加压，主动查找差距，并采取每天晨练、早睡早起、坚持业务知识学习等措施，努力保持精力的充沛、工作的高效、斗志的高昂和信心的坚定，逐步提高了自我承受力。

二、明年工作思路

20××年，对于我个人而言，机遇与挑战并存。最大的机遇是工作上逐步驾轻就熟，最大的挑战就是在这个时候容易迷失自我。因此,对于下一步的思路,我想,还是通过着重抓好以下"四点",实现以点带面,寻求自我突破。

一是找准切入点。无论做什么事情,都有个找切入点的问题。切入点找到了,找准了,工作不仅主动,还能起到纲举目张、全局皆活的效果。初步打算,我明年准备以月度总结为切入点,以信息的形式将委局工作任务完成情况进行月度分解,以达到督查督办的目的。

二是把握着力点。着力点,顾名思义就是致力于完成某项任务或工作时重点着手之处。作为办公室的一员,我明年将重点围绕会务组织、文字综合、接待考察、文电办理等"着力点"开展工作,分门别类完成好分内工作,不断提高工作效率。

三是开拓创新点。创新,某种意义上可以说就是"人无我有,人有我优,人优我新"。办公室工作,任务繁杂,头绪众多,要想实现创新,难度较大,但是,有难度并不代表没出路,如果对自己的分内工作加以梳理,无论是会务组织,还是文电处理,都能找到创新点。

四是激活兴奋点。常言道"兴趣是最好的老师"。时间长了,每一个人都会产生职业倦怠感,遭遇发展的瓶颈。这个时候,如何在平时的工作中,有效激活自己的工作兴奋点,对于提高工作效率具有十分重要的作用。

最后,用一句话作为本年度的工作总结和下一年度的开始,也就是:前行,需要坚持;坚持,必然前行。这既是自励,更是共勉。

以上所述,仅为自己的一点不成熟的思考,不妥不当之处,敬请批评指正。

×××

×年×月×日

四、思考练习

1.回忆一下自入住大学集体宿舍以来,你为宿舍做过哪些贡献,如环境卫生、寝室文化建设、设施管理维护、人际关系协调等? 哪些是你做得好的地方,哪些有待纠正或改进的地方? 未来,你有哪些计划可以让该宿舍的生活环境和人际关系变得更好? 请撰写一份你的宿舍工作报告,总结过去、展望未来,并与舍友分享,这份报告也可以作为舍长竞选或改选的依据。

2.搜集整理近三年的政府工作报告①,从中总结出政府工作报告的一般写作规律,如小标题的列举、用词的特点与讲究、常用的词汇和句式等,并将总结撰写成文。

3.进入大学以来你都读过哪些书? 有怎样的读书心得? 请写一篇读书报告,对你的课

---

① 参见"中华人民共和国人民政府"网站的"政府工作报告"专栏:http://www.gov.cn/guowuyuan/baogao.htm。

外阅读情况做一个全面的总结,并思考下一步的读书计划。如条件许可,可与周围朋友分享、交流你的读书报告或参加相关读书交流活动。

4.你是否在社团、学生会或班集体中担任职务?或有过课外实习、打工的经历?请把你为集体服务的经历或实习打工的经历写成一份总结报告。

五、拓展阅读

1.邱飞廉.职场应用写作[M].北京:中国人民大学出版社,2011.

2.张保忠,陈玉洁.机关·企事业单位应用文写作规范与例文:文秘写作、办公文案[M].北京:中华工商联合出版社有限责任公司,2014.

3.谢武奇.浅谈企业工作报告撰写的"三忌三宜"[J].办公室业务,2003(1):21.

4.戴金成.做好"五大"文章 写好工作汇报[J].秘书,2012(10):34-35.

5.党路源.关于工作报告写作要领的探讨[J].长安学刊:哲学社会科学版,2015(4):181-182.

6.王军.伟大时代宣言,当代公文精品——党的十九大报告写作艺术赏析[J].办公室业务,2018(2):5,9.

第四章 活动策划——运筹帷幄可不是纸上谈兵

如果你要策划一场班级同学的"读城记"茶话会,让大家来分享关于自己家乡的风土人情,你要如何撰写活动策划书?如果你要发动全班同学一起寻找身边的古典文化,你会如何策划这场班级活动?将来无论你从事何种行业,可能都离不开活动策划。能为企业或部门的发展出谋划策、组织活动的你,一定会是领导的得力助手、职场上的多面能人。本章我们将训练活动策划的写作能力。

一、理论指导

活动策划书是一项活动的事前组织方案,是活动得以顺利组织实施的必要保证。就未来的职场环境而言,活动策划的应用场景多种多样,如公司内部组织的人事聚会、企业对外举行的公关宣传活动或某新产品上市的商业推广活动等。不同应用场景对策划书的要求各不相同,本文选择活动策划书的一般通用写法来进行讲解。

(一)封面和标题

一般,活动策划书需要设计一个封面。加封面,一方面显得更加正式;另一方面也能对策划内容起到一定程度的保密作用。因为有些商业活动策划书会涉及某公司或某部门的商业机密,不宜提前对外泄露。

在封面上用大号醒目的字体写上标题,标题一般由"活动名称+文体"组成,如"寝室文化活动策划书",也可以在前面加上活动的主办单位,如"××学院校园公益文化周活动策划书"。

(二)活动背景

活动背景可能涉及的具体方面有:基本情况简介、主要执行对象、近期状况、组织部门、活动开展原因、社会影响及活动环境分析等。如某一背景因素不明,则可通过开展调查研究等方式获得更为详细的信息。

在撰写活动背景的过程中,可利用 SWOT 分析工具,即将内容重点放在该活动的环境分析上,包括内部优势(Strength)、内部劣势(Weakness)、外部机会(Opportunity)、外部威胁(Threat),从这四方面入手分析该活动的各项背景因素。比如要策划一场大学生求职面试的讲座,运用 SWOT 分析法对该活动背景进行分析可得出以下内容:

优势(S):主讲人某教授是国内顶尖大学人力资源学科的专家,经验丰富,演讲风格生动有趣,案例翔实,对学生很有吸引力;

劣势(W):用于本次讲座的宣传经费有限;

机会(O):大学生在求职面试方面的经验极度缺乏,且不久将有一场大型校园招聘会,

需要此类讲座的指导;

威胁(T):讲座举行的时间与部分学生上晚自习的时间有冲突。

以上分析可得出结论:我们应该将有限的活动宣传经费用在最有效的宣传渠道上,在宣传文案中应突出该教授的学识和经验,强调参加该讲座能给学生在校招会上的表现带来较大提升,并由主办方为想要参加讲座的学生集体办理晚自习请假。

(三)活动目的和意义

用简洁明了的语言将活动的目的要点表述清楚,明确写出该活动的核心构成或策划方案的独到之处以及由此产生的深远意义。一项活动的意义往往是多方面的,写作时可按照不同的受益对象、重要程度分条列举,以求条理清晰、层次分明。

(四)活动时间和地点

活动时间和地点应当尽量具体,列出开始、结束的时间,举行的场所。如果有些活动需要分好几场举行,则需列出每场活动的具体时间与地点。如果活动场所不为人熟知,则可附上对场所的简要说明,如"学生礼堂(大学生活动中心三楼)"。

(五)活动流程

活动流程需分条列举,力求简洁明了。此部分内容可不仅仅局限于用文字表述的方式,还可适当加入统计图表等更为直观的方式。对策划的各工作项目,应按照时间的先后顺序排列,绘制实施时间表有助于方案的核查。此外,人员的组织配置、活动对象、相应权责等也应包含在内。

(六)注意事项

内外环境的变化,不可避免地会给方案的执行带来一些不确定因素。因此,活动策划中应包含如何避免意外情况发生的一些注意事项和细节,以及应对意外情况的应变程序和替补方案,这要求策划书的写作人员能够做到心思细腻、考虑周全。

(七)人员分工

注明活动的负责人和主要执行人员的分工情况,应做到分工明确、责任到人。

(八)经费预算

经费预算是活动方案得以顺利落实的前提保障,经费预算是否合理,直接影响到活动策划能否被批准执行。因此,活动的各项费用在根据实际情况进行具体、周密的计算后,建议采用表格形式清晰明了地一一列出,最后进行汇总计算。

(九)附件

可根据需要在活动策划书最后增加一个或多个附件,如活动地点的详细地图、活动邀请函样件、活动报名表等。

以上介绍的是活动策划书的一般写作要素,但在实际策划中,你应当根据具体的策划类型、策划要求和现实条件进行有重点、有详略地撰写。

✏ 指导笔记

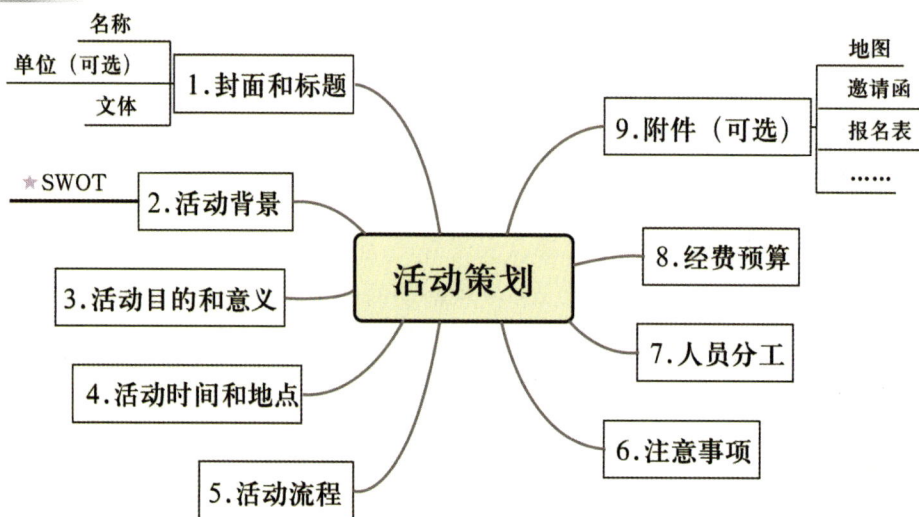

📚 总结反馈

下列问题将帮助你巩固"理论指导"的重要内容,如果无法回答其中某个问题,你可能需要重新阅读上述资料。

1.请把你对于"SWOT"中各个字母所代表的含义填写在下列相应的方框内:

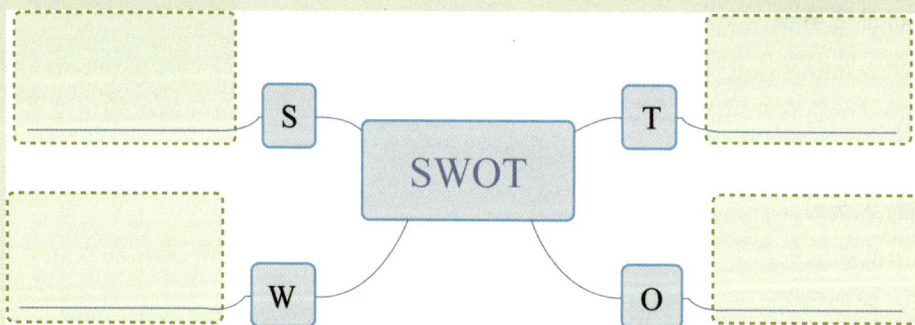

2.判断下列说法的对错,对的请在括号里打"√",错的打"×"。

(　　)为了突出活动意义的深远,"活动目的与意义"部分应当尽量写作详细、论述充分。

(　　)活动策划书的标题中可以不加活动的主办单位。

(　　)活动策划书中必须附上活动地点的详细地图以便参加者准时到达。

(　　)只有对于一些比较危险的活动,才需要在策划书中写明"注意事项"。

(　　)在写作活动策划书中的"人员分工"时,应做到"分工明确,责任到组"。

二、实践运用

【实践一】

1.实践场景

"读城记"主题茶话会

《朴野与儒雅》①是易中天《读城记》中较有代表性的一篇,综观《读城记》全书,作者以练达、幽默的笔法对北京、上海、厦门、武汉、成都、广州六座城市的城市面貌、人文风景进行了写意式的勾勒。城市和人一样,有其个性:有的粗犷,有的秀美,有的豪雄,有的温情。如北京"大气醇和"、上海"开阔雅致"、广州"生猛鲜活"、厦门"美丽温馨"、成都"悠闲洒脱"、武汉"豪爽硬朗"。最近,你所在的班级要组织一场茶话会,老师请每个同学先交一份活动策划方案,比较后再确定活动的具体内容。你在读了易中天先生的书后灵感忽至,觉得"读城记"就是一个不错的茶话会主题。于是你开始动笔,准备撰写活动策划书。

2.实践要求

(1)请策划一场以班级为单位的"读城记"茶话会,让大家分享关于自己家乡的风土人情。下面的《"茶话会"活动策划书》②可以为你的写作提供参考,但要注意不同主题活动的区别,应紧贴本次活动"读城记"的主题撰写策划方案,请勿生硬照搬。

(2)根据本节"理论指导"部分给出的基本写作框架进行灵活的套用,努力做到策划书周密完备、切实可行、富有特色。

(3)自由分组,各组成员经过前期讨论、分工撰写、小组汇总、集体修改后,撰写一份策划书,总字数不少于500字。

"茶话会"活动策划书

繁美丰盛的四月,一见倾心的四月,春意酥怀的四月,可以入诗入画的四月,一次茶话会,一场青春的见证。

一、活动背景:

21世纪的竞争是综合型人才的竞争,而面对中国入世,世界一体化进程的加快,我们作为跨世纪的新一代大学生,更需要抓住在校的黄金时间,丰富自身的课余生活,锻炼自己的能力,提高自身的综合素质,展现当代大学生的精神风貌。加强新时期大学生自身素质建设以便将来能够更好地面对社会的挑战,适应当今社会的人才需求。

为了丰富同学们课余生活,进一步推动课余活动的开展,形成良好的校园文化氛围,增强团队的凝聚力,蒲公英之家将于四月举办"茶话会"活动,以展示新时代大学生的蓬勃朝气和竞技热情,同时增加同学之间的交流,促进友谊升华,为美好的大学生活留下灿烂的一笔。

二、活动主题:"茶话会"游戏竞赛

三、活动对象:××学院全体师生

---

① 金秋萍,陆家桂.大学语文[M].上海:上海交通大学出版社,2017:168-173.

② 摘自长沙医学院官方网站:http://www.csmu.edu.cn/zyx/show.asp? id=774,入选时有删改。

四、活动时间:……(略)

五、活动地点:……(略)

六、主办单位:……(略)

七、活动目的:

为了培养同学们的感情、丰富大学集体生活,增强同学间的友谊、增进同学间的交流、培养团队合作意识、丰富大家的课余生活,使大家的身心得到陶冶,为同学之间进行相互学习提供平台。

八、活动意义:

在活动中团队成员得到了充分的锻炼,提高了每个成员自身的沟通力、思考力和解决问题的能力。以团队的形式合作提高了大家的协作力,增强了团队成员之间的信任感,提高了团队凝聚力。

可行性分析:

(一)优势:

(1)能够把欢乐传递到每个参与者心中,让人感受到贴心、温暖;

(2)能培养团队精神,提升团队凝聚力;

(3)参与人群广泛,丰富了大学生活。

(二)劣势:

1.需要以团队形式参加,个体无法参加;

2.报名参加游戏的团队数量如果较多,比赛耗时会较长。

九、活动开展:

(一)活动前期:(略)

(二)活动中期:(略)

活动开始:

(1)主持人致辞

(2)第一项"茶话会":……(略)

(3)第二项游戏:……(略)

(4)第三项游戏:……(略)

(5)结束后回收物品并注意会场卫生。

(三)活动后期:(略)

十、注意事项:

(1)保证活动不危及校园公共安全;

(2)维护活动现场秩序;

(3)注意活动现场卫生;

(4)力求游戏评分的公平、公正、公开。

十一、活动预算:(略)

十二、备注:(略)

3.实践指导

(1)茶话会的主题是"读城记",应将这一主题充分贯穿到整个策划方案中。

(2)阅读易中天的《朴野与儒雅》,思考"读城"的意义及活动的背景和活动意义。

(3)需要根据本校的实际条件和本班同学的人员构成情况等,合理安排活动的对象、时间、地点。

(4)可用 SWOT 分析法对活动背景进行分析,列出"优势""劣势""机会""威胁"的具体内容。

(5)为了让茶话会的讨论更深入、互动更热烈,需要在策划中设置有趣的环节以制造良好的茶话会氛围,让参与者对各个城市的人文特色的解读更加深刻。

(6)按照时间顺序,需合理设置活动开展的流程并考虑每一部分的注意事项,尤其是活动的前期准备工作。

(7)撰写策划书时应注意详略得当、重点突出,区分清楚重点部分与核心环节。

(8)需要根据本班同学的实际情况,合理安排人员分工。

(9)活动预算需要计算哪几部分的成本开销? 如何保证预算经费的来源充足? 如何设置监督机制以避免经费的滥用?

4.自我检测

请根据自己的实践表现在表格中对应的方框内打钩,并写一段不少于 50 字的小结,总结本实践的心得体会。

检测点	好	中	差
(1)能够写出切合活动主题的策划方案,将主题充分贯穿活动始终。			
(2)能够结合易中天的《朴野与儒雅》阐述活动的背景和意义。			
(3)能够根据本校、本班的实际情况,合理安排活动对象、时间、地点及人员的分工。			
(4)能够活用 SWOT 分析法对活动方案的可行性进行前期分析和论证。			
(5)能够在活动流程的撰写中设置特色环节,营造良好的活动氛围。			
(6)能够按照时间顺序安排活动过程,区分重点部分和核心环节。			
(7)合理设定了活动预算并对预算的使用制定了有效的管理制度。			
小结:			

【实践二】

1.实践场景

寻找身边的中华古典文化

现在要举行一次大学语文课程的课外实践活动,校方会拨给每个班级 1 000 元钱作为活动经费。老师请同学们出谋划策,提交一份实践课内容的策划方案。你寻思,中国古代辉煌灿烂的文化遗产,至今依然可以在我们身边找到其风采,如风景名胜区的某座石碑、某块匾额上的题字,甚至街边商店的名字、门楣上的对联等。你觉得策划一场"寻找身边的中华古典文化"的活动会是一个不错的主题,接下来需要做的就是动笔写出一份精彩的策划方案。

2.实践要求

(1)在生活中留心观察中华古典文化的痕迹,对观察结果进行记录和汇总,作为撰写策划方案的参考资料。

(2)根据本节"理论指导"部分中给出的基本写作框架进行灵活的套用,尽量使方案周密完备、切实可行且富有特色。

(3)自由分组,各组成员经过前期讨论、分工撰写、小组汇总、集体修改后,撰写一份策划方案,总字数不少于 500 字。

3.实践指导

(1)活动的意义可以分成几方面来谈?比如,我们为什么要留心观察、做一个生活中的有心人?学习和了解中华古典文化对当今社会有何意义?校外实践活动能培养和提高我们的哪些能力?

(2)在活动的前期宣传中,如何激发当代大学生对中华古典文化的兴趣?

(3)活动适合举办的地点有哪些?如博物馆、档案馆、古典园林建筑等。考虑到交通出行的问题,最适合的举办地点在哪里?是全班同学一起去同一处好,还是各组分头行动后再进行总结分享好?

(4)考虑到季节因素、天气因素、学生课业压力及景点的开放时间等因素,该活动应该设定在什么时间比较合适?

(5)如何保证学生在校外活动时的安全问题?对此,需要着力强调的活动注意事项有哪些?需要做哪些安全预案以应对紧急情况的发生?

(6)活动经费一千元应当怎样合理地进行安排呢?比如宣传费、交通费、景点门票费等?尽量把所有可能的支出细项都罗列在策划书中。

(7)本活动的人员如何安排?哪些负责外联、哪些带队、哪些负责记录、哪些负责摄像?

(8)活动策划书的最后是否需要添加附件?如罗列人员分工、展示详细的参观地图导引、明确各推荐景点的开放时间和票价等。

4.自我检测

请根据自己的实践表现在表格中对应的方框内打钩,并写一段不少于 50 字的小结,总结本次实践的心得体会。

检测点	优	中	差
(1)能够全面、有层次地撰写活动意义。			

续表

检测点	优	中	差
(2)能够设定好活动的前期宣传方式,激发同学们参与活动的热情。			
(3)能够根据实际情况,设定合适的活动时间和地点。			
(4)对活动经费的安排有理有据,符合实际,且明细清晰。			
(5)能够详细周全地考虑到活动中可能发生的意外,制定安全预案。			
(6)方案中人员分工明确,活动组织有序。			
小结:			

三、知识链接

专题活动策划书写作探析①

一、专题活动策划的作用

专题活动是指企事业单位、社团为了达到某一目的,在特定的场合、特定的时间、针对特定的群体所开展的活动。专题活动具体所指的范围较广,如展览活动、赞助活动、参观活动、庆典活动、记者招待会、接待活动、各种竞赛活动都属于这个范畴。一份精彩的专题活动策划有时会给主办方带来巨大的收益,如三亚承办世界小姐选美比赛,以推销城市旅游的专题活动策划就十分成功。

对于三亚来说,借助"世姐赛"来营销城市旅游是件"何乐而不为"的事情。连续几年的世姐赛,打造了三亚"美丽""时尚"的名片,有效地激活了旅游产业。在2000年以前,三亚90%的游客来自我国的港、澳、台地区,外国游客仅占10%,随着世界小姐选美赛事连年在三亚举办,三亚的客源结构已经发生转变,形成了多元化的市场格局,化解了单一客源带来的市场风险。

由此我们不难看出,专题活动应具备以下的特点:①众人参与的活动;②有很强的目的性;③有严密的操作性;④有一定的经费投入。

成功的专题活动不仅可以给活动的主办方带来较高的知名度和美誉度,实现自己的目标,甚至还可以带来经济上的丰硕回报,可谓是名利双收,而这些成绩的取得离不开专题活动策划的功劳,更准确地说,得益于专题活动策划书的作用。

二、写作专题活动策划书应注意的问题

(一)做好调研是写好专题活动策划书的基础

有人在回答如何写策划时,曾提出过"八十脚、二十脑"的理论,即搞策划80%靠脚,

---

① 刘琍.专题活动策划书写作探析[J].湖北广播电视大学学报,2011:132.入选时有删改。

20%靠脑。"80%靠脚"意味着我们做策划首先必须多做调查研究,对活动的可行性进行调研,离开调查研究而盲目地坐在家里靠拍脑袋或闭门造车而成的策划方案都会成为无源之水。

（二）活动目标的明确是写好专题活动策划书的前提

专题活动策划的目标是专题活动策划所要达到的预期目的,即专题活动要解决什么问题。它规定了专题活动策划的总任务,决定着专题活动策划的行动和发展方向。只有目标明确,才能把握好适当的尺度,使专题活动策划书的撰写具有明确的方向性。

（三）活动对象的定位是写好专题活动策划书的条件

专题活动对象的定位,即明确这份专题活动策划书是面对什么对象而写的。如果是大学生迎新晚会,策划只能是一场新老学生的才艺表演,而不能搞成酒会。只有明确了活动的对象,专题活动才能遵循自己的品位原则,从而有的放矢,产生恰到好处的活动效果。

（四）活动主题的确定是写好专题活动策划书的关键

专题活动的主题,即该活动所要达到的目标和想要传递的观念。它在专题活动中起着统帅专题活动各个构成要素的作用。专题活动内容的设置,要以活动主题为依据,专题活动具体方法的实施、步骤的安排与设立都要为表现主题而服务。

那么如何确定活动的主题呢？确定专题活动的主题是一项创造性思维的劳动,主题口号既要忠实于活动,又要高于活动内容本身。主题的确立是整个活动策划中最能出彩的环节。富有创意的主题能吸引和感染公众,比如由共青团中央等单位主办的"2011 年大学生志愿者服务西部计划"的主题是"新西部 新生活 新成长",整个主题突出了一个"新"字,给人一种神秘感,揭示出未来的生活、未来的成长空间都将是与众不同的,是全新的。这样的活动主题能鼓舞人们投身其中,产生强烈的参与热情。由此可见,选择和制定好专题活动的主题并加以实施贯彻,对于写好专题活动策划书是非常必要的。主题越突出,越能引起人们的关注,并在心理上与之产生共鸣,专题活动的效果就会越好。

（五）各个环节周密有序的安排是写好专题活动策划书的要求

检验一份专题活动策划书写作水平的标准,就是看它是否能充分表达策划者的思想以及能否真正指导活动参与者的行动。笔者认为这两个衡量标准是缺一不可的,但后者更为重要。要达到这一要求,就要让参与者明确该如何去做,这需要在活动的各个环节上都做好有序的安排、协调工作,调配和协调好各方力量,合理地计划、安排各个环节具体实施的时间、地点和方法等。

只有这样才能在专题活动主题的统领下,使整个活动成为一条有序发展的长龙,充分发挥各方作用,从而促使专题活动井然有序地进行。

四、思考练习

1.设想一下:你大学毕业十年后的同学聚会会是怎样一番场景?请为此撰写一个活动策划方案,让参与者都留下难忘的回忆。以下活动内容的要素可供参考:统一的服装(一般是 T 恤)、服装上印的口号或标语、纪念品、横幅(签名、绘画、祝福语等)、合影、游戏环节、茶话时间、拜访恩师、故地重游、聚餐。

2.社会新闻中经常出现小区电瓶车失窃、居民楼房火灾、儿童走失或被拐卖等事件的报道,这让某政府机关感到有责任进行加强社区居民安全意识的宣传。请撰写一份"安全进社区 造福千万家"的宣传活动策划,力求策划的环节新颖、有趣,能够吸引眼球,达到良好的宣传效果。

3.中国新闻出版研究院组织的第九次全国国民阅读调查显示:2011 年我国人均读书仅为 4.3 本,远低于韩国的 11 本、法国的 20 本、日本的 40 本,更远远落后于位于第一的犹太人的人均年阅读量 64 本。中国是世界人均书籍阅读量最少的国家之一,这同中国悠久的文明历史、深厚的文化底蕴形成了巨大的反差。这不禁让我们思考:如何为拯救国人的阅读危机出一份力?请自由选择一个你认为合适推广的场所,如学校、图书馆、社区、企事业单位等,写一份推广阅读活动的策划,要求策划方案有实际操作性,能达到活动的预期目标。

五、拓展阅读

1.欧阳国忠.活动策划实战全攻略[M].北京:清华大学出版社,2013.

2.方乐.几种策划书的写作要点[J].秘书,2009(10):38-40.

3.张美娟.例谈大学生校园活动策划书的写作[J].应用写作,2015(8):31-34.

4.周建兴.营销推广活动策划书的写作训练与应试技巧[J].读与写(教育教学刊),2016(7):289.

第三部分　口语表达

🍎【导言】

　　在顺利完成了前两个部分的学习之后,我们将和大家一起解锁新的一关——口语表达。阅读训练带给你更好的理解力,写作训练带给你更强的表达力,但当前社会有越来越多的工作需要人际交谈。口才能力成为21世纪评价人才的一项重要标准,人人都想要一开口就赢,这种"赢"指的是能流畅表达内心观点,把道理讲得娓娓动听,使对方欣然接受;有时还能在谈话中获得有用的信息,了解对方的意图,甚至获得启示,建立良好的人际关系。这些正对应着我们这个部分的四类口才:演讲口才、辩论口才、面试口才和销售口才。从最基础的传达信息到人与人的观点交锋,再到揣摩上司心理,最终在工作中赢得客户的信任,这部分的学习将全方位帮助你提升口语表达能力。面对职场激烈的综合素质竞争,你还不赶快来试试?

第一章　演讲口才——有效传达重要信息

　　演讲是一种对众人有计划、有目的、有主题、有系统的、直接的带有艺术性的社会实践活动,是"演"和"讲"的有机结合。演讲的目的是有效地向听众传达对听说双方都有价值的信息,引发思考,唤起情感,影响行为或决策。演讲口才在职场中应用广泛,比如产品展示、工作汇报、公开选拔等活动,得体的公众形象,良好的演说能力都能为你加分。做一个有感染力的人,不但有助于普通员工做好本职工作,也有助于未来胜任领导工作。

图 3-1-1①

---

① 图 3-1-1 来源:https://timgsa. baidu. com/timg? image&quality = 80&size = b9999 _ 10000&sec = 1519146511456&di = 6083305d5658d78ffa5ef2b69e1a4ce1&imgtype=0&src = http%3A%2F%2Fwww.dofund. com%2Fuploads%2Fallimg%2F170810%2F8-1FQ0161632A6.png。

📋 一、理论指导

为什么要上台演讲？有的人回答：我们需要让大家来发现一些他们从未知晓的事物。其实演讲还隐含了另一个重要作用，那就是让听众接受你本人。之后他们才会接受你的想法或产品。所以，不管是演讲的内容还是呈现方式，都要注重听众的体验。

(一) 演讲稿的设计

演讲稿是让大家认识你、了解你的一个途径，你的风格、感情、思维方式都通过演讲稿传递给了听众。能够信任听众，不拘泥于套话，才能让听众接受你。

1.有吸引力的开场就成功了一半

演讲的开场是为了给听众做好心理铺垫。开场对听众而言应该是一个"熟悉的陌生人"。"熟悉"则容易被听众接受，而"陌生"能给听众新鲜感。下面列举的几个开场方式可供参考。

(1)利益吸引。拿破仑·希尔的励志作品《要有成功的信念》①就是如此。20世纪80年代，美国掀起了一股成功热潮，人人都想训练自己以获得成功。这篇文章的开头是这样的："每个人都希望成功，都向往一切一切美好的事物。没有人喜欢奴颜婢膝，过平庸的生活。也没有人喜欢受人胁迫。"作者就抓住了大家的"利益"需求。

(2)大众文化吸引。现今互联网发达，人们有越来越多的共同话题：影视剧对白、广告台词、网络用语等。这些为人熟知的大众文化如果能契合演讲的主题，也能够成为吸引人的开场。如果大家已经很熟悉这些大众文化了，可以试着改编。最令人反感的开场之一就是"子曰"，但若把"子曰"和网络用语结合起来，如"吾日三省吾身，高吗？富吗？帅吗？好，我去学习"，也会有意想不到的效果。

(3)问题和悬念吸引。提出与演讲内容相关的问题能吸引听众思考。有同学曾在演讲"创新思维"的开场请大家做奥数题，大家当然不甘示弱，摩拳擦掌要找出正确答案，无意就进入了演讲者设计好的思路之中。还有同学结合网络热议的话题"刘亦菲演花木兰合适吗？"来探讨中国文化在好莱坞影视中的地位。当然，为问而问或是很快揭示答案，都会使"问题吸引"适得其反。

(4)反常规吸引。在一些可能让大家提不起劲头的场合中，中规中矩、平铺直叙的开场一定会遭到听众的拒绝，如："今天，我要讲的内容是保障行人生命安全。"不妨试着这样开头："在上周四，特购的450具晶莹闪亮的棺材已运到了我们的城市。"美国演讲专家理查德设计的这一开场白虽然不符合中国人的心理习惯，但能迅速勾起听众的好奇，使他们很想弄清事情的究竟②。

(5)数字(日期)吸引。如果有科学、精确且听起来很夸张的研究数字或是一个具体的

---

① 金秋萍,陆家桂.大学语文[M].上海：上海交通大学出版社,2017:160-163.
② 何能.脱口就能"秀"[J].决策,2009(7):60.

日期,也可以用在演讲的开场部分引起听众好奇。

除上述这些方式之外,我们也可以用背景乐曲、具有震慑力的噪音、与演讲主题相关的动作或者道具吸引听众,让听众放下戒心。

2.用真实生动的故事支撑演讲

许多演讲家都发现,有细节和情节的故事往往特别吸引听众。许多 TED[①] 演说者就会用自身经历来讲故事。自身经历带有演讲者鲜明的个性,丰富的情感和深刻的思考是故事最好的原材料。许多商业大咖或许外形一般,普通话也不够标准,但他们通过讲述自己的创业经历,穿插自己独特的思考,往往能获得许多听众的赞美。下面以一位同学的演讲为例进行说明。她以"关于幸福感的思考"为题进行演讲,内容由自己儿时在农村过年互送饮料的经历构成。在描述这段经历时,她详细介绍了当地不同家庭互送的饮料品种、数量和自己对赠礼的期待,让同学们觉得很新奇也很有画面感,很快就沉浸到了她的演讲中。我们在工作场合的演讲往往也需要围绕我们自身的工作经历展开,通过这些经历,才能更好地拉近与听众的距离。

如果引用他人的故事,同样需要用生动的细节让故事活起来。《要有成功的信念》一文中选取了美国第 40 任总统里根的事迹。其中"下定决心""发现这一秘密""强抑怒火"等细节的描写能让人有身临其境的感受。

3.及时收尾

如果演讲内容已经充分激活了听众的情感,可以略微停顿一下,再用几句精炼的话收尾,点出你深刻的体会即可,适当多留给听众一些思考和回味的空间。

(二)演讲前的训练和准备

在《演讲的本质》这本书中,作者马丁·纽曼根据梅拉宾法则创造性地提出"3V"理论。这个理论指出:听众会从视觉(Visual)、听觉(Vocal)和语言(Verbal)得到对一个人的印象。根据梅拉宾教授的研究数据,视觉和听觉对形象影响可高达 93%[③]。因此,用录像的方法对有声语言、态势语和个人形象进行塑造和训练,在演讲前非常重要。

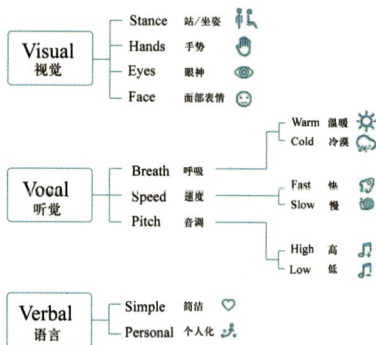

图 3-1-2[②]

1.有声语言训练

流利的普通话是演讲中有声语言的基础,在此基础上运用情感、语速、音量等技巧进行

---

① TED,指 technology, entertainment, design 在英语中的缩写,即技术、娱乐、设计,是美国的一家私有非营利机构。参考来源:https://baike.baidu.com/item/TED/8095? fr=aladdin。
② 马丁·纽曼,郑燕.演讲的本质:让思想更有影响力[M].北京:中信出版社,2017:17.
③ 马丁·纽曼,郑燕.演讲的本质:让思想更有影响力[M].北京:中信出版社,2017:18.

语言表达。下面介绍几个能在短期内提高表达能力的技巧：

（1）务必读清楚声母、前后鼻音和声调；

（2）根据语义区别轻重音，进行断句和重读训练；

（3）气息与节奏训练：用深呼吸控制气息，练习换气时做到轻松从容，避免过量的气息通过话筒造成啸音，根据演讲节奏进行换气，长句子后小换气，段落之间深呼吸大换气；

（4）音量训练：深呼吸聚集气息，感觉到腹肌鼓胀帮助发声，不要单纯使用声带；

（5）语调训练：找到演讲稿情感起伏变化的点，配合对应的感情及表情朗读和表演，可以从夸张逐渐调整到自然状态；

（6）语速训练：参照新闻主持人的语速朗读演讲稿，再根据内容适当调节语速。一般 3 分钟演讲，400 字左右就足够了。

2.态势语训练

"肢体语言塑造你自己"，社会心理学家 Amy Cuddy 强调身体语言对人情绪和思维的影响。态势语训练能够帮助你塑造积极情绪，同时也能帮助听众更好地了解你，具体包括以下内容：

（1）面部表情。找一面镜子，练习喜悦、悲伤、愤怒等几种表情，再根据演讲稿需要的情感进行反复操练，尽量做到自然流露，演讲中较为常用的表情是微笑。

（2）眼神。如果羞于和他人进行眼神交流，可尝试将听众想象成你要赠送礼物的朋友，和个别听众进行眼神交流一般不超过 3 秒，尽量顾及所有在座的听众，在演讲过程中进行环视，一般用虚视的眼神望向中间到后排听众。

（3）站姿。练习时两脚自然打开，背靠墙，感受头、背部、脚跟成一直线，肩部放松。演讲时挺拔的姿态能为演讲者增加说服力。

（4）走姿。千万别以为听众只关注走上演讲台的你。当演讲者的名字被主持人大声说出，演讲者从椅子上站起时的那一刻，听众的眼神就时刻在捕捉演讲者的一举一动。走上演讲台的短短几十秒，是演讲者传达自信风采非常关键的时刻。

（5）手势。演讲时一般手自然下垂，随时准备根据演讲需要给出手势。单手握一支笔或几张提示卡片可以帮助你放开紧握的双手。在解释抽象概念时要用手势辅助，速度适中，以简单动作为主。手势展示区域一般控制在头部以下，腹部以上。只有表达强烈情绪时才超出这个区域。如表示敬意时展开手掌，手心稍向上翻转，大臂发力将手送出。

图 3-1-3①

---

① 图 3-1-3 来源：http://m.jiangshi99.com/article/content/31465.html。

3.个人形象修饰

演讲前注意发型和服饰的选择。发型梳理整齐,男生不过长,女生不染鲜艳的颜色。服饰须合体、端庄、舒适,色彩和款式不宜夸张。服装要根据场合选择,喜庆的场合可穿明亮色彩的服装,但不宜过于鲜艳;严肃庄重场合服装以深色正装为主。男生着装避免过于运动休闲,女生则避免紧、透、露。

4.演讲前的道具准备

演讲前一定要将演讲大纲写在小纸片上,最好能够使用闪卡。一方面可以帮助练习演讲,另一方面在现场可以进行提示,即使现场不一定需要,也能带来心理上的镇定。幻灯片也是目前进行演讲演示的一个重要道具,起到了向听众直观展示和给演讲者闪卡提示的作用。也可根据演讲的需要,配备相应的实物道具,但这个道具一定要很大,让听众都能够看见。

5.临场突发情况的处理

一般在演讲前应扫除具有争议的话题。当然,如果涉及专业的问题,一定要提前做好充足准备。在场上假如遇到听众失去兴趣、提出反对、起哄等情况,应该做到从容应对,立刻反思引起听众负面情绪的问题是什么,使用暂停、幽默、诚恳、赞扬等正面方式应对。如果有听众提问,正说明了他们对你演讲的内容有兴趣。演讲者需要耐心而诚恳地回答听众的问题,将回答这些问题作为扩大演讲影响力的一个好机会。如演讲现场灯光没有调试好,听众坐在黑暗中窃窃私语,我们可以借幽默来吸引听众,如:"还好把灯关了,你们看不见我,我就不紧张了。"

最后,演讲是个临场发挥的技术活,只需记住开头和演讲内容的大纲,做到"不着急、不害怕、不羞怯",用自信的态度和真实的内心拥抱听众。

指导笔记

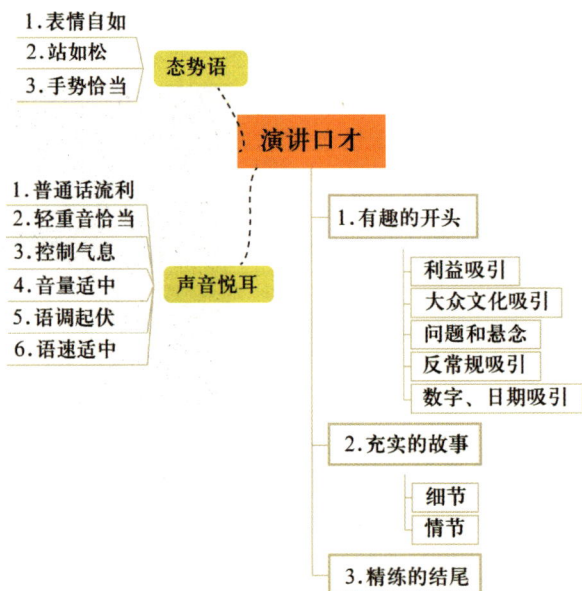

94

总结反馈

请用完整的句子回答以下问题,这些问题涵盖了上述"理论指导"的大多数重要内容,如果无法回答其中的某个问题,你需要重新阅读上述资料。

1.什么是演讲? 演讲的目的和作用是什么?

2.演讲稿设计需注意哪些方面?

3.演讲前主要从哪些方面进行训练? 找出自己的薄弱环节简单谈谈训练方法。

二、实践运用

【实践一】

1.实践场景

某应用型本科高校鼓励学生在课外多参加社会实习实践活动,把自己所学习的知识运用到实际工作中去。但是你所在的班级有不少同学在课后并不喜欢参加实习实践,而是看剧、打游戏、逛街等,对老师布置的作业也抱着得过且过的态度。指导实践的任课教师对班级越来越懒散的氛围感到很头疼,同学们似乎都失去了刚进大学时候的积极性,对未来没有明确的方向。甚至有同学议论说:"我不喜欢自己所学的专业,现在还没想好以后做什么工作,盲目实习也是浪费时间。""以我现在的水平,进入理想的单位很难,我还是再等等吧!"作为班长的你,看在眼里、急在心里,平时积极参加课外实践的你,深知实习实践对高校学生的重要性,和班主任老师商量过后,决定在晚自习时间,用真诚的态度和服务集体的热情为大家讲一段话,和同学们交流对于实习实践的看法。希望能借助这次交流,帮助班级同学认识到实习实践活动对大学生未来学习和职业生涯的重要性,唤起他们对课外实习实践的积极性。

2.实践要求

(1)准备时间30分钟,可以先在小组内讨论,然后各自准备演讲内容。面对同学们演讲的时间不超过5分钟。

（2）这是一个看似枯燥的话题，并且同学们的立场都不尽相同，在场的每个同学也有各自的想法，本次演讲需做到不让同学反感并且抓住他们的注意力。

（3）在描述自身实践的经历的时候，要避免让同学们认为是在炫耀。除了用自身经历作为材料之外，也可以寻找间接材料协助演讲。

（4）在演讲尾声设置一个可以引起同学们对实践重要性共鸣的内容。结尾部分需要点题，深化主旨，起到号召作用。

（5）面对镜子反复练习，注意自己的语气、语调、语速、手势、动作和表情。

（6）演讲时，注意听众们的反应，不管他们表现出什么态度，都要及时给予反馈。演讲结束后，再一次收集同学们的反馈。

3.实践指导

（1）通过 QQ 群等渠道和同学进行交流，调查和收集他们对实习实践产生抵触情绪的原因。

（2）将原因细分，针对同学主观认识方面的原因展开分析。避免谈论同学自身客观原因，如家庭和健康状况等。

（3）确定这次演讲的主题和目的，并准备相关道具。用"利益吸引"的开头技巧，抓住同学们比较关心的问题。

（4）结合自身个性特点，把演讲风格定为诙谐幽默，或亲切自然的谈心风格，拉近和同学之间的距离。在寻找其他人物故事作为材料时，可适当考虑同学们的兴趣。

（5）避免说教，可以仿照《要有成功的信念》中的排比句式来加强气势。

（6）写作完成后进行练习，运用录像设备进行自我检测并请其他人给出评判。

4.自我检测

观看自己的演讲录像，对照其他人对你演讲的评判，为自己打分，最高 5 分，最低 1 分。

检测点	1	2	3	4	5
（1）演讲鲜明突出了实践实习对大学生的重要性这一主题。					
（2）演讲开场抓住了大家的注意力。					
（3）讲的故事有细节，真实生动，有感情，突出对同学有帮助的一面，符合他们的兴趣。					
（4）结尾简短，也引起了大家对实践需求的反思。					
（5）能积极和听众进行眼神交流，手势、表情自然。					
（6）有一定的临场应变力，场下听众有负面情绪时能从容应对。					
（7）吐字清晰，声音洪亮圆润，能使全班同学听清楚且不觉得刺耳。					
（8）演讲风格符合自己的个性，也让大家感到亲切。					
（9）同学们在演讲结束后认识到了实习实践的重要性。					
小结：					

【实践二】

1.实践场景

新学年伊始,学校迎来了大一新同学。为了丰富同学们的课外生活,学校在本周举办了"社团宣传日"活动,建议大一新生选择参加1~2个社团。你非常喜欢自己所在的"演讲社",在这个社团中,你的口语水平比先前有了很大的提高。作为副社长的你正好想借此机会展示一下自己的口才。在宣传现场,很多大一新生在好几个社团间犹豫不决,想找到最适合自己的社团;还有一些只是走马观花地看热闹。你的几个社团成员很热情地接待了好几位新同学,也就新同学的学习兴趣和你们的社团情况进行了不少交流,但很少有人能下定决心要参加你们的"演讲社",普遍对参加这个社团能给自己带来的帮助、活动的意义等表示疑问。社员们看到其他几个社团已经招收了不少新社员,感到很着急。你在一旁了解了情况后,思考了一会,觉得新同学中有不少都适合来你的社团。于是你叫住他们,以副社长的身份,结合自己的切身体会向他们娓娓道来……

2.实践要求

(1)准备时间15分钟,演讲时间2~3分钟,需要体现个人风格。

(2)演讲的目的是吸引新同学,开场力求亲切、有吸引力,避免唐突。

(3)演讲过程需要迎合新同学的兴趣和个人发展需求。

(4)结尾部分力求做到能够引发大家的情绪共鸣。

(5)在场的人员还有老师和其他社团成员,需要考虑到其他听众的感受。

(6)使用态势语配合演讲。

(7)演讲后收集同学和老师的反馈,进行小结。

3.实践指导

虽然演讲目的是招揽新社员,但宣传人员首先一定要通过自身表现获得演讲对象的信任,才可能成功。社团宣传主要针对大一同学展开,考虑部分新生对外界事物抱有观望态度和警惕心理,因此开场既要吸引他们,又不能过于夸张和刺激,因此,有亲和力的开场是最佳的选择。演讲过程中可用亲身经历来展示参加"演讲社"给工作和学习带来的便利,这对大一新同学有很好的参考价值。当然,用他们热衷的综艺节目和喜爱的明星来做材料也是很好的选择。结尾部分不用刻意追求听众立即给反馈,给他们留有思考空间和讨论时间,能让他们更有被尊重的感觉。如果他们提问,一定要耐心解答。同时,社团其他成员也可以作为你的演讲帮手,想办法和他们稍加互动,会让演讲更有说服力。同时,注意态势语要自然协调,而不是手舞足蹈。

4.自我检测

根据演讲情况为自己打分,最高5分,最低1分。

检测点	1	2	3	4	5
(1)演讲风格亲切,能让听众放下戒备心理。					

续表

检测点	1	2	3	4	5
(2)演讲主体运用了自身经历,听众有兴趣倾听,并觉得对未来工作学习有参考价值。					
(3)结尾部分能引起听众情绪上的共鸣。					
(4)给了听众思考和讨论的时间,并注意观察他们的反应。					
(5)能让社团同伴和老师有效地参与到演讲中来,增加说服力。					
(6)对不同身份的听众,能用不同的眼神、手势、表情进行交流。					
(7)超过5名同学听了演讲后表示愿意加入社团。					
小结:					

三、知识链接

2017年7月3日,美国首席大法官约翰·罗伯茨(John Roberts)在儿子的中学毕业典礼上发表了毕业演讲,这个演讲视频后来在社交网络上被多次转载。全文如下:

我希望你不幸并痛苦

约翰·罗伯茨

毕业典礼的致辞者通常会祝你们好运并送上祝福。我不打算这样做,原因如下:

我希望你们在未来岁月中,不时遭遇不公对待,这样才会理解公正的价值所在。

愿你们尝到背叛滋味,这会教你们领悟忠诚之重要。

抱歉,我还希望你们时常会有孤独感,这样才不会将良朋挚友视为理所当然。

愿你们偶尔运气不佳,这样才会意识到机遇在人生中的地位,进而理解你们的成功并非命中注定,别人的失败也不是天经地义。

当你们偶尔遭遇失败时,愿你们受到对手幸灾乐祸的嘲弄,这才会让你们理解体育精神的重要性。

愿你们偶尔被人忽视,这样才能学会倾听;感受到切肤之痛,才能对别人有同情的理解。

无论我怎么想,这些迟早会来临。而你们能否从中获益,取决于能否参透人生苦难传递的信息。

毕业典礼的致辞者习惯给出很多建议,最常见的建议是"做自己"。但你得明白其中真意。如果你并非足够完美,就必须做出改变。这时,你就不能光想着做自己,必须不断自我完善。

别人说"做自己",是希望你抵制按他人意愿随波逐流的冲动。但如果连你都不知道自己要成为什么样的人,是不可能"做自己"的,而如果不思考这些,你也不可能知道自己想成为什么样的人。

希腊哲人苏格拉底说过,"未经自省的人生没有意义"。对某些事情而言,"Just do it"是不错的座右铭,但在你想明白自己想要什么样的人生之前,这个座右铭可不怎么样。

下面,我将以一段著名歌词结束我的致辞。刚才,我引用了希腊哲人苏格拉底的名言。而这些歌词,则来自伟大的美国哲人——鲍勃·迪伦。

这些歌词已有 50 年历史,是迪伦当年巡回演出期间,思子心切,写给儿子杰西的。歌词表达了家长对子女的美好期盼,这些期盼是美好的、永恒的,也是普世的……这就是鲍勃·迪伦的《永远年轻》:

"愿上帝庇佑,护你前路;愿你美梦均可成真;愿你与人为善,相互扶持;愿你建成通往群星的天梯,稳妥沿它而上;愿你永远年轻;愿你成为正直之人;愿你成就真实自我;愿你永远感知真理,看向身边无尽光明;愿你勇敢无惧,坚强可靠;愿你永远年轻,拥有纯洁之心;愿你双手永远忙碌,愿你脚步永远轻盈;在变故横生之时,愿你根基牢靠;愿你心中永远充满快乐,愿你的歌声永远嘹亮;愿你永远年轻。"

谢谢大家!①

🦉 四、思考练习

1.刚进入大学校园,新的生活和学习环境是否给了你不一样的感受?用 5 分钟时间,通过自己生活和学习中发生的故事,讲讲大学生活给你的启示。

2.结合同学们目前在演讲训练中遇到的问题,一起商讨一些改进方式,用 2~3 分钟在班级同学面前为大家介绍 1~2 个你们提高演讲能力的窍门,可以是演讲稿设计,也可以是表现演讲稿的方式,如肢体动作、声音、表情等。注意要用大家乐于接受的方式,最终让大家能够明白并学会这些方法。

3.小雷一直都喜欢弹吉他和作曲,希望自己有一天能在网上发布自编自唱的民谣歌曲。但大学之前因为学业压力,他的父母并不支持。在大学里,他想利用充裕的课外时间培养自己的爱好,发展成特长。因此他想回家说服父母在课余时间去学习音乐知识,发表音乐作品。假设你是小雷,用 3~5 分钟说一段话,既能充分表达自己对音乐的喜爱,同时又考虑到父母的感受。

4.你最好的朋友邀请你参加他的生日会,请准备一段 1~2 分钟的发言,把最特别的祝福

---

① 文章来源:https://wx.abbao.cn/a/8305-e1e2a74cc6f909b8.html。演讲视频观看地址:http://baishi.baidu.com/watch/07252305401052609289.html? frm=FuzzySearch&page=videoMultiNeed。

和内心对你们这段友谊的感受当作礼物送给他。

五、拓展阅读

1.白岩松耶鲁大学演讲,链接地址：http://www.iqiyi.com/w_19rrkqt1oh.html.

2.严颖.完美演讲礼仪技巧研究[J].商.2013(10):233.

3.颜永平,杨赛.演讲与口才教程[M].上海:华东师范大学出版社,2012.

第二章 辩论口才——准确分析双方观点

如果你已经能够把自己的观点有效传达给听众,那么欢迎来到第二章——辩论口才。辩论活动是对我们综合能力的考查,我们既要运用信息解码能力,筛选和提取有价值的材料,也需要运用写作能力整理和修饰材料,最终通过口头语言表达出来,达到说服他人的目的。

💼 一、理论指导

辩论推动着人类文明的发展,"辩"出道理,"论"出是非。早在春秋战国时期,我国就涌现出一大批辩论家。如先秦儒家之首——孔子,就曾把前来试探口风的季康子家臣批驳得哑口无言,用"仁德"思想深深影响着每一代中国人;亚圣孟子通过严密的推导辩证,力排众议,最终树立了千古流传的"人性本善"的思想[1]。从古至今,辩论都是我们日常生活和工作中不可缺少的技能。

辩论是语言和思维的较量。辩论中的双方看似各执一词、互不相让,但最终的目的是"证立",即通过理由使他人相信某种看法或主张是成立的[3]。哲人的辩论多是为了寻求真理,我们的日常辩论主要是在双方诉求产生分歧后的语言交流,双方都期待对方允许异议存在,达到和而不同的效果。如自我观点申明,受到误解后进行反驳,被人诘难需要辩护等。大学毕业,我们会经历毕业答辩;在工作中,我们会为议案展开辩论,能服人者方能走向成功。当然,辩论的原理还可用于自我沟通,即在内心把道理想清楚。在这一章,我们主要围绕作为外部沟通的辩论,借鉴辩论赛的经验,帮助你提升在与他人观点碰撞时使他人信服的能力。

图 3-2-1[2]

(一)辩论准备

英雄不打无准备之仗。在辩论前需要在熟悉规则、研究辩题、搜集材料、撰写辩辞四个方面做好充分的准备。

---

[1] 金秋萍,陆家桂.大学语文[M].上海:上海交通大学出版社,2017:49.

[2] 图 3-2-1 来源:https://www.vcg.com/creative/810428945。

[3] 游梓翔.认识辩论[M].台北:双叶书廊有限公司,2003:4.

1.熟悉规则、摆正心态

如果参加的是有一定规则的辩论活动,如辩论赛、司法诉讼、毕业答辩、商业谈判等,就需要先了解其规则,如发言的先后顺序、时间限制等。辩论最终的目的是明辨真理是非,双方都希望真理站在自己这一边,但不要因此把对方当作敌人。无论采用何种辩论形式、无论结果胜负,我们都要摆正心态,时刻把具备良好的人际关系作为辩论的基础。

2.研究辩题、寻找思路

论辩命题一般可分为价值命题、事实命题和政策命题三种。如"全球化利于/不利于发展中国家"属于第一种,判断哪件事比较有价值。"人性本善/本恶"属于第二种,讨论事件是否真实。孔子与冉有、子路辩论就"要不要攻打颛臾"展开的辩论①属于第三种,讨论某件事该不该做。三种辩题存在层级关系,讨论价值命题时会涉及事实命题,讨论政策命题会涉及价值辩题。政策命题会涉及三种命题的辩论技巧,与公共话题的联系较为密切,因而教育意义也是最强的。事实辩题的技巧在于以已知事实来推断将要发生的事,这也是很多人在辩论时常用的技巧;价值命题的关键在于界定评判标准是否合理,并给出大量实例加以证明;政策命题不仅要评判双方做法的价值高低,有时也需要给出一个具体的计划②。

在获得一个辩题后,辩论双方(日常辩论中可能出现多方)需各自确定立场。在日常辩论中,我们一旦开始讨论与自身有关的话题时就已经确定了各自的立场。在讨论与自身关联较弱的话题时,如能自由选择,可优先选择逻辑清晰、材料丰富、支持者多的立场。如果被安排到反方,就需要进一步限定立场。比如,"经济发展能促进道德水平提升 VS 经济发展不能促进道德水平提升",反方可以进一步限定为"促进道德水平提升主要靠教育"。

确立各自立场后,将辩题逐词分析,设想对方与自己争论的焦点在哪里。这个焦点就是对取胜最有价值的部分。孔子与冉有、子路辩论的主题是"季康子要不要攻打颛臾",关键词是"季康子""攻打"和"颛臾"。双方对关键词的理解如有歧义的话,还需要各自作出定义或给出具有权威性的界定。

3.搜集材料

材料越广泛越好,主要分为三类:有关辩题的各种社会学、哲学、科学的理论知识及相关数据和事实;专家研究结果和名人名言中的相关意见。材料主要从公开发表或出版的信息中取得,如著作、论文、报刊、政府发文等,以上材料均可从正规网站搜索关键词或在书店购买得到。需要注意的是:从权威网站获得的网络信息方能被认可;个人经历不一定具有普遍性,也不可考证,使用要谨慎。在收集足够的材料后,根据立论和反驳的需要筛选加工材料,根据材料所产生的效用做成资料卡片。如论证我方论点成立和打击对方观点的事实/评判依据/政策法规等材料,就需要分别归类。

---

① 金秋萍,陆家桂.大学语文[M].上海:上海交通大学出版社,2017:49.
② 游梓翔.认识辩论[M].台北:双叶书廊有限公司,2003:48,104.

4.撰写辩词

主要撰写立论辩词,对我方观点进行严密论证。一般由提出观点—论证观点—得出结论三部分组成。以《人皆有不忍人之心》[1]为例,文中论证的层次为,提出观点:人皆有不忍人之心。层层论证:有不忍人之政→因为人皆有不忍人之心→因为人人都害怕、同情孩子落井→没有四端非人也→人生来皆有四端。得出结论:人有四端,并且扩充这四端足以保四海。

(二)辩论技巧

辩论的过程,简单来说,就是想办法证明自己的观点(P)为真,证明对方的观点(Q)为假。但 P 和 Q 有时是有交集的,即图 3-2-2 中 0 所示区域,因此,辩论最终要证明 P 中非 Q 部分为真,即图 3-2-2 中 1 所示区域,此称为立论。Q 中非 P 部分为假,即图中 2 所示区域,称为驳辩。如命题"是否要攻打颛臾",孔子要证明观点 P"不攻打颛臾"成立,以及再有提出的观点 Q

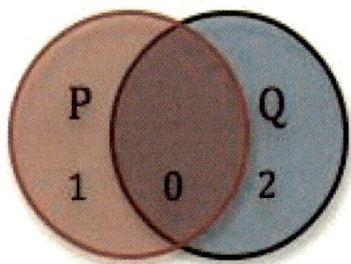

图 3-2-2

"攻打颛臾"不成立,此例中 P 和 Q 的交集则为:颛臾不属于季康子和攻打颛臾是不义之战,因而这部分不需要辩论。孔子需要证明的是"攻打颛臾对谁都没好处"成立,"攻打颛臾对季康子有好处"不成立。辩论的前提是双方的立场在逻辑上必为互斥[2]。我们下面主要从立论与谋略、驳辩两方面来说明辩论的技巧。

1.立论与谋略

不少同学拿到辩题的第一步就是想办法证明我方观点正确,最后思路却"剪不断,理还乱"。其实,我方的论点可以有很多个,可以随着对方立论而灵活转换。上面我们提到审题的逐字逐词、分析题眼,围绕关键词提出尽量多的问题。这些问题能帮助我们了解双方展开辩论的几条思路,更容易选择对自己有利的论辩策略。团队协作思考,多阅读与辩题相关的材料,或是向相关专家进行请教,这些都是快速获取思路的方式。孔子和季康子家臣争论"季康子是否要攻打颛臾",我们可以就这一辩题提出以下若干问题:①颛臾属于谁? 和季康子有什么关系? ②攻打颛臾对季康子有什么样的利益? ③颛臾的存在是否真的会祸害季康子的利益? ④如果要使别国臣服,什么方法最好? 显然,孔子思考过上述几个问题,了解双方争论的焦点之一是:颛臾是敌是友? 季康子提出攻打颛臾,显然是把颛臾作为敌人对待,孔子指出颛臾的身份是鲁国臣子,对方在偷换概念。那么季氏家臣就很难再继续请教攻打颛臾之事。

在立论过程中,必须保持自身思路完整连贯,并能在价值取向上引起众人共鸣。孔子

---

[1]　金秋萍,陆家桂.大学语文[M].上海:上海交通大学出版社,2017:51.
[2]　游梓翔.认识辩论[M].台北:双叶书廊有限公司,2003:98.

用的方法是升高辩题的立意。无论对敌对友,君子使之归顺的最好方法就是修文德以服人,而不是武力攻打。除了这个方法,我们还可以对辩题进行一定程度上的修饰,如在"人性本善/本恶"这个辩题中,荀子强调后天教化是使人性向善的原因,将对方"本善使人为善"的部分"吞下",变被动为主动。再如在"自由支配学习时间对大学生发展利大/弊大"这个辩题中,反方可以把辩题限定为"完全任由大学生自由支配学习时间乃弊大于利"和"大学生发展需要联系社会实际",避开对手可能提出的"大学生自由支配时间有利于发展个人兴趣特长"。

辩手需要立论精当,鲜明地表达出我方观点,说明主张来源,举出实例,严密地进行论证。孟子在《人皆有不忍人之心》中,环环相扣的严密论证是我们熟悉的例子。如果是团队之间的辩论,辩手一定要沉稳、自信、有气势,特别是最早发言的人员,更要为自己的辩论队打好心理基础,即使出现口误也不要丧气,及时调整状态完成立论,其他辩论人员此刻要做好对方辩手发言的记录,为之后的战略调整做准备。

2.驳辩

在辩论中,驳辩是双方不断试探底线,及时调整战略和技巧的重要环节,也是辩论赛中大家最喜爱观看的部分。在这个环节中,辩论双方一问一答,一攻一守蕴含着各种技巧。

(1)质询

质询是辩论队伍攻击对手辩护与防御自身的重要工具。质询最主要的作用是让对手承认原本反对的事情,并巩固我方观点①。双方辩手在辩论前就应该预测并准备充足的问题。辩论中的提问不应只浮于表面现象,应从双方共同认同的基础出发,深层思考对方论点中在事实、理论和社会影响上出现的谬误,顺势提问。有效的质询能控制住辩论的节奏,快速暴露对方底线。孔子在《季氏将伐颛臾》中提出了两个问题:①季氏要攻打颛臾,"无乃尔是过与?"这个问题隐含了孔子和对方的共同判断:攻打颛臾是错误的行为,然后揭穿子路、冉有也是攻打颛臾的支持者;②在冉有想要以家臣身份推卸责任时,孔子顺着他的思路,反问作为家臣不能用正确思想辅佐季氏,"则将焉用彼相?""是谁之过与?"批驳他没有起到家臣应有的作用,未能阻止季氏不仁义的行为。

(2)驳论

驳论的方式非常多,抓住对方逻辑上的问题是关键。归谬法是常用的技巧之一,如"人性就是天性,无论好坏",这点很难否认。孟子用归谬证明性本善:如果人性如其他动物的天性一样,那么是否承认自己就和牛马一样?另外,三段论、两难法等也都很常用。如孟子用孺子落井的问题带动了听众的逻辑:因为看到孺子落井,人们都自发感到惊惧和同情,没人敢否认,那么没有同情心的不是人,所以人人天生都有同情心。王也是人,有同情心,所以会

① 游梓翔.认识辩论[M]台北:双叶书廊有限公司,2003:247.

施仁政,那么施暴政的就不是王也不是人①。

(3)防守

如果难以抓住辩论中的主动权,就需要先防守对我方造成伤害较大的论证②。防守主要出现在对对手的应答中,当对手咄咄逼人时,需要尽快找出对方话语中的其他方面的弱点进行反驳。如孔子回答颛臾对费邑产生威胁这个问题时,他先回应的是:君子做人之道是心口一致。看似与问题不相干,却是从更高的道德角度先压制住了对方。接着谈治国之道,"修文德以来之",指出战争不义,从社会影响上压制对方。最后从事实上指出季康子真正要解决的忧患在自己的封地内,将对方层层击溃。此外,指出对方话语中的谬误,澄清或补充我方主力观点,或是增加我方论点数量,让对方难以下口也是解决方法。

3.其他注意事项

辩论时也可以巧妙地利用自己的礼仪、气势、文采、幽默感等带动听众情绪,让他们赞同自己,从而很好地震慑对手。如孔子在辩论中引用了周任的名言,还巧妙地把季氏比作虎兕,把颛臾比作龟玉。如果在日常辩论中,上述辩论技巧的运用暂时还不够熟练,那么停下来稍作思考,拖住对方的节奏也不失为一种办法,如微笑不语、直视对方等,不仅能为自己争取一定的思考时间,还有可能使对方焦虑,将自身意图和盘托出。

辩论不仅需要我们能迅速对问题做出明确的分析和判断,更需要我们从多种角度来分析利弊。平日多关注生活中具有争议的话题,主动寻找争论原因和解决方案,是我们提高辩论水平的有效方式。

指导笔记

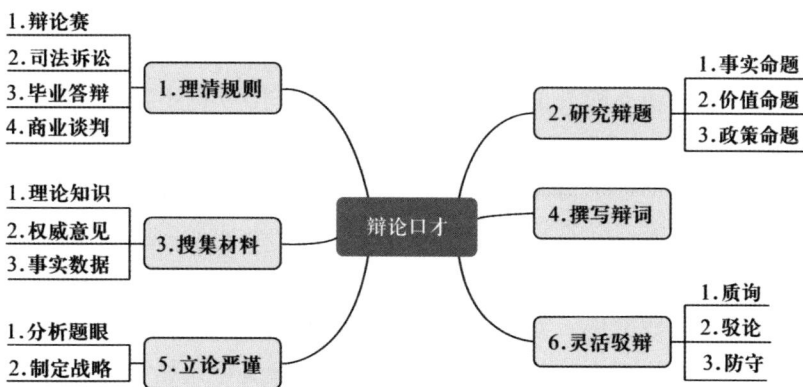

---

① 金秋萍,陆家桂.大学语文[M].上海.上海交通大学出版社,2017:52.
② 游梓翔.认识辩论[M].台北:双叶书廊有限公司,2003:198.

总结反馈

请用完整的句子回答以下问题,这些问题涵盖了上述"理论指导"的大多数重要内容,如果无法回答其中的某个问题,你需要重新阅读上述资料。

1.辩论和日常争吵有什么区别?

2.辩论前应该做好哪些几方面的准备?

3.辩论的立论、攻防各有哪些技巧?

二、实践运用

【实践一】

1.实践场景

正处在毕业季的同学小林已经拿到了一家创业公司的录用通知,虽然专业不对口,但"专栏编辑"一职很符合她的求职意向。公司发展前景看起来不错,薪资属于多劳多得型,总体超过了同龄人的平均薪资水平,未来晋升空间也很明朗。但小林父母却极力反对,一定要她放弃这份工作,这让她很苦恼。小林的父母提前帮她安排了某街道事业单位的科员职位,认为朝九晚五的工作十分规律,工作任务也不繁重,而企业常常要加班,工作太辛苦。"体制内"的工作虽然待遇一般,但应付日常花销也足够了。小林作为家中的掌上明珠,父母舍不得她东奔西跑。最重要的是,体制内的工作是"铁饭碗",听起来特别体面,不仅能让父母在朋友圈里有面子,对小林今后的婚恋也是一大便利。小林对这份一眼就能望到头的"铁饭碗"工作实在提不起兴趣,她渴望能发挥自己的一技之长,去更广阔的天地发展。终于有一天,家中爆发了一场争论。小林和父母互不相让,都想极力劝说对方认可自己的规划。小林的弟弟很支持姐姐去体制外工作的想法,站在小林这边帮忙劝说父母。

2.实践要求

(1)小组成员分别扮演小林、小林弟弟和小林的父母四个角色,可根据人数加入其他角色,如小林同学、家中其他长辈亲戚等,支持小林去体制内或体制外工作的双方人数必须均等。支持小林在体制内工作的一方为正方。辩论前抽签决定双方角色,辩论时间为40分钟左右。

(2)双方确定辩题和立场,分别分析辩题并设定辩论思路,预测对方思路。

(3)与队友共同寻找相关资料,并分别设计辩论稿以支持己方的观点。

(4)辩论稿必须明确表明己方观点,材料必须典型充分,并且提前做好分类。

(5)在辩论中,双方立论部分观点明确而清晰,论证严密。

(6)驳辩中能明确找出对方观点中的谬误,用事实证据和理论依据等材料对对方进行反驳,控制场上节奏。

(7)能根据辩论情况及时调整思路,在受到对方攻击时,做好防守。

(8)辩论中有礼有节,尊重对方辩手和听众。

3.实践指导

这个辩论没有给出明确的辩题,但我们通过分析可得辩题:体制内工作和体制外工作,哪一个更利于毕业生长远发展? 这个辩题,我们可以判断为是一个价值命题,即讨论做法的价值大小。关键词是:体制内、体制外、毕业生。正方支持体制内工作,站在家长一边,需要强调体制内工作风险小,保障性好等优点;反方支持体制外工作,站在小林一方,需要强调体制外工作是风险和机遇并存。相对而言,反方的观点更能受到年轻人认可。双方的异认点有:体制内工作保障好并且工作强度小,社会认可度高且个人自由时间多,能用自由时间发挥一技之长,但体制内工作收入少,难以提高生活质量,工作内容相对单一枯燥;而体制外工作失业风险大,工作强度大,个人自由少,但体制外工作收入高,生活质量高,且更利于个人技能的成长,个人综合能力的提升才是长远的保障。反方需避免以偏概全的论辩,如以体制内的个别黑暗现象来攻击正方。

4.自我检测

请根据以下检测内容为本组辩论表现进行打分,并撰写50字左右的实践小结。

检测点	很好	一般	不好
(1)清楚自己的立场与论点,特别是有优势的论点。			
(2)在辩论前充分思考了双方可能会提出的问题,对对方的论点有基本的预测。			
(3)寻找的材料涵盖社会事实、价值观等方面,并根据论证步骤做了分类,在场上使用方便。			
(4)辩论中,立论部分能对辩题做出有效限定,清楚阐释观点,有气势。			
(5)质询的问题能让对方赞同我们给出的信息,控制场上节奏。			
(6)能用基本的逻辑来驳回对方的言论。			
(7)遇到对方的有力攻击,能及时补救我方主力观点或增加其他论点。			

续表

检测点	很好	一般	不好
(8)发言具有文采或幽默感,能调动听众气氛。			
小结:			

【实践二】

1.实践场景

在这一届的学生会竞选中,你和其中一位竞选对手以同样的票数并列第一。你们二人行事风格各有优缺点,大家一时难以定夺。因此,学生会管理层决定借鉴美国总统大选的方式,让你们展开一场竞选辩论。你们可以各自选择3名一起共事的学生会干部组成智囊团,协助完成这次竞选辩论。智囊团可以维护竞选者的形象,也可以辩驳对手话语中的谬误。当然,场下观战的同学也将对你们二人分别进行提问,你们需要进行即时应答。场下同学将会为你们投票,最终得票多者方能成为下届学生会主席。在这场辩论前,你们对双方未来的工作纲领已经有了大致的了解,双方最大的分歧在于:学生会活动需要由校级学生会进行统一管理,还是把决定权下放到各个院学生会。你们中的一位打算把组织活动的决定权下放到各院学生会,校学生会只负责活动策划的审核和批复;另一位则坚持原先的由校学生会统一进行活动内容的决定和指导,院学生会根据统一指导进行活动的模式。辩论主要围绕这个话题展开。

2.实践要求

(1)本场辩论时间为50~60分钟,学生会主席竞选人发言不少于25分钟。双方自由选取组员。正方为支持活动由校学生会统一管理的一方。

(2)学生会主席竞选人首先分别向大家介绍各自对学生活动管理的主张,时间为3~5分钟。随后,双方竞选人分别与智囊团讨论研究对方的发言,用时5分钟。

(3)之后,竞选人和智囊团对竞选对手进行交替提问,总共用时4分钟。

(4)随后,用20分钟时间交替自由辩论,不能涉及个人隐私,不能进行人身攻击。可以由智囊团提问,但只能由竞选人回答。提问时间每次不超过1分钟,回答时间每次不超过2分钟。

(5)之后的10分钟与场下听众进行互动问答,每位听众只有1次提问机会。

(6)最后,竞选人总结陈词,各用时3分钟,共6分钟。

3.实践指导

竞选辩论的最终目的是要获得选民(听众)更多的认可,选民需要的是了解哪一位竞选人的做法更合理,或者更符合他们的需求。两位辩手需要就"学生会活动管理要不要权力下放"展开辩论,这是一个政策性辩题,也可以简单化为"学生会活动进行统一管理还是权力下放更合理"。关键词是"学生会活动""权力""统一管理"和"下放"。正方需要从活动秩序、活动内容规范性角度谈统一管理的好处,反方在听众支持度上占优势,可以从活动下放贴近本学院实际情况,有利于激发学生活动热情的角度立论。双方的共认点有:校级学生会在宏观管理上更有效,而各学院学生会的管理更贴近本学院学生需求;学生会活动主要为丰富学生的校园文化生活而展开;校园活动需要接受规范化的管理。异认点有:校级学生会组织的活动难以贴近不同学院的实际状况;各学院学生会组织的活动虽然多样但不一定符合规范与学校总体规划。这场辩论的难点是:需要在前期做大量的研究调查工作,找到实际案例作为论据。在辩论时,双方需要极力宣扬自己的管理优势来拉拢选民,并注意双方言辞,找到对方在工作和风度中不完善的部分并进行攻击。

4.自我检测

请根据以下检测内容为竞选人的辩论表现进行打分,最高 5 分,最低 1 分,并撰写 50 字左右的实践小结。

检测点	1	2	3	4	5
(1)辩论前清楚阐释了对学生活动的管理主张和未来工作计划。					
(2)在竞选前,团队充分了解了选民的需求。					
(3)清楚我方在工作上的优势,并准备好了相关问题进攻竞选对手。					
(4)听完对方的演讲后,能找出对方的优势和劣势。					
(5)能把握主动权,向对方发问并宣扬自己的主张。					
(6)在辩论中,能避开对方的进攻,用自己的主张进行防守。					
(7)在辩论中,能礼貌平和地对待对方的任何问题,并礼貌地反击。					
(8)在辩论中,能始终充满热情和诚恳地对待选民们的问题。					
(9)选民认可我们的主张。					
小结:					

A+B=C 三、知识链接

(一)大学生辩论赛的逻辑底线设计(论文节选)[①]

进攻的突破点

同一律、矛盾律、排中律和充足理由律是思维的基本规律。依据排中律可知,如果想证明一个论题为真,只需证明与之相矛盾的另一论题为假即可。比如:证明了"金钱

---

① 郝其宏.大学生辩论赛的逻辑底线设计[J].徐州师范大学学报(哲学社会科学版),2011(6):133-136.

追求和道德追求可以统一"为假,则"金钱追求和道德追求不可统一"必然成立;证明了"家长可以拆看中学生的信"不成立,则"家长不可以拆看中学生的信"自然为真。逻辑论证过程如下:

[求证]A(原论题)

1.设非A真(非A为反论题)

2.如果非A,则B(B为由非A推出的论断)

3.非B(根据论证得知)

4.所以,非A不成立(根据充分条件假言推理的否定后件式)

5.所以,A(依据排中律)

逻辑底线的前提是公理或常识,当一个公理或常识能够有效维护一方观点时,必然对另外一方构成严重威胁。因此,底线是进攻首选的突破点,取得的效果也最直接、最显著。

例:金钱是万恶之源(正方武汉大学);金钱不是万恶之源(反方马来亚大学)。

反方的逻辑底线:万恶之源是指导致所有恶行的源泉;暴力犯罪、色情犯罪等恶行不是金钱引起的;所以,金钱不是导致所有恶行的原因。

在辩论过程中,正方武汉大学队把万恶之源的"万"字理解为"部分",把"万恶之源"理解为"部分恶行的源泉"。面对这一背离常识的观点,反方马来亚大学队立即从演绎推理的大前提出发加以攻击,驳斥了正方的曲解,一举确立了优势。

防守的阻击线

由于底线的内容是公理或常识,有非常好的"抗击打力"。当对手的问题比较刁钻,难以正面回答时,可以用底线加以化解。有经验的队伍常说:"实在不行就拉回底线来打",指的就是要发挥底线防守阻击线的作用。

例:爱比被爱更幸福(正方中山大学);被爱比爱更幸福(反方新加坡国立大学)。

正方底线:主动付出获得的满足比被动接受获得的满足更加持久深刻;爱的幸福是主动付出后获得的满足,被爱的幸福是被动接受后获得的满足;所以,爱比被爱更幸福。

在自由辩论阶段,反方的提问咄咄逼人,特别是"妈,你洗碗真幸福,你怎么让我一个人痛苦地在这儿看电视呢"的归谬让一般人无从招架。但由于正方的底线比较厚实,有效化解了对手的进攻。

反方:今天父母都很疼爱孩子,可他们在做家务的时候很多孩子却在很悠闲地看电视。请问:哪个比较幸福呢?

正方:我认为在这个时候,父母是更幸福的,而孩子如果也想像父母那样幸福的话,就应该帮爸爸妈妈捶捶肩、洗洗碗。

反方:好,对方辩友告诉我们,洗碗是更幸福的,那你是不是跟你妈妈说,妈,你洗碗真幸福,你怎么让我一个人痛苦地在这儿看电视呢? 是不是这样子呢?

正方:问题是妈妈洗碗的幸福是源自她的爱,如果我们真的爱妈妈的话,我们也应该去主动付出。难道对方辩友,您不是这样想的吗?

作为辩论的根基,逻辑底线是影响胜负的重要因素,也是判断一支队伍水平高低的重要标准。逻辑底线的设计和应用是一项较难掌握的辩论技能,需要长期的思考和磨练。

(二)2001年国际大专辩论会:"金钱是万恶之源"

视频观看地址:http://www.iqiyi.com/w_19rsgn9utx.html。

四、思考练习

1."世界那么大,我想去看看"是当今很多年轻人的梦想。现在,希望出国游学的小王和父母发生了争论:小王认为国外的研究理论和教育方式更前沿,并且自己一直都想接触国外文化;小王的父母认为国内也有很好的大学,也可以做研究,况且国外没有国内安全。小王找来了学校辅导员,请他向自己的父母解释这个出国项目是学校联络的,有很大的便利性,安全有保障,机遇很难得等优点。请分成两组,分别从支持小王出国游学和反对小王出国游学两个立场设计辩论思路,演一出20分钟的小短剧。

2.越来越多的人认为良好的外在形象能大大提升自己在职场中的竞争力,但也有人对此持反对意见,认为职场的核心竞争力还是内在美,徒有其表不可取。请分成两组,分别站在求职中外在美更重要和求职中内在美更重要这两个立场,用30分钟共同探讨这个问题。

3.许多毕业生往往为自己的去向问题发愁,除了一般的工作外,有不少人选择了如视频直播等新媒体行业,这是许多家长,甚至部分年轻人也不认可的"不正经"的工作。请以小组形式,分别从两个立场展开30分钟的讨论。

4.在当下提倡提升中国文化自信的时期,国内刮起了一阵"国学热",许多"国学班"如雨后春笋般出现。不少孩子都被家长送进国学班,像几百年前的孩子那样摇头晃脑地背诵《三字经》《弟子规》等经典文学。但是这样的教育符合我们当今社会的需求吗?请设置不少于10个问题,在校园里对老师和同学做一个采访,调查一下大家的看法,并分析这些看法中包含了哪些层次的论据。

五、拓展阅读

1.王启明.好口才系列丛书:辩论口才[M].成都:巴蜀书社,2013.

2.孙大爽.浅谈辩论中的逻辑方法[J].现代交际,2011,8(316):14.

3.应腾.辩论的逻辑分析[D].杭州:浙江大学,2010.

4.百家讲坛《孟子的智慧》,链接地址:http://tv.cntv.cn/video/C18052/57b2c17106204989ad04a499a6d7b98d.

5.游梓翔.认识辩论[M].台北:双叶书廊有限公司,2003.

第三章　面试口才——突出介绍自身优势

当你能够自信满满地进行演讲、滔滔不绝地与人雄辩之后,我们将进行下一场挑战——求职面试。许多人认为面试是求职中最难的环节,会在面试官的注视下感到手足无措,或是面试官的问题让人摸不着头脑,不知该如何应对。求职面试实质是一个"销售"自己的过程,用恰当的语言引导对方发现你就是那个符合岗位要求的应聘者,是我们展示面试口才的要诀。在这一章,我们将从面试的流程与环节、遵循的基本原则和操作的具体方法入手,理清面试思路,扫除面试之路上的障碍。

一、理论指导

用人单位组织面试是为了找出合适的岗位人选。各单位运营目标和管理方式不同,面试流程和问题也会有所差异。面试一般至少包括三轮,分别由人事(Human Resources Manager,下简称HR)部门经理、业务部门主管、总经理或区域总负责人主持。大致流程如下:HR电话或当面初筛→业务主管二面→总经理(区域总负责人)三面→HR谈薪资。

在这三个环节中,面试官会用各种方式考察应聘者的个人素质,其目的——用顶级猎头公司海德思哲CEO的话概括,本质上只有三个问题:这工作你能干吗?(Can you do the job?)这工作你爱干吗?(Will you love the job?)我们能和你共事吗?(Can we tolerate working with you?)下面按面试流程分别对面试口才的注意点进行探讨。

求职者在简历通过筛选后会收到电子面试邀请函,也可能接到HR来电。来电目的是对面试者进行初步的审视,如果电话面试合格,HR就会和面试者预约正式面试时间。电话面试适宜选择安静的通话环境,准备好纸、笔、简历等材料或工具再进行电话面试。如果不能立刻找到这样的场所,应主动说明情况并预约回复电话的时

图 3-3-1①

---

① 图 3-3-1 来源:http://90sheji.com/sucai/19049886.html。

间。在通话时,礼貌用语必不可少。声音需保持镇定自信,语速适中,回答问题时语言简洁、有条理、职业化。身边准备纸笔可以便于快速记录对方提问的要点,在纸上对对方的问题做简单的梳理,并提炼出关键词,这便于我们在交流时组织答案。一旦接到面试预约,要立刻记下面试时间、地点、需要准备的材料等信息,再次和对方进行面试时间、地点的确认。面试前,我们可以从下列几方面着手准备:

(1)检查简历,即再一次检查简历内容是否有错误,是否需要添加新内容。如果需要改动,还须思考如何在面试中向面试官说明情况。

(2)通过公司门户网站等专业渠道搜索信息来加深对应聘公司的了解,如面试公司的核心价值观、近一年的业务动向和未来发展计划等。

(3)匹配招聘要求与自身特质,可根据招聘要求,列出表格与自身能力进行匹配(详见表3-1-1)。制作职位需求匹配表除了可以帮助求职者理清面试思路,还能在现场帮助面试官快速了解面试者的情况。如谷歌部分职位要求有"不断寻找各个领域内能够给我们带来全新理念的工程师"这样的描述[1]。针对此类要求,很多人会拿出自己有创造性的工作成果或想法来证明自己的创新能力。

表 3-3-1　职位需求匹配表[2]

目标职位需求	我的匹配之处

4.形象修饰。面试服装以舒适、偏正式为宜,参考用人单位职员的工作着装能增加亲切感。

下面,我们将推开用人单位的大门,与面试官进行正式面试。面试一般分为自我介绍、问答或讨论、薪资谈判三个步骤。

(一)自我介绍

自我介绍是面试中的常见环节。通过自我介绍,面试官能够对应聘者的个人经历、语言组织能力、个人气质和性格有一个初步的了解。面试官通过自我介绍,能从不同侧面了解应聘者的特点。短于1分钟的自我介绍更注重考察应聘者的个人风度,2~3分钟的自我介绍要求面试者能够突出重点,长于3分钟的自我介绍要求面试者尽量多地展现自身特色。但总的来说,都是为了考察应聘者与岗位的匹配程度。

一般自我介绍需要在开头介绍姓名、应聘岗位和相关教育经历或工作经历,然后选出自己经历中最契合岗位要求的几个优势,带上数据和具体事例重点讲解。最后简短表明自己对岗位的兴趣与渴求即可。与演讲类似,自我介绍的开头也需要用恰当的方式让面试官对

---

[1] http://careers.google.cn/fields-of-work/engineering-technology/960002/。
[2] 徐强.面试加分项[M].杭州:浙江出版集团数字传媒有限公司,2016:94.

应聘者产生好感,留下印象。在介绍自身优势时,不妨采用叙述故事的形式,既能吸引面试官的注意力,也有利于增加内容的可信度。

（二）单独面试的问答

单独面试中目前较通用的方法有行为面试法、情景模拟法和压力面试法。面试官用精简而有重点的问题向应聘者提问,应聘者需要仔细倾听,"读"出问题中的重点,有侧重地介绍自己的优势。

1.行为面试法

行为面试法（Behavioral Event Interview,简称 BEI）又称行为事件访谈法,面试者通过让应聘者回顾曾经做过的事情来达到证实事情真伪、了解个人处事思路与性格的目的。应对该面试法的方式称为 STAR 法,又称 What-STAR-Key Words 陈述法:"What"指一句话概括答案;"STAR"分别指情形（Situation）、任务（Task）、Action（行动）、结果（Result）,STAR 法能有效突出经历中有价值的细节信息;"Key Words"指回答需要紧扣问题中的关键词①。示例如下:

问:你在学校记者团发过的新闻稿数量挺多啊?

答:（What）是的,我在大学期间担任校记者团记者,共发表过 12 篇报道。（Situation）在保证课业完成质量的情况下,我参加了学校记者团,一有机会就跑校园新闻。其实一开始写得并不太好。（Task）比如我们学校前年运动会,我前后一共写了 7 篇新闻稿,前几篇并没有被录用。（Action）于是我决定先模仿"虎扑体育"等新闻网站的写法,先把新闻写标准,练了两个晚上。（Result）最后 2 篇终于获得了新闻采编老师的认可。我就是通过这样的方式,慢慢磨练,最后在一学年内,在学校网站和公众号上发表了 12 篇报道。

2.情景模拟法（角色扮演法）

在一定的假设情景之下,面试官会针对岗位可能遇到的困难和冲突进行提问,目的是考察面试者解决具体问题的能力和素质。该类面试多适用于需要互动交流的岗位,部分实践性较强的岗位也会要求面试者当场操作。如销售类岗位面试中,考官很有可能抽出销售中的一个环节进行提问。应对的方式是:语速偏慢、关注对方反应、赞美对方、保持镇定、及时互动②。示例如下:

问:如果顾客觉得我们的汽车价格太贵,怎么和客人交流?

答:（语速偏慢、关注对方反应）这位先生,（赞美对方）您应该做了不少对比研究,对市场很熟悉了。（保持镇定）相比同类车型,我们确实贵了几千元,但这几千元都用在了环保内饰上,保证新车无异味。（及时互动）您坐上车试试?

3.压力面试法

压力面试法指:通过提问的方式增加面试的压力,用以观察应聘者的反应和表现的方

---

① 杨萃先.这些道理没有人告诉过你[M].北京:北京联合公司,2012:295.
② 杨萃先.这些道理没有人告诉过你[M].北京:北京联合公司,2012:308.

法。常用手段是"找茬"①。如应届毕业生常常会遇到的问题:"你的缺点是什么?"或"你的工作经验很少啊?"应对这样的问题,应聘者可以先肯定面试官的问题,承认自身不足,再诚恳地说明不足产生的原因。如情况允许,尽量把不足转化为优势;最后给出自己的提高改进方式且说明这个方式已经在实践中。示例如下:

问:你的工作经验只有这两个月的实习经历吗?

答:作为一名应届毕业生,(承认不足)我在工作经验上确实有欠缺。(说明原因)不过工作经验不能全靠时间来衡量。(转化为优势)我的学习能力很强,目前我在网上自学相关课程,两个月就通过了××考试。

求职者要领会到:其实面试官提出的每个问题的背后,都隐藏着职位的软性要求,如:"你怎么看待加班?""你懂得商务宴会的礼仪吗?"等。遇到这类问题,我们需要挑出其中的关键词,通过深入的询问,才能做出决定。

(三)多人面试中的无领导小组讨论

这是一种多对多的面试方式。面试官将应聘者分组,给每个小组一个案例或一个题目,让大家进行讨论。在讨论过程中,面试官不干涉求职者,而是在旁边观察每个应聘者的表现,包括沟通能力、组织能力、逻辑能力、团队协作能力、应变能力等。这一面试形式多用于管理职位的应聘者②。

通常小组讨论给出的案例同公司业务有关,因而熟悉业务的面试者优势较大。小组讨论最先淘汰的是参与度最弱的应聘者和思路混乱的应聘者,然后根据打分权重逐渐淘汰不符合岗位需求的应聘者。因此,参与小组讨论首先应审视岗位的要求,根据不同的岗位要求扮演不同的角色。领导岗位要求应聘者能够带领其他人解决问题,服务性岗位需要体现出较强的服务意识而不是抢风头。无论何种岗位都要求发言精炼有效。通常逻辑思路是所有分数中权重最大的。如果有好的思路,可以优先发言,引导带领团队的思路;如果没有好的思路,可以先了解其他人的想法,综合较好的想法。或是在团队思路出现明显错误的情况下,加以扭转和引导,发言时一定要做到语速适当,语气缓和。

(四)薪资谈判

薪资谈判的前提是了解自己的价值在就业市场上的"价格",根据市场定位进行薪资谈判通常不会出错。在谈判时应充分描述自己的优势能给公司带来的利益,最后自然说出期待的薪资水平即可。

归根结底,面试口才是根据岗位要求,有重点地展示自身优势的交流。我们在学校期间就需要规划好自己的学习和工作目标,培养专业技能和交流口才,丰富自身经历和经验,才能在面试时根据岗位要求做到有的放矢,信心满满地为自己寻得一份心仪的工作。

---

① 王新宇.聘之有道:面试读心术[M].北京:机械工业出版社出版,2009:107.
② 王新宇.聘之有道:面试读心术[M].北京:机械工业出版社出版,2009:104.

指导笔记

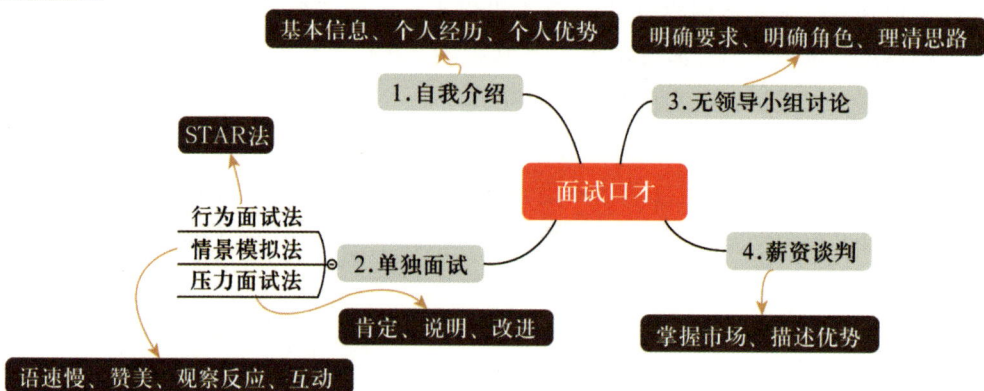

总结反馈

请用完整的句子回答以下问题,这些问题涵盖了上述"理论指导"的大多数重要内容。如果无法回答其中的某个问题,你需要重新阅读上述资料。

1.招聘单位和应聘者参与面试的目的分别是什么?

2.面试前需要做哪些准备工作?

3.面试有哪几种基本方法?分别如何应对?

二、实践运用

【实践一】

1.实践场景

你原本在刘备的"的卢"物流公司做人事经理助理。薪资为 3 500 元/月,上升空间尚不明朗。总裁刘备虽然为人谦和,但有时做事过于谨慎,眼光不够长远。公司的发展速度始终滞后,业务种类范围局限,扩展难度大。公司氛围虽然很好,但有时候权责不清,个别领导过于意气用事,导致每年盈利不足。你听说曹操的"飞电"物流公司效率很高,公司纪律严明,发展更快,业务范围很广,今后很有可能收购刘备和周瑜的物流公司,于是你决定跳槽。通过一位在曹操手下工作的熟人,你听说了曹操的几个事迹,"煮酒论英雄""望梅止渴""曹操问裴潜",了解到曹操是一位极有才能的领导者,非常爱惜人才,喜欢有能力且善于表达自己真实想法的员工,同时要求下属完全服从管理,耐得住压力,对自己没有二心。熟人还提醒你,曹操对跳槽来的员工都会亲自面试。之前,你已经通过了 HR 的电话面试和单独面试。不久后,你接到了"飞电"公司 HR 的电话,约定三天后的上午十点整由曹操亲自进行面试①。

附:"飞电"公司人事管理助理职位信息②

·岗位职责:

(1)开拓招募渠道并约访招募对象;面谈招募对象,协助主管促成人才招募;

(2)协助招募对象办理入职相关的一切手续,同时办理离职人员手续;

(3)协助直接主管完成新人的培训工作以及关乎团队发展的相关事宜;

(4)向直接主管反馈工作进度,建立档案资料库以及参加公司相关会议和培训。

·岗位要求:

(1)本科及以上学历;

(2)熟练操作使用计算机及各种办公软件,学习能力强,知识结构全面;

(3)有良好的人际交往、沟通技巧和协作能力,良好的执行力与服务意识;

(4)知识结构较全面,学习能力强。

·薪资待遇:

(1)基本工资:3 000+全勤奖 300+电话补贴 50+交通补贴 50;

(2)绩效工资:招聘绩效奖,根据招募量 300~500 元/人;

(3)工作时间:周末双休+国家法定节假日。

·晋升机制:人事助理—人事主任—人事经理—人事总监

2.实践要求

(1)从小组中选出两位同学分别扮演曹操和人事经理郭嘉,其余同学扮演面试者。每位面试者面试时间为 3~10 分钟。

(2)根据岗位描述,准备一份自我介绍和职位需求匹配表,部分细节可自行虚拟。

(3)列出你希望了解的"飞电"公司的信息清单。

(4)通过熟人,已知曹操很可能会问的三个问题是:"你上一份工作主要负责哪些事务?""你为什么要跳槽?""你在人事经理助理岗位上遇到过哪些棘手的情况,如果再次遇到类似的情况将如何解决?"针对这三个问题,思考如何回答。

---

① 本实践场景为笔者出于教学需要,根据相关历史资料进行的改编,具有一定的虚拟性,读者不需将其当作完全的史实。

② 岗位职责来源:https://jobs.51job.com/chengdu-qyq/100780232.html? s=02(有删减)。

（5）面试时需要根据曹操的性格调整语气,恰当地表达自己的真实想法,尽可能提高薪资待遇。

3.实践指导

关于"实践要求"第四点中面试官提出的三个问题,我们通过分析后可知,这三个问题分别属于行为面试法,压力面试法和情景模拟法。第一个问题用"What-STAR-Key Words"陈述法即可,在简要介绍自己工作职责后,以事例和数据突出自己工作经历中和岗位最匹配的部分。第三个问题可运用情景模拟法的相关技巧。最需要谨慎回答的问题是第二个问题,即跳槽的原因。从竞争对手刘备的公司跳槽到曹操的公司,很有可能引起曹操的戒心。在回答这一问题时,不能批评原来的公司,而要找出客观原因,并采取赞美曹操公司的方式显示自己的业务熟悉度和自身能力与职位的匹配度,最后强调被录用后自己的忠诚度。

4.自我检测

请根据下表内容进行自我检测,在表格对应的方框内打"√"。

检测点	是	否
（1）面试前认真了解岗位要求,并分析与自己能力的匹配度。		
（2）面试时能保持镇定、自信与礼貌。		
（3）行为事件访谈过程中,能熟练运用 STAR 法。		
（4）在情景模拟面试中,能保持镇定、放慢语速,根据对方的反应调整自己的语句表达方式。		
（5）在回答跳槽问题时,既能够委婉、客观地讲述原因,又能够通过赞美曹操公司来体现出自己的专业素养。		

【实践二】

1.实践场景

你正在应聘"大唐传媒"的"总经理助理"一职,简历已经通过审查。因应聘者人数较多,公司将组织"无领导小组讨论"面试。你所在的小组一共有 10 位应聘者,抽到的讨论题如下:如果公司请一位历史人物和你一起担任"总经理助理"一职,你希望选谁? 为什么?

附:总经理助理岗位职责①

（1）在总经理领导下负责办公室的全面工作,努力做好总经理的参谋助手,起到承上启下的作用,认真做到全方位服务;

（2）在总经理领导下负责企业具体管理工作的布置、实施、检查、督促、落实执行情况;

（3）协助总经理作好经营服务各项管理并督促、检查落实贯彻执行情况;

---

① 岗位职责来源:https://www.liepin.com/a/9420350.shtml? sfrom＝recom-recom_jd-ddecc72de7def504fe125dcf4f23d9e3-3&d_pageSize＝100&d_headId＝ddecc72de7def504fe125dcf4f23d9e3&d_ckId＝ddecc72de7def504fe125dcf4f23d9e3&d_sfrom＝recom_jd&d_curPage＝0&d_posi＝2(有删减)。

（4）负责各类文件的分类呈送，请集团领导阅批并转有关部门处理；

（5）协助总经理调查研究、了解公司经营管理情况并提出处理意见或建议，供总经理决策；

（6）负责企业内外的公文办理，解决来信、来访事宜，及时处理、汇报；

（7）负责上级领导机关或兄弟单位领导的接待、参观工作。

2.实践要求

（1）小组讨论前进行 5 分钟的审题。

（2）采取小组讨论形式，每个人轮流发言、陈述观点，每人发言时间不超过 2 分钟，发言次数不限。若轮到发言时，沉默超过 5 秒，即视为弃权。

（3）讨论时间不超过 30 分钟，最后形成一致观点。

（4）选派一名代表陈述小组讨论的结果，时间不超过 5 分钟。

（5）最后，需要 10~15 名同学扮演应聘者的角色进行模拟面试，其中 10 位同学为应聘者，其余同学作为面试官进行打分。打分表如下：

评分点	权重	得分
思维逻辑性	30%	
沟通能力	30%	
组织能力	20%	
应变能力	20%	

3.实践指导

分析职位要求可得下列信息：总经理助理是一个需要有较强的沟通能力和逻辑思维能力的岗位，对信息处理能力、服务意识等综合能力都有较高的要求。因此，在这场无领导小组讨论中，不需要表现得像个领导者，应该更多表现出思维逻辑性和协调沟通能力。可在轮到自己发言时简要为大家提供思路，以"我们来分析一下……"开头，切忌先说答案。在讨论陷入困境时，可帮助大家理清思路，引导大家寻找答案。如果暂时没有好的想法，可以评价一下前几位发言者的发言，综合他们想法的长处。

4.自我检测

请根据下表内容进行自我检测，最低为 1 分，最高为 3 分，在表格对应的方框内打"√"。

检测点	1	2	3
（1）发言次数不少于平均水平。			
（2）发言时能保持镇定、自信与礼貌。			
（3）轮到我发言时，不会毫无头绪，至少能做到综合他人观点。			
（4）发言做到分析透彻，思路清晰，语言简洁。			
（5）在讨论出现分歧时，能帮助大家理清思路。			

续表

检测点	1	2	3
(6)当他人出现错误时,能善意提醒。			
(7)能带动气氛,把握时间。			

三、知识链接

十个经典面试问题回答思路①

　　面试过程中,面试官会向应聘者发问,而应聘者的回答将成为面试官考虑是否接受他的重要依据。对应聘者而言,了解这些问题背后的"猫腻"至关重要。本文对面试中经常出现的一些典型问题进行了整理,并给出相应的回答思路和参考答案。读者无须过分关注分析的细节,关键是要从这些分析中"悟"出面试的规律及回答问题的思维方式,实现"活学活用"。

　　问题一:"请你自我介绍一下"。

　　思路:

　　1.这是面试的必考题目;

　　2.介绍内容要与个人简历相一致;

　　3.表述方式上尽量口语化;

　　4.要切中要害,不谈无关、无用的内容;

　　5.条理要清晰,层次要分明;

　　6.事先最好以文字的形式写好背熟。

　　问题二:"谈谈你的家庭情况"。

　　思路:

　　1.对于了解应聘者的性格、观念、心态等有一定的作用,这是招聘单位问该问题的主要原因;

　　2.简单地罗列家庭人口;

　　3.宜强调温馨和睦的家庭氛围;

　　4.宜强调父母对自己教育的重视;

　　5.宜强调各位家庭成员的良好状况;

　　6.宜强调家庭成员对自己工作的支持;

　　7.宜强调自己对家庭的责任感。

---

① 来源:http://arts.51job.com/arts/05/336951.html。

120

问题三:"你有什么业余爱好?"

思路:

1.业余爱好能在一定程度上反映应聘者的性格、观念、心态,这是招聘单位问该问题的主要原因;

2.最好不要说自己没有业余爱好;

3.不要说自己有那些庸俗的、令人感觉不好的爱好;

4.最好不要说自己仅限于读书、听音乐、上网,否则可能令面试官怀疑应聘者性格孤僻;

5.最好能有一些户外的业余爱好来"点缀"你的形象。

问题四:"你最崇拜谁?"

思路:

1.最崇拜的人能在一定程度上反映应聘者的性格、观念、心态,这是面试官问该问题的主要原因;

2.不宜说自己谁都不崇拜;

3.不宜说崇拜自己;

4.不宜说崇拜一个虚幻的,或是不知名的人;

5.不宜说崇拜一个明显具有负面形象的人;

6.所崇拜的人人最好与自己所应聘的工作能"搭"上关系;

7.最好说出自己所崇拜的人的哪些品质、哪些思想感染着自己、鼓舞着自己。

问题五:"你的座右铭是什么?"

思路:

1.座右铭能在一定程度上反映应聘者的性格、观念、心态,这是面试官问这个问题的主要原因;

2.不宜说那些引起不好联想的座右铭;

3.不宜说那些太抽象的座右铭;

4.不宜说太长的座右铭;

5.座右铭最好能反映出自己某种优秀品质;

6.参考回答:"只为成功找方法,不为失败找借口"。

问题六:"谈谈你的缺点。"

思路:

1.不宜说自己没缺点;

2.不宜把那些明显的优点说成缺点;

3.不宜说出严重影响所应聘工作的缺点;

4.不宜说出令人不放心、不舒服的缺点;

5.可以说出一些对于所应聘工作"无关紧要"的缺点,甚至是一些表面上看是缺点,从工作的角度看却是优点的缺点。如过于追求完美等。

问题七:"谈一谈你的一次失败经历。"

思路:

1.不宜说自己没有失败的经历;

2.不宜把那些明显的成功说成是失败;

3.不宜说出严重影响所应聘工作的失败经历;

4.所谈经历的结果应是失败的;

5.宜说明失败之前自己曾信心百倍、尽心尽力;

6.说明仅仅是由于外在客观原因导致失败;

7.失败后自己很快振作起来,以更加饱满的热情面对以后的工作。

问题八:"你为什么选择我们公司?"

思路:

1.面试官试图从中了解你求职的动机、愿望及对此项工作的态度;

2.建议从行业、企业和岗位这三个角度来回答;

3.参考回答:"我十分看好贵公司所在的行业,我认为贵公司十分重视人才,而且这项工作很适合我,相信自己一定能做好。"

问题九:"对这项工作,你有哪些可预见的困难?"

思路:

1.不宜直接说出具体的困难,否则可能令对方怀疑应聘者不行;

2.可以尝试迂回战术,说出应聘者对困难所持有的态度,如"工作中出现一些困难是正常的,也是难免的,但是只要有坚忍不拔的毅力、良好的合作精神及事前周密而充分的准备,任何困难都是可以克服的"。

问题十:"如果我录用你,你将怎样开展工作?"

思路:

1.如果应聘者对于应聘的职位缺乏足够的了解,最好不要直接说出自己开展工作的具体办法;

2.可以尝试采用迂回战术来回答,如:"首先听取领导的指示和要求,然后就有关情况进行了解和熟悉,接下来制订一份近期的工作计划并报领导批准,最后根据计划开展工作。"

同一个面试问题并非只有一个答案,而同一个答案并不是在任何面试场合都有效,关键在于应聘者掌握了规律后,对面试的具体情况进行把握,有意识地揣摩面试官提出问题的心理动机,然后投其所好。

四、思考练习

1.查找资料,为自己在求职网站上找到一个合适的岗位,并做一份自我介绍和一张职位匹配表。

2.结合自己所学专业和掌握的技能,介绍自己的专业或技能的优势,并指出存在的劣势,分组进行模拟面试的练习。

3.一位舍友兴冲冲地向你介绍自己去某公司应聘行政助理职位的面试经历,其中一道面试题是"请介绍一下你的优点"。这位同学得意地说:"以我的口才,一口气说十个成语都不带喘气的! 克勤克俭啊,任劳任怨啊……"请你评价一下这位同学的回答。如果是你,会如何回答这个问题。

五、拓展阅读

1.王新宇.聘之有道:面试读心术[M].北京:机械工业出版社出版,2009.

2.应届生求职网.应届生求职面试全攻略[M].上海:上海交通大学出版社,2009.

3.杨萃先.这些道理没有人告诉过你[M].北京:北京联合出版公司,2012.

4. 雷凤.别怕,求职面试就这么简单[M].北京:清华大学出版社,2015.

5.威廉·庞德斯通.谁是谷歌想要的人才[M].闫佳,译.杭州:浙江人民出版社,2013.

图 3-3-2①

---

① 图 3-3-2 来源:http://finance.jrj.com.cn/2014/08/10094217777393.shtml? to=pc。

第四章　销售口才——按需展现商品特点

恭喜大家经过面试一关,离自己心仪的工作更近了一步。这一章我们将迎来终极挑战——销售口才。或许你会大惑不解:我心仪的工作并非当推销员啊!可是你有所不知:销售口才已经成了现代社会人才的必备技能,无论身处职场或创业经商,我们都需要具备这一技能。如果能够把自己的优势"销售"给用人单位,那么也就能将产品成功推销给客户,并使他们满意。下面我们就来一起探讨提高这一技能的具体方法。

一、理论指导

提起销售人员,大家可能会想到大街上突然拦住你的业务员、电话推销员,或是不停说着"欢迎光临,可以进来看看"的商店售货员,这些人似乎都希望通过种种手段,"拿"走顾客口袋里的钱。销售的入行门槛不高,但能真正理解销售的内涵、掌握销售的技巧、成为客户信赖对象的销售人员却比较稀缺。

一般认为,销售就是卖出商品获得钱款的交易行为,但其实销售也包括用专业知识帮助客户解决问题,让他们购买到合适的商品,促成交易的服务行为。除了专业知识外,销售者诚恳真挚的态度、热情周到的服务、耐心细致的讲解,能让客户得到"上帝"般的满足感,最终达成交易,甚至与客户建立长期的合作关系。因此,销售的实质是互利共赢,而非欺诈和胁迫。当下发展迅猛的零售业市场,尤其是大宗交易和长期合作更需要销售者提供优质的销售服务。

图 3-4-1①

在销售前,销售人员必须经过专业的培训,了解商品的特性、客户的心理和需求,掌握一定的销售技能等,其中,过硬的销售口才是销售成功的关键。下文将结合具体的销售情境和客户类型的特点,根据销售的一般过程,即接近顾客—同顾客交谈—介绍商品—处理顾客异议,分阶段阐述销售中的口才运用问题。

(一)接近顾客

销售的首要步骤是与顾客建立初步的人际关系,让他们愿意走近商品,以便销售人员介绍商品的特点。然而,要让素不相识的顾客放下戒备是一件很困难的事。昂德希尔在《消费心理学》中总结了观、闻、触、尝等感官感受对购买产生的巨大推动作用②。很多销售人员能熟练运

---

① 图 3-4-1 来源:https://www.vcg.com/creative/1002258716。
② 帕科·昂德希尔.顾客为什么购买[M].缪青青,刘尚焱,译.北京:中信出版社,2016:91.

用这一方法,如榨汁机推销员会通过吆喝和现场操作招揽顾客并请他们品尝果汁;化妆品店不但香气袭人,导购员还会热情邀请顾客试用产品。假设销售人员摆出"非买勿扰"的表情,那么即使是诱人的鲜榨果汁和漂亮的唇彩也会失去吸引力。可见,销售人员的表现直接影响着我们对商品的感性认识和购物体验。不同类型的销售人员接近顾客的方式各有不同。

1.卖场销售

日常人际沟通往往是以问候开启的,而非"欢迎光临"。卖场销售人员根据时段和顾客特点,会灵活运用问候方式:面对年轻顾客语速轻快;对老人则语速较慢;对孩子要和蔼可亲,销售人员友好的态度能通过孩子传递给家长,销售人员也能借助孩子的反应和家长搭话。如果顾客对销售人员的问候给予回应,销售人员则可再简短地介绍他们可能关心的商品打折、新到货品的信息。对回避销售人员的顾客,销售人员可采用日常的人际沟通方式,避免表现出推销意图。而对正在挑选商品的客人,销售人员通过适时提供购物篮或商品传单就能知道他们是否需要帮助①。

许多销售人员都明白与大客户成交能迅速提高销售业绩,但若只顾着和看起来更有购买力的顾客攀谈而冷落其他客户,那么销售人员的表现一定会被其他顾客注意到并留下不良印象。重视每一位顾客,微笑打招呼就是最好的接近顾客的方式。

2.上门销售

对保险类非实体商品和机械类大型商品而言,如非迫切需要,客户很少主动购买,并且因为投入资金较多,使用周期较长的缘故,客户的戒备心理也较强。这类商品多靠销售人员上门推销。在上门之前,销售人员需要和对方进行通话,了解对方的购买意向,约定见面时间。电话接通后,销售人员首先要进行自我介绍,询问客户是否方便接听电话。如果不方便,则需与客户约定下一次通话时间。如果客户愿意继续接听,销售人员可以顺势借助与客户利益相关的问题引起对方的兴趣。下一步,销售人员需要说明致电缘由,并站在客户的角度,灵活运用FAB利益销售法则说明产品特色和优势。"FAB"指Feature(商品属性)、Advantage(商品优势)、Benefit(客户利益),例如:"我们的机器采用全合金部件(商品属性),运用了德国先进技术制造(商品优势),您使用和养护都很方便(客户利益)。"如果客户愿意见面,那销售就已经成功了一半。

第一次约见最好不要立刻谈论商品,可以用一些和客户利益、兴趣相关的话题,逐渐将对方的注意力吸引到所售商品上。如:"您孩子快要上小学了吧?孩子在学校的健康最让家长担心,如果有一份保障计划就好多了……"同时,销售人员也需要根据客户的反应,灵活调整引入商品的时间。

(二)同顾客交谈

全球著名的销售大师尼尔·雷克汉姆通过调查发现:在销售中,从第一次与客户见面到

---

① 河濑和幸.99%的人都用错了销售技巧:日本销售大王让你业绩翻5倍[M].李娟,译.苏州:古吴轩出版社,2011:8-21.

最后签单,销售人员与客户会面的总时长约为 38.4 小时,其中谈论产品本身的话题仅用时约 3.9 小时,占总用时的 10.2%;其余均为非正式话题,即闲聊的内容①。聊天的目的不仅是为了获取客户的信息,更是为了促进相互间情感的交流。在交谈过程中,需把客户作为中心话题,以请教开头,用开放式问题引导顾客道出自身的需求。其中,有三点值得我们特别注意,那就是聆听、夸赞和询问。

(1)聆听。卖货也就是卖"心",对客户真诚才能获得信任,同时,给客户表现自我的机会能让他们收获满足感。在聆听客户时,需多注意他们的想法,适当表示回应,如微笑、点头、发问等。聆听能帮助销售人员了解客户的核心需求,找到销售的突破口。

(2)夸赞。在谈话中适时夸赞客户能拉近距离。观察客户的特点,找到最突出的一两处进行赞美。如:"您采购了不少东西啊,都是自己家用的吗?""是买给长辈的啊!您真孝顺!我每次都不知道买什么好,您有什么好建议吗?""您真细心,考虑得真周到,家里有这样的小辈实在太幸福了。"

(3)询问。建立良好的沟通后,需及时把话题转向询问客户的需求方面。此时可以询问其购物的目的和具体的需求,方便为客户进行个性化的介绍。询问多用开放式的提问,让客户自己将购物目的和盘托出。开放式问题可分为"谁、什么、哪里、什么时候、如何、为什么"几类②。销售人员可用这些问题明确客户的需求。

(三)介绍商品③

通过探询了解顾客的购买目的后,就可转向商品的介绍。在对产品特点了如指掌的前提下,可依照"樱桃树销售法"④,即根据不同类型顾客的核心需求为顾客制定个性化的产品介绍。常见的顾客类型有以下五种:

1.感性型顾客

销售学中有一句话:"人们做出感性的决策,然后为它寻找理性的理由。"⑤对感性的顾客而言,情感满足的需要是他们的"软肋"。在介绍商品时,可多为顾客的利益着想,从细节上提升顾客的购物体验,这样就能事半功倍。另外,一段能挑起他们感情的商品故事,如品牌创业故事、创作灵感来源的介绍等也很有帮助。例如:"多喝牛奶能促进钙质吸收,还能帮助睡眠,对老年人身体很好。您带一箱牛奶回去,一定会被长辈夸奖的。"这一介绍不仅清晰表达了商品的作用,还预示了顾客购买商品后可能获得的源自他人赞美的情感满足,容易打动感性型顾客。

2.简朴型顾客

简朴型顾客需要的是物超所值的产品。因此,向他们介绍商品时,销售人员需要在肯定

---

① 宋犀堃.销售就是要会聊天[M].北京:北京联合出版公司,2017:1.
② 哈里·弗里德曼.销售洗脑[M].施轶,译.北京:中信出版社,2016:86-88.
③ 王俊峰.每天学点销售心理学[M].北京:石油工业出版社,2013:57-820.
④ 详见"知识链接"第一部分。
⑤ 徐强.面试加分项[M].杭州:浙江出版集团数字传媒有限公司,2016:68.

商品高价值的基础上强调其价格合理。商品的高价值可表现为：品质保证、使用时间与售后服务等。价格合理可表现为：在使用时间内每天、每月付出的成本及分期付款和低利息等。如能在商品介绍的最后给顾客一个折扣，这类顾客就很容易进行消费。例如："这个面霜您看着贵，但分量很足，整整可以用一年啊！合计下来一天才5块钱，就能让皮肤细细滑滑的，多合算！"这一介绍将商品的使用成本细化为每天的支出额度，突出了商品价格合理的特性。

3.干练型顾客

干练型顾客对商品特性和推销模式有一定的了解，较有主见。面对这类顾客，开门见山的介绍更有效果，如选择产品的重点优势进行介绍，对商品的缺陷不过分隐瞒等。介绍语言需简洁、专业。当顾客提出自己想法的时候，销售人员需认真聆听，不急于反驳。若顾客的认知有误，销售人员则需摆出充分的理据使其信服。如："您说得没错，这款车动力很强的原因之一是使用了合成材料，因此车身自重较轻，启动较为迅速。同时，这款车的安全性能过硬，车身框架部分都经过检测，绝对能在关键时刻做到不变形、抗撞击。我给您看看我们车子的撞击实验视频？"这一介绍中的检测报告、实验视频较有说服力，能让顾客对商品的安全性放心。

4.虚荣型顾客

虚荣型顾客喜欢被他人赞美，但这并不表示销售人员一遇见这类顾客就要夸个不停。销售人员需要仔细观察和倾听这类顾客，发现他们引以为豪之处，以便在介绍商品时从他们的优点出发，描述事实并附上真诚的赞美。只有用商品的特点匹配顾客的优点，才能夸到顾客的心坎里。如果顾客经济能力较强，可以介绍品质更高的商品供其选择，例如："阿姨您的身材这么好，完全不输给年轻人啊！这款旗袍穿在您身上，韵味比小姑娘还好。我们这里还有一款云锦旗袍您要不试试？是顶级面料，保证能让您艳压群芳！"这里，销售人员发现了顾客的身材优势，在真诚的赞美之后，推荐了更高品质的商品供顾客挑选。

5.独特型顾客

独特型客户在消费习惯上有独特的偏好，强行向其介绍产品反而会招致反感。针对这类顾客，销售人员需从客户需求入手，确认产品能满足客户的使用需求，并用充分的论据证明商品比顾客原先使用的商品还具有优势。例如："我了解了，您原来的手表走时精准、耐磨实用，想找一块差不多的是吧？您看看这块，十年误差不超过一秒，还不用每天调整，只需要戴着就能自动上发条。表带是不锈钢的，很耐磨。"这里，销售人员利用客观数据展现了商品的优势，也照顾到了顾客的需求。

(四)处理顾客异议

这里主要指顾客对产品产生的异议。顾客在买下商品之前会经过几番斟酌，甚至在成交关头以各种理由推脱，如想再看看、价格太高等。一般情况下，产生异议是由于顾客对销售人员缺乏信任或是认为产品与价值不匹配。无论异议是否合理，销售人员都不能和顾客争辩，应先听完顾客的抱怨，了解顾客的想法；接着，承认异议，表示理解顾客的感受,并请求顾客倾听销售人员解释;然后,围绕商品的各种特性询问顾客是否满意,了解异议的来源;最后给出解决方案①。如果是价格异议,可给出商品物有所值的充分理由,提供给顾客一个价位稍低的商品进行比较或是提供分期付款的支付方式。如果是质量异议,可让顾客亲身感受产品,或是给出质量承诺。直到客户不再提出异议,才可以询问客户是否愿意成交。

在促使成交的过程中,可以采用以下两种方式进行销售:一是制造期待,向顾客生动地描述使用商品后的效果并加以赞美,令顾客脑海中产生想象的画面,增强顾客对购买商品的期待,这种方法较为常用;二是制造焦虑,说明商品数量较少,优惠时间有限,需要见效时间等内容能够引起顾客对商品的渴求和焦虑,使用这种方式需注意语气要温和,避免逼迫感。另外,利用从众心理和给予优惠等方式也能促进成交。

"交易虽然结束,服务才刚开始。"同许多电商打出的宣传语一样,交易结束后,与顾客建立长期的售后联系是一名销售人员的必备素养,包括对客户的定期回访、发送优惠信息等方式,能带来更多的客户资源。如果顾客反悔或是产生使用问题,销售人员需要在安抚顾客的情绪之后,帮助顾客找到合理的解决方案。正如奥美定律所言:"把客户当作上帝一样服务,客户就会关照你的生意。"②

指导笔记

```
                                    ┌─ 打招呼
                        1.接近顾客 ─┤
                                    └─ 电话约见

                                    ┌─ 聆听
                        2.聊天    ─┼─ 夸赞
                                    └─ 询问

                                    ┌─ 感性型顾客
                                    ├─ 简朴型顾客
    销售口才  ──────────  3.介绍商品 ─┼─ 干练型顾客
                                    ├─ 虚荣型顾客
                                    └─ 独特型顾客

                                    ┌─ 理解
                        4.处理顾客异议 ┼─ 倾听
                                    ├─ 询问
                                    └─ 解决

                                    ┌─ 制造期待
                        5.促进成交 ─┤
                                    └─ 制造焦虑
```

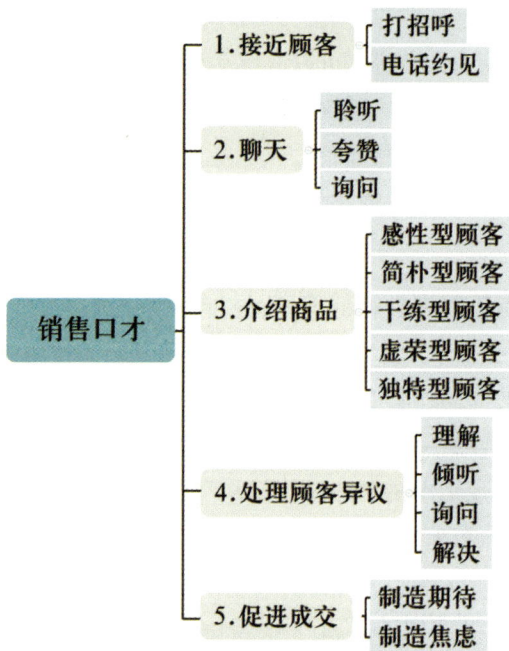

① 哈里·弗里德曼.销售洗脑[M].施轶,译.北京:中信出版社,2016:194-197.
② 王俊峰.每天学点销售心理学[M].北京:石油工业出版社,2013:119.

总结反馈

请用完整的句子回答以下问题,这些问题涵盖了上述"理论指导"的大多数重要内容。如果无法回答其中的某个问题,你需要重新阅读上述内容。

1.在卖场销售中,如何迅速与顾客拉近关系?

_____

2.连线题:

根据左侧不同客户的类型,找到右侧介绍商品的正确方式,并用直线将两者连接起来。

感性型顾客	着重介绍商品物超所值。
虚荣型顾客	介绍商品的突出优势,不掩盖缺陷。
个性型顾客	把顾客的优点和商品特色结合起来。
简朴型顾客	把顾客的购物体验和商品特点结合起来。
干练型顾客	找到顾客需求,再介绍商品优势。

3.辨析题:

请对下一论述进行正误辨析,并说明判断理由。

如果顾客对商品有异议,销售人员要立刻指出顾客认识上的错误。

二、实践运用

【实践一】

1.实践场景

来自浙江绍兴的小周在毕业后决定创业。他觉得家乡物产丰富,风味极具特色,现代化的培育加工技术和精美的设计包装,再加上浙江省特产的名气,家乡的特产一定能获得全国消费者的喜爱。于是,他带着野菜干、笋干、黄花麦果点心和黄酒这几件特色产品到北京参加商品展销会,打出了"浙东美食"的招牌等待顾客的光临,但一整天只卖出了少量笋干和几瓶黄酒。参加展销会的消费者中老年人居多,许多老年人表示没有接触过这些"浙东美食",不知道如何烹饪食用;也有消费者觉得南北口味差异较大,这些商品要在北方城市打开市场有一定难度;还有顾客认为风干的蔬菜不够新鲜,风味肯定不好,质量没法保证;还有人提出要降低商品价格。小周听后非常失望:难道真如大家所言,商品卖不出去了吗? 此时有人建议小周转换思路,采用更加恰当的销售策略销售产品。

2.实践要求

(1)采用分组讨论形式,设计销售场景并进行角色扮演:每个小组中,一位组员扮演小周,其余组员扮演老年消费者。

(2)设想至少两种接近顾客的方式和至少两个同顾客可以交谈的话题。

(3)分析顾客的类型,设计2~3种产品介绍的方式。

(4)面对实践场景中不同顾客提出的异议,请分析、讨论相应的应对策略。

(5)小部分老年人对商品没有异议,但仍在犹豫,请用合适的表达方式促使成交。

3.实践指导

小周销售的是食物类产品,销售对象大多为老年人。根据这些信息,可从以下几方面进行销售:

首先,可利用食物本身的色、香、味招揽顾客。

小周可以把一些浙江特产在现场烹饪成菜肴,吸引顾客观看和品尝。在顾客品尝时询问其感受,并尝试用老年顾客关注的话题同其交谈,然后再介绍产品。

其次,注意采取相应的方式应对特定类型的顾客。

在周作人的散文《故乡的野菜》①中,北京菜市场销售的野菜勾起了作者对故乡的回忆。作者通过回忆自己儿时采摘、烹饪和食用野菜的经历,结合地方风俗和典故,让读者觉得普通的野菜回味无穷;并与其他地方类似的土产相比较,突出了家乡风味的特色,充满知识性、文化性和淳朴的风俗意趣。小周在对感性型客人介绍商品的时,就可借鉴这一介绍方式,将产品与浙东风俗结合。

面对个性型顾客,不能正面与客人交锋,而要旁敲侧击,使顾客说出自己对商品的要求,然后与自己的商品对应,最后突出销售商品的优势,如干野菜风味更浓郁,更易保存。

最后,面对客人异议,应先表示理解顾客的感受,然后咨询顾客不满意之处,拿出充分的论据或带顾客亲自体验,最终使顾客信服,促成交易。

4.自我检测

请根据以下检测内容为自己的销售表现打分。最低1分,最高3分。

检测点	是	否
(1)能用有效的方式接近顾客。		
(2)能找到合适的话题与顾客交谈,了解顾客的消费需求。		
(3)介绍商品时能针对不同顾客的需求,制定个性化的讲解内容。		
(4)顾客表示异议时,能保持冷静,并最终消除异议。		
(5)顾客购买了商品,并对销售方式表示满意。		

【实践二】

1.实践场景

你在某知名度一般的日系品牌汽车销售服务中心工作。这家4S店提供中、高档的

① 金秋萍,陆家桂.大学语文[M].上海:上海交通大学出版社,2017:117-118.

合资和进口汽车,主推轿车和SUV两种车型。近期,该品牌厂家面向20~40岁人群力推一款合资小型SUV,主推造型别致、动力强劲、省油和舒适四个特点;有金、银、红、蓝、棕、白六色可选;根据不同档次的配置,价格为22~25万;该车型最近有免息贷款优惠活动,并且由于排量不大,也在今年即将到期的国家汽车节能补贴政策的范围内。你自己已经购置了一辆,使用后觉得非常满意。今天有一家三口到店咨询,你负责接待。父母想给刚工作不久的儿子购买一辆上班代步车。你刚开口准备介绍,这位父亲就说自己已经从网上了解了不少相关信息,今天就想到现场看看。儿子年轻时尚,表示这款车不是很符合自己的预期,希望分期付款购买某热门美系品牌的轿车。你研究过那个牌子的车,虽然造型时尚,但比较耗油,日常养护的成本也很高。母亲表示自己不懂车,就希望车子安全舒适,价格最好在20万元以下。通过交谈你还了解到,这家人已有一辆8年车龄的中档轿车,每年有去外地旅游探亲的习惯,比较追求生活品质。在了解了客户的所有信息后,你觉得今天有望达成交易。

2.实践要求

(1)采用分组讨论形式,分角色演示销售过程:每组选派代表分别扮演实践场景中的父母、儿子和4S店销售人员。准备时间为30分钟,演示时间为10~15分钟。

(2)可为扮演的角色适当虚构个人信息,如儿子的职业信息、父亲的驾车习惯、母亲的个人爱好等。

(3)构想双方可能会交流的问题。

(4)根据三位家庭成员不同的需求,为他们分别进行汽车特点的介绍。

(5)针对三位家庭成员不同的情况,分别从性能、款式、安全性、价格几个方面回应顾客的异议。可在网上寻找一些数据和专业术语作为参考。

(6)设计促进成交的销售策略。

(7)拟定和顾客建立长期合作关系的售后方案,让他们今后在维护保养和买车问题上都愿意和销售人员联系。

3.实践指导

根据同这家人的交谈记录,可先分析家庭成员各自所属的顾客类型。随后,针对不同类型的顾客,制定相应的销售策略。如对案例中儿子这样的虚荣型加独特型的顾客,可以用赞美的方式来接近,再通过询问的方式了解客户的需求,最后对应商品的特点,通过数据等充分的论据突出商品优势。切不可打击客户,强硬纠正其看法。也可以尝试介绍高档配置或车型,试探顾客意愿。对母亲这样的简朴型及感性型顾客,可先打感情牌,后谈价格。最后给出优惠条件,增加顾客的购买意向。

面对顾客异议,要先表示理解,然后找到异议来源,最后给出解释或解决方案。如顾客担心日系车材料质量不好,安全性有问题。可先承认日系车确实较多地采用了轻便材料,但在关键部位的材料通过了各种检测,质量过硬。采用轻便材料也使得汽车比较省油。

如果顾客对车没有其他问题,就可试着促进成交。通过强调款式新颖、品质保证、贷款优惠等方式,促使客户购买。

4.自我检测

请根据以下检测内容为自己的销售表现打分。最低 1 分,最高 3 分。

检测点	1	2	3
(1)能与顾客愉快地交谈,获得顾客的需求信息。			
(2)面对干练型顾客,能用简洁专业的语言有重点地介绍产品特点和缺陷。			
(3)面对虚荣型和个性型顾客,能满足其自尊心和虚荣心,从其具体的需求入手,让顾客接受新产品。			
(4)面对感性型和简朴型顾客,能照顾其购物体验,用强调性价比或给予优惠等方式促进成交。			
(5)面对客户异议,能冷静对待,寻找异议来源,用充分的论据或恰当的方案解除顾客的不满。			
(6)能用恰当的方式促进成交,并提示顾客其他购买信息。			

三、知识链接

(一)樱桃树销售法[①]

你会因为一棵樱桃树而买一栋房子吗? 你会因为一个漂亮的瓶子而买一瓶饮料吗? 你会因为一个很特别的包装而买这个产品吗? 这是一个樱桃树的故事,更是一个销售的经典案例。

一位销售人员带着一对夫妻来买房子,一进门,太太惊呼:"天哪,好大一棵樱桃树哦!"原来,院子里长着一大株樱桃树,碰巧这家太太特别爱吃樱桃。先生当然也了解太太的这个爱好,忙使眼色:别声张! 虽然这样,还是被精明的销售人员发现了。于是从看房子开始,出于消费习惯,先生和太太极力地挑着房子的问题:"客厅不够大哦!"销售人员也如实说明:"是的,客厅面积偏小一点点。但是您想想,每年春天的时候,院子里那棵樱桃树开满鲜花,您甚至可以和您的太太一起在院子,沐浴花香,感受微风拂面,多么浪漫和惬意啊!"太太一望先生,眼神中充满了爱意。销售人员继续说道:"我都不敢想象,春天闻不到满院子的花香,生活将会失去多少乐趣啊!"

先生于是继续找问题:"厨房这个窗户有点问题呢。"销售人员:"是,但是您想想:您太太在厨房做饭的时候,一透过窗户就能看到院子里那棵樱桃树,一开窗户甚至能摘到树上的樱桃,这样连做饭也成了一件愉快的事情!"太太听了,会心地笑了。销售人员继续说道:"我都不敢想象,如果窗外没有一棵樱桃树,做饭将会是一件多么枯燥的事情!"先生不甘心,来到卧室,继续挑着问题:"卧室通风不是特别好,有点闷呢。"销

---

① 文章来源:https://www.douban.com/note/565812323/。

售人员："不开窗户是显得有点闷了,不过您想想,当炎热的夏天到来的时候,别的家庭都要忍受酷热,而您的一家可以搬上摇椅,就在院子里那棵樱桃树下,乘凉、晚餐、数星星……和孩子们享受天伦之乐,是一件多么让人羡慕的事情啊!"接着销售人员又说道:"我几乎不敢想象,没有这棵樱桃树,您一家人在夏天将失去好多乐趣!"

于是就这样,先生挑了一圈房子的问题,而销售人员总是提示他们,来这里住,是件多么让人愉快的事情。最后的结果,想必大家都猜到了吧,这位先生和太太喜欢上了这套房子,购买了下来,而且很憧憬未来在这里的生活,于是,一次愉快的交易达成了。

从这种销售方法我们不难看出,在销售产品的过程中,如果一直把握客户最感兴趣的点,相对比较容易实现销售。

(二)超级推销口才:"六点攻心术"①

为什么营销口才如此重要? 这是因为在与客户面谈的时候,我们的谈话技巧、推销口才的技巧都是订单成功与否的重要因素。那么,要怎样才能轻松攻破客户的内心,完成交易呢? 下面和大家分享几个重要的技巧:

1.10秒之内找到共同点。共同点是人们沟通交流的基础。把谈话建立在相同的兴趣爱好上,相互间的交流就会变得轻松自如,彼此之间的距离也会更加接近,推销就容易成功。人与人之间的共同点是非常多的,只要细心留意总能找到共同点。

(1)察言观色寻找共同点。一个人的心理状态、精神追求、生活爱好等都或多或少地在他们的表情、服饰、谈吐、举止等方面有所体现。只要多观察,就会发现共同点。

(2)以话题试探寻找共同点。比如老乡、同学、战友、同行、同样的爱好等共同点都是拉近买卖双方距离的最好的纽带。

(3)善于通过其他渠道,比如听人介绍等方式发现共同点。

2.对自己的产品多熟悉一点。充分熟悉自己的产品,才能对顾客的探询应对自如。试想如果对自己的产品都不熟悉也没有信心,怎能把产品推销出去呢? 不光要熟悉自己的产品,同类产品、相关联产品都要熟悉,这样才能更好地为顾客服务,赢得顾客的信赖。顾客要买家具,而你只是卖床垫的,如果能对家具也了如指掌,那么你就可以根据对方购买的家具推荐恰当的床垫,或是推荐自己的床垫再建议对方配什么样的家具,顾客自然会更信赖你。

3.充分了解对方真正的需求点。空调有若干个卖点。单位去选空调,也许注重的是净化空气或低音的功能,而不太注重价格。而一个工薪家庭去购买空调,你向他着重介绍该空调是如何净化空气,是如何增氧等,他可能一点儿也不感兴趣。他真正的需求点或许是价格。

4.多向顾客介绍一些卖点。也许你向顾客推荐的所有卖点都不是他真正的需求

① 文章来源:http://www.chuandong.com/news/news.aspx? id=164181。

点,所以你要尽量多地介绍你的卖点,说不定下一个卖点就是他的需求点。

5.保留一个压轴点是最后的推销攻关策略。在顾客即将成交但还在犹豫时,你再向顾客推荐一个压轴方案往往能起到"临门一脚"的作用。一般采用公布价格的策略能起到很好的效果。其中最为广泛使用的是"汉堡策略":即一开始先推荐一些真正的卖点,再公布价格,最后商谈阶段,再在此价格基础上增加一个卖点,让顾客有超值的感受。

6.赞美多一点,真诚多一点。赞美是永恒的、不花钱的礼物,但要保持一颗真诚的心。诚信永远是推销之本。

四、思考练习

1.学校正组织开展读书节活动,请自由选择一位亲友,向其推荐自己喜欢的一本书。推荐时需要根据推荐对象不同的个性和需求,介绍书的特点,让其产生阅读或购买的兴趣。试撰写推销策略。

2.王女士在商场看到了朋友购买的某奢侈品牌的皮靴,商品的款式非常新颖,当天还有优惠活动,于是她进店试穿。当销售人员试探成交时,王女士说她的朋友也买了一双,只在逛街的时候穿了两次,就发现内衬掉色严重,鞋底大面积磨损,因此购买的意愿不强。商场销售人员不客气地表示:真皮内衬掉色很正常,而且奢侈品鞋履不适合长时间逛街行走,不需要这么少见多怪,穿不起可以不买。王女士听后非常生气,当场就离开了。请分析这一场景中销售人员的回应存在的具体问题。如果你是销售人员,应该如何应对王女士对商品的质疑?

3.到实体店与商店售货员交流或在网上与电商客服交流,向他们咨询商品信息,对商品提出质疑和反馈,观察和体会他们在客户沟通、解答问题、最终成交的一系列过程中使用的技巧,同时总结其存在的不足之处,最后在小组内和同学进行交流和讨论,形成总结报告。

五、拓展阅读

1.河濑和幸.99%的人都用错了销售技巧:日本销售大王让你业绩翻5倍[M].李娟,译.苏州:古吴轩出版社,2011.

2.郑一群.超有效的10堂销售口才课[M].长沙:湖南科学技术出版社,2014.

3.帕科·昂德希尔.顾客为什么购买[M].缪青青,刘尚焱,译.北京:中信出版社,2016.

4.诺瓦尔·霍金斯.销售圣经[M].刘伟,译.北京:现代出版社;2016.

5.哈里·弗里德曼.销售洗脑[M].施轶,译.北京:中信出版社,2016.

第四部分　管理决策

🍎【导言】

　　各位同学,欢迎来到第四关——管理决策环节。你在之前三部分的学习与实践中,已经掌握了信息、口语和写作的运用技能。那么如何综合运用这些技能,在工作当中取得更好的表现,在工作竞争中拔得头筹呢? 在这部分的学习中,你将会掌握管理决策能力,帮助你实现大学生与社会人身份的华丽转变。本部分的训练将会分成四步,首先从自我管理能力开始,扩展到沟通协调能力,再延伸至团队管理能力,最后锻炼出领导决策能力。相信同学们通过这四个部分的锤炼,一定可以在班级、社团、学校乃至未来工作中,都成为一个管理小能手。

第一章　自我管理——万丈高楼平地起

　　什么是自我管理? 所谓管理,就是在特定的环境下,对组织所拥有的资源进行有效的计划、组织、领导和控制,以完成既定的组织目标的过程[①]。我们的社会是组织的集合,社会工作目标的完成需要协同合作,管理就成为了最基本的社会活动之一,随着社会经济的发展和组织的扩大,管理的重要性越发突显。下面来探讨管理决策中的第一个步骤——自我管理。

图 4-1-1[②]

---

① 王凤彬,李东.管理学[M].北京:中国人民大学出版社,2011:6.

② 图 4-1-1 来源:https://timgsa.baidu.com/timg? image&quality = 80&size = b9999 _ 10000&sec = 1519501367432&di = 73b756f9286f0e29924fac00969ff806&imgtype = 0&src = http% 3A% 2F% 2Fwww. kaizencn.cn%2Fupload%2Fpic%2F2016101278693825.JPG。

一、理论指导

《论语》中有一篇文章《季氏将伐颛臾》[①]，从中可以认识到孔子"以礼治国，为政以德"的政治主张和"破中有立"的驳论技巧，同时还能吸收到管理的营养。那《季氏将伐颛臾》体现了孔子什么样的管理主张呢？孔子认定，发动战事冉求应负主要责任。"陈力就列，不能者止"是指：跟着领导，领导有不对的地方不敢指出，工作不称职，就不要做这份工作，更危险的是失去了自己的口碑，自己的固有利益都可能守不住，这便是管理的失误。所以孔子认为管理应当从自身开始，这是古代关于"自我管理"思想的论述。

自我管理这个词大家一定不陌生，高中时期、大学阶段乃至工作中，我们经常可以听到关于自我管理能力的知识，甚至各领域已经有了专门的素质拓展课程和培训来帮人们提升自我管理的能力。关于自我管理的既有研究主要集中于三大领域：临床医学、教育领域、工商业领域。那么我们所说的自我管理属于哪个领域呢？它是后两者的结合，即个人或组织对自己的各方面进行系统的管理，通过管理自我、约束自我、激励自我，提高学习与生产的效率，促进个人和组织的发展进步，达成目标。

自我管理的主要内容可以分为以下几点：

(一)心态管理

美国行为科学家保罗·赫塞做过一个研究，他总结出：成功＝心态×能力[②]。心态即心理状态，就是面对一件事情，是积极还是消极的态度。常言道"胜不骄，败不馁"，说的就是一种心态。首先，心态伴同动机，驱使着行为；其次，心态调整压力、疲倦、兴奋和躁动，影响着行动；最后，心态关联情绪，引领下一个行动。

在学习和工作中，好的心态总是会带来自信、和谐的人际关系和高效的结果，而消极的心态则会把结果引向天平失利的一端。积极的心态包括：了解自身优缺点，对他人有同理心，时常自我反省，敢于面对困难，勇于承担责任，热爱生活等。相反消极的心态包括：情绪容易受环境影响，易于推卸责任，总是关注灰暗面，害怕面对失败等。那么，如何保持积极的心态？每个人都有调整自己心态的方式，下面介绍两个易于操作的方法：

(1)"心态转换法"，即学会看积极面：同一件事情转换心态向最优结果暗示激励，就能够把事情引向好的发展方向。有一个故事：一个秀才进京赶考，考前晚上做了个梦，梦到自己在墙上种菜；下雨的时候自己又戴斗笠又打伞。算命先生说：墙上种菜你白费劲，戴斗笠打伞你多此一举。秀才听了很沮丧，打算回家，住店老板却笑笑说：墙上种菜是高中(种)呀，戴斗笠打伞是有备无患。秀才听了老板的话精神大振，后来中了探花。这个故事启示我们：面对一件事情，我们要善于发掘对自己有利的信息，自我鼓励，通过正面暗示激发自信。

---

① 金秋萍,陆家桂.大学语文[M].上海:上海交通大学出版社,2017:49.
② 柳茜.员工心态管理助力企业发展[J].企业文明,2016(2):62-63.

（2）情绪疗法：情绪疗法 ABC 理论由美国心理学家埃利斯创建[①]，其中：

A 指：激发事件（activating event）；

B 指：信念（belief）；

C 指：情绪和行为后果（consequence）。

我们通常认为情绪和行为结果是由事件引起的，即 A 引发 C，但 ABC 理论认为 A 是间接原因，而 B——我们对诱发事件所持信念、看法才是引起我们情绪及行为的更直接起因。一些不合理的想法才是我们产生情绪困扰的真正原因，如以偏概全，把偶然的失利看成一种必然："我一到考试总是会出点小意外，这次恐怕也一样。"又如极致糟糕的就是，把事件的消极因素挑出来，把问题往最坏的地方放大："我是个运气特别差的人。"再如过分绝对："四级考不过我的人生就彻底完了。"导致不良结果的原因正是这些不合理的想法而不是事件本身。所以对应的方法就是反观自身，找出对事件认识上的错误，摆正观念，避免由成见导致的失败。

（二）目标管理

我们都很熟悉"目标"这个词，它在生活中极其常见。目标的本意原是射击或预设的对象，现在它广泛用于社会生活的各个领域，指我们想要达到的目的。高尔基说过："不知道明天该做何事的人，是很不幸的。"一个人如果没有目标，形同没有方向的箭，不可能产生任何好的结果，所以，管理学中把目标管理亦称"成果管理"，下面介绍两种目标管理方法。

（1）组合目标法：即设置终极目标、阶段目标、短期目标。这是最简单的目标管理法，适用于管理过程的任何时期。终极目标指奋斗的大方向；短期目标指有效的动力和计划；而阶段目标，是对成果的小结和工作节奏的调整。下面举例进行说明：大三学生小敏，根据自己的兴趣和对未来的设计，给自己设立的大学终极目标是考上心仪学校的硕士研究生；阶段目标是本学期通过六级考试，以验证英语的水平，为考研做准备；短期目标则是一个月看完三本指定书目并做好复习笔记。这种组合目标法既容易操作，又使用范围广，也便于检验。

（2）目标设置 SMART 原则[②]：SMART（S 指 Specific，M 指 Measurable，A 指 Attainable，R 指 Relevant，T 指 Time-bound）意为：目标设置是明确的、可测量的、可达到的、有相关性的、有时间表的。参照以上五条来设置目标，目标就不会空而大，避免了难以落实和检验的状况发生。如什么是优质的前台电话系统维护服务？"优质"这个概念是模糊的，但如设置为"正常工作时间内 4 小时响应"则具体又明确。

（三）时间管理

关于珍惜时间的名言有很多。鲁迅先生说："时间就是生命。无端空耗别人的时间，其实无异于谋财害命。"又如"逝者如斯夫，不舍昼夜""一寸光阴一寸金"等，都在昭示时间的宝贵。但在生活和工作中，在设定目标、制订计划、工作组织、每日安排和信息沟通这些环节都容易无故损耗时间，即使有恰当的安排也会因为事必躬亲、条理不清、欠缺自律、不会拒绝

---

① 理论参考来源：http://wiki.mbalib.com/wiki/情绪 ABC。

② 理论参考来源：http://wiki.mbalib.com/wiki/SMART 原则。

等原因造成时间的浪费。下面介绍有效进行时间管理的三种方法：

（1）理清现状、抓大放小。面对复杂的环境、繁多的任务、迫在眉睫的任务截止期等，我们常常会感到焦头烂额。遇到这种情况应该对目标和环境先做充分的分析(具体可参考本章知识链接"四象限原理"和"二八原则")，对计划的事情进行优先排列和筛选，对轻重缓急有个选择，避免一直处于"救火扑火"的忙乱之中。

（2）GTD时间管理法。GTD(Getting Things Done)是著名时间管理人戴维·艾伦提出的一套时间管理方法，具体做法可以分成收集、整理、组织、回顾与行动五个步骤①。首先是清理自己的桌面，清空大脑，只把最重要的任务罗列出来。其次组织下一步任务清单，一次只处理一件事情，如果2分钟内可以实施则马上实施，如不行，再想后续的行动或交给他人。随后，列出日程表、列出项目清单、准备材料。之后，回顾日程表、检查好行动清单。最后，行动时要注意自身环境和对工具的利用，利用碎片时间并时刻提醒自己目标和责任。目前的智能手机已经出了很多与GTD相关的管理软件，可以尝试使用，以便更好地进行时间管理。

（3）利用零散时间。学会使用零散的时间，如把握等候的时间，控制聊天的时间；认清大量的网络无用信息，过滤被动信息转变为主动搜集信息，改掉在网络中无目的漫游的习惯；礼貌拒绝无端的打扰和无谓的人际关系往来；学会同时做两件事等。将生活中琐碎的时间累积起来也会变成一笔财富。

（四）过程管理

俗话说："计划赶不上变化"，即实际生活和工作中有了好的目标和计划，变化会影响过程，带来无法预计的结果。在自我管理中，把握好过程就能胜利在望。如何在一个事件过程中调节压力、调整计划、更新知识、应对变化呢？可以参照PDCA循环过程管理法②。

PDCA(plan-do-check-act)循环，又称为戴明循环，是质量管理大师戴明在休哈特统计过程控制思想基础上提出的，包括过程策划、计划(P)，过程实施、行动(D)，过程监测、检查(C)，过程改进、处理(A)。此方法既适用于企业的业务管理，也适用于个人的自我管理。在进行自我管理时，我们可以按照PDCA循环

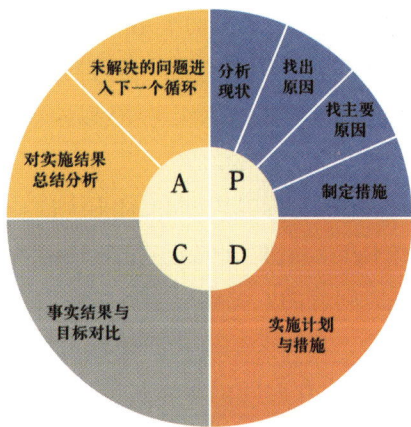

图4-1-2　PDCA循环③

的八个步骤来进行，如图4-1-2所示。其中四个阶段必须严格遵循，八个步骤可根据具体情

---

① 理论参考来源：https://baike.baidu.com/item/GTD时间管理/3859426？fr=aladdin。
② 理论参考来源：https://baike.baidu.com/item/PDCA循环/5091521？fr=aladdin。
③ 图4-1-2来源：http://5b0988e595225.cdn.sohucs.com/images/20170820/b67483f2d0e04629abc8741878a8f2c2.jpeg。

况增减,视具体情况而定。使用 PDCA 循环过程。进行过程监督,环环紧扣,就能有效得预防我们在自我管理中踏空而影响结果。

　　自我管理适用于个人,也适用于团体,自我管理的成功,是成功管理的第一步。

指导笔记

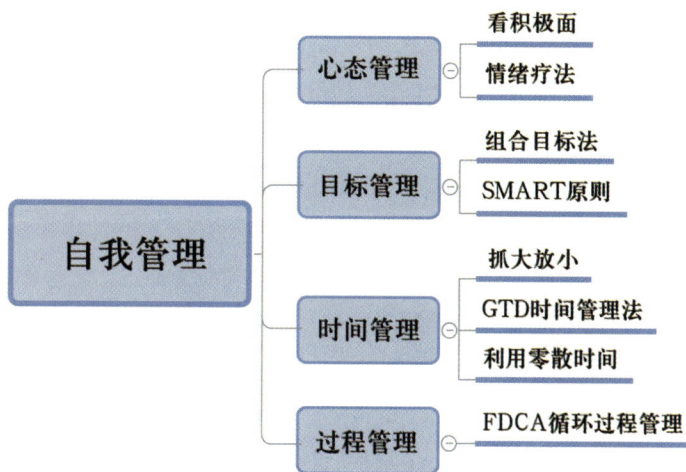

总结反馈

　　请用完整的句子回答以下问题,这些问题涵盖了上述"理论指导"的内容,如果无法回答其中的某个问题,你需要重新阅读上述资料。

　　1.自我管理的主要项目是哪几项?

　　2.情绪 ABC 疗法的具体内容是什么?

　　3.时间管理具体有哪些方法?

二、实践运用

【实践一】

1.实践场景

学年结束的时候,辩论会的会长王小林和干事张小河在一起总结刚结束的校际邀请比赛,回顾了一下整个比赛的组织过程。学期初王小林计划了这个八场次的大型比赛,社团干事出于慎重,一直在改写文案,使得张小河两次去更换了预约场地和时间,最后因为与期中考试的时间冲突,导致比赛延迟。王小林听闻后在众人面前大声训斥了张小河,张小河觉得很委屈,期中考试也没考好,比较消沉。而王小林忙于招新和社团常规事务,同时又有自己的大学生创新创业项目,疲于应对,只能口头关心比赛的进度。过了几周,发现还有很多细节有问题,如评委退出、资金短缺、决赛时间无法协调等,他只能把常规事务交给其他干事,自己则负责落实比赛细节。最后比赛虽然完成,但是因为临近期末,选手们的注意力也都转向了期末考试,且时间更换给选手们造成了困扰,整个赛程过长,决赛现场的准备也不充分,以致大家都认为这是一场不成功的比赛。

2.实践要求

(1)请同学们分成两个小组,一个小组假设自己是王小林,一个小组假设是张小河,分别列出导致比赛不成功的组织管理方面的原因。

(2)请找出王小林在目标管理中存在问题的地方并重新设置目标。

(3)请分析王小林和张小河在心态管理上存在的问题,并提出调节心态的解决方案。

(4)请分析比赛策划过程中存在的问题,并提出解决对策。

(5)请找出王小林在时间管理上存在的问题,帮助他重新分配时间。

(6)假设你是王小林,请重新制定可以说服张小河重新打起精神的方案。(高级要求,可选做)

3.实践指导

(1)可根据目标管理的理论,检测目标管理是否合理可以依据 SMART 原则:明确的、可测量的、有行动导向的、务实的、有时间表,根据这五点来检测目标的设置情况。重新设计目标可以使用最简单的方法,即组合目标法设定目标。

(2)可根据心态管理理论、情绪疗法等用来调整心态。

(3)关于比赛策划过程中的问题,可利用过程管理法 PDCA 循环来对照检测。

(4)针对时间管理的问题,可参考"知识链接"部分的"四象限原则"或"二八定律",重新进行时间的分配,并用组合目标法重新给比赛做一份目标计划。

4.自我检测

下方的检测表格将帮助你先进行自我评测,以便更深入地审视自己的实践,打叉的方面需要加倍努力,弥补其中的不足。

检测内容	可以做到 请打"√"	未能做到 请打"×"
(1)可以找出比赛流程中两个以上失败原因。	（　）	（　）
(2)重新设置的目标易于达到,可以掌控比赛的过程。	（　）	（　）
(3)重新进行心态管理之后,两人都能够重新积极地投入工作。	（　）	（　）
(4)利用过程管理法等相关理论解决了比赛策划过程中的问题。	（　）	（　）
(5)重新按照事情的轻重缓急进行排序,制订了清晰合理的时间计划。	（　）	（　）
(6)运用了理论指导及实践指导的相关内容,提出了完整的解决方案。	（　）	（　）

【实践二】

1.实践场景

小余同学念大学一年级,她学习成绩优秀、组织能力强。现在,还有八周就要期末考试了,她的目标是获得年度优秀奖学金,所以每门课程都须考到 85 分以上。同时,还有五周的时间,她将第一次参加大学英语四级考试,她的目标是一次性通过四级。但此时她所在的话剧社团的社长交给她一项重要任务,让她组织本年的话剧大赛。小余一直很想独立地组织一次活动来锻炼自己的能力,所以也不想放弃这次任务。日常生活中,她每天除了温习课程内容,还保持着课外阅读一小时、英语朗读一小时、跑步半小时等生活习惯。

2.实践要求

(1)分组讨论 20 分钟,帮助小余合理进行时间管理,让她能够顺利地完成这些任务。

(2)参考"知识链接"中的"四象限法则",将小余需要完成的事情按照轻重缓急进行排序。

(3)根据下面"实践指导"中的目标多权树法,为小余制作一张四级备考的任务表。

(4)运用 GTD 时间管理法,为小余制订考前的时间安排。

(5)各组分别展示自己制订的计划和时间安排,互相进行交流、比较、评价,选出最合理的解决方案。

3.实践指导

美国联邦快递有一个广告词:"拖吧,我们会抓住您的最后 1 分钟!"生理学上也有一句名言,"人类的最后 1 分钟",可见拖延的习惯在我们生活中随处可见。对于繁杂的任务,如果工作过重或压力过大或资源缺乏或目标模糊时,人们就会不由自主地开始拖延。要克服这一困难,需要把任务分割、瓦解,把大任务分成许多小任务。

我们可以使用图 4-1-3 所示的"目标多权树法"①,来进行目标的分解,以帮助我们设置合理的目标。用这种方法分解目标,任务会变得更加具体,易于操作,便于检验。

---

① 理论参考:http://www.docin.com/p-231438749.html。

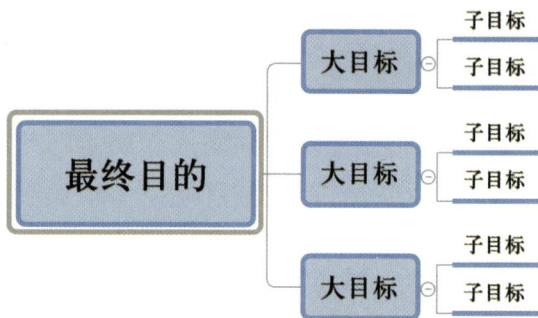

图 4-1-3　目标多杈树法

4.自我检测

下方的检测表格将帮助你先进行自我评测,以便你更深入地审视自己的实践,打圆圈的部分需要进一步修正。

检测内容	做得很好请打"☆"	做得一般请打"○"
(1)解决方案可以有效地帮助小余完成她的三个目标。	(　　)	(　　)
(2)能根据四象限法则,合理排列事情的先后顺序。	(　　)	(　　)
(3)四级备考任务表详细到四级考试的题型复习。	(　　)	(　　)
(4)考前的时间安排表兼顾了小余的生活习惯,同时不影响她的复习、工作效率。	(　　)	(　　)
(5)能够从其他组的解决方案中取长补短。	(　　)	(　　)

三、知识链接

(一)四象限法则①

时间四象限是由美国的管理学家科维提出的,指的是:把工作按照重要和紧急两个不同的程度进行时间划分的一种方法。一般可以分为四个"象限":既紧急又重要(如客户投诉、即将到期的任务、财务危机等);重要但不紧急(如建立人际关系、人员培训、制定防范措施等);紧急但不重要(如电话铃声、不速之客、部门会议等);既不紧急也不重要(如上网、闲谈、邮件、写博客等)。它们的处理顺序是:先是既紧急又重要的,接着是重要但不紧急的,再到紧急但不重要的,最后才是既不紧急也不重要的。

四象限法的关键在于第二和第三象限的顺序问题,必须非常小心地进行区分。另外,也要注意划分好第一和第三象限。两者都是紧急的事情,差别在于前者能带来价值,实现某种重要目标,而后者不能。

① 内容参考来源:http://wiki.mbalib.com/zhtw/%E6%97%B6%E9%97%B4%E5%9B%9B%E8%B1%A1%E9%99%90。

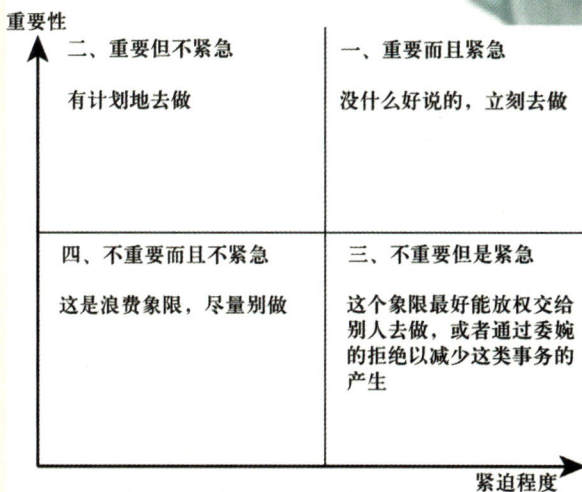

图 4-1-4　时间"四象限"法

以下是四个象限的具体说明：

第一，第一象限是重要又急迫的事。

举例：应付难缠的客户、准时完成工作、住院开刀等。

这是考验我们的经验、判断力的时刻，也是可以用心耕耘的园地，但我们也不能忘记，很多重要的事都是因为一拖再拖或事前准备不足而变成迫在眉睫的事情的。该象限的事情可能是缺乏有效的工作计划，而导致本处于"重要但不紧急"第二象限的事情变为了第一象限，这会导致管理者经常处于繁忙的状态之中。

第二，第二象限是重要但不紧急的事。

举例：主要与生活品质有关，包括长期的规划、问题的发掘与预防、参加培训、向上级提出问题的处理建议等。

荒废这个领域将使第一象限日益扩大，使我们陷入更大的压力之中，在危机中疲于应付。反之，多投入一些时间在这个领域有利于提高实践能力，缩小第一象限的范围。做好事先的规划、准备预防措施，很多急事将被及时地遏制。这个领域的事情不会对我们造成催促压力，但需要我们主动去完成。这也是传统低效的管理者与高效卓越的管理者之间的重要区别标志。建议管理者把 80% 的精力投入到该象限的工作，以使第一象限的"急"事无限变少，不再瞎"忙"。

第三，第三象限是紧急但不重要的事。

举例：电话、会议、突来访客等都属于这一类。

表面看似第一象限，因为迫切的呼声会让我们产生"这件事很重要"的错觉，但实际上就算事情重要也是对别人而言。我们如果花很多时间在这个象限打转，自以为是在第一象限，其实不过是在满足别人的期望与标准。

第四,第四象限属于不紧急也不重要的事。

举例:阅读令人上瘾的无聊小说、毫无内容的电视节目、办公室聊天等。

这一象限的事情基本属于浪费时间,所以一般不值得我们花时间在这个象限上。但当我们在一、三象限之间来回奔走、忙得焦头烂额时,可能会到第四象限中去"疗养"一番。这一象限的事情并不涵盖所有的休闲活动,因为真正有创造意义的休闲活动是很有价值的,并不在此象限之列①。

(二)二八定律(帕累托原理)

80:20 法则②(The 80/20 Rule),又称为帕累托法则、帕累托定律、最省力法则或不平衡原则、犹太法则。此法则由约瑟夫·朱兰(Joseph M. Juran)根据维尔弗雷多·帕累托本人当年对意大利 20% 的人口拥有 80% 的财产的观察而推论出来。

80:20 法则只是帕累托分布函数在特定常数时的一个特定值,其他极端的还有 64:4 等。在财富分配方面,意味着 80% 的财富被 20% 的人拥有,或者 64% 的财富属于 4% 的人。财富虽然可能按帕累托函数分布,但社会福利的目标却是令这个函数变得尽量扁平,没有那么陡峭,令财富的分配不那么极端。

一般情形下,产出或报酬是由少数的原因、投入和努力所产生的。原因与结果、投入与产出、努力与报酬之间的关系往往是不平衡的。若以数学方式测量这个不平衡,得到的基准线是 80:20 关系;结果、产出或报酬的 80% 取决于 20% 的原因、投入或努力。例如,世界上大约 80% 的资源是由世界上 15% 的人口所耗尽的;世界财富的 80% 为 25% 的人所拥有。80:20 原则表明:在投入与产出、原因与结果及努力与报酬之间存在着固有的不平衡性。这说明少量的原因、投入和努力会有大量的收获、产出或回报。只有几件事情是重要的,大部分都微不足道。

80:20 法则也告诉我们:要从生活的深层去探索,找出那些关键的 20%,以达到 80% 的好处;锁定少数能以 80:20 法则完成的目标,而不必苦苦追求所有机会。当我们处于创造力的巅峰或获得幸运女神眷顾的时候,务必善用这少有的"幸运时刻"。

二八定律可以解决以下问题:时间管理问题、重点客户问题、财富分配问题、资源分配问题、核心产品问题、关键人才问题、核心利润问题、个人幸福问题等。80:20 法则不仅在经济学、管理学领域应用广泛,它对我们自身的发展也有重要的现实意义,如学会避免将时间和精力花费在琐事上,要学会抓主要矛盾。一个人的时间和精力非常有限,要想真正"做好每一件事情"几乎是不可能的,因而要学会合理分配时间和精力。面面俱到还不如重点突破。

---

① 图 4-1-3 来源:https://gss0. bdstatic. com/4o3dSag _ xI4khGkpoWK1HF6hhy/baike/crop% 3D0% 2C30% 2C682% 2C451% 3Bc0% 3Dbaike92% 2C5% 2C5% 2C92% 2C30/sign = c6576f9f73f40ad101ab9da36a1c3dec/ 9922720e0cf3d7cab7e767d1fa1fbe096b63a900.jpg。

② 内容节选来源:http://wiki.mbalib.com/zh-tw/80/20%E6%B3%95%E5%88%99。

四、思考练习

1.试想一下,如果你以后是学校社团或学生会的成员,你要如何实践自我管理,你觉得如何考核自我管理的水平等级?

2.回顾一下你某一次情绪的低谷,如学习结果不满意或和亲人或朋友闹矛盾等,看看能否用心态管理法来疗愈一下自己。

3.用 SMART 原则给自己定个短期或中期目标,如考级、通过某门考试等,并对目标实施的结果进行检验。

五、拓展阅读

1.斯蒂芬·P.罗宾斯.管理学[M]. 李原,译.北京:中国人民大学出版社,2012.

2.斯图尔特·弗里德曼.沃顿商学院自我管理课[M].郭慧泉,译.北京:北京联合出版公司,2016.

3.宋新忠.孔子人才管理思想——以《论语》为考察中心[D].济南:山东大学,2008.

第二章　沟通协调——目交心通众心齐

在管理决策中,自我管理是第一步。接下来我们应该把管理向外辐射,与外界进行联系和沟通。"沟通"一词,源于拉丁文,意为"共同化",英文表示为 communication,《大英百科全书》对其解释为"用任何方法,彼此交换信息"。美国沃尔玛公司总裁萨姆·沃尔顿说过:"管理的浓缩就是沟通"。著名组织管理学家巴纳德认为"沟通是把一个组织中的

图 4-2-1①

成员联系在一起,以实现共同目标的手段"。管理沟通就是管理者在日常工作中,处理与各方面的关系,调动各方面工作积极性,有效地达到共同的目的。如果与外界失去了交流沟通,人的综合能力就可能退化,工作就会处处掣肘②。下面就来探讨管理的第二部分——沟通协调管理。

一、理论指导

李斯在《谏逐客书》③这篇文章中,以废除逐客令为目的,站在秦王的立场,指出驱逐客卿必然会给秦国带来危害,层层递进的论证说服了秦王,达成了有效沟通的目的。在《战国策》的名篇《冯谖客孟尝君》④中,冯谖作为一个谋士,审时度势、各方游说,为孟尝君设置"二窟",为其打造了一个高枕无忧的政治环境,充分展示了战国时期门客沟通协调的作用。

沟通在个人和企业中有重要的作用,不仅可以使人与人之间解除误会、促进了解,而且有利于个人工作的推进、企业提高生产效率,甚至影响生存和发展。

(一) 沟通协调的效应

在日常的生活和工作中信息的接受者会丢失发出者的信息,沟通常常会失效。这就是"沟通漏斗效应"。"沟通漏斗"是指工作中团队沟通效率下降的一种现象,也同样

---

① 图 4-2-1 来源:http://www.chinaacc.com/upload/html/2016/11/16/zh52714f7329cb4dbe849b8aab54cc0933.jpg。
② 胡月星.工作的快乐在于沟通协调[J].人民公仆,2015(7):52-54.
③ 金秋萍,陆家桂.大学语文[M].上海:上海交通大学出版社,2017:57.
④ 金秋萍,陆家桂.大学语文[M].上海:上海交通大学出版社,2017:45.

适用于人际沟通。如图 4-2-2 所示,如果一个人心里想的是 100% 的东西,当你在众人面前、在开会的场合用语言表达心里 100% 的东西时,这些东西已经漏掉了 20%,说出来的只剩下 80%。而当这 80% 的东西进入别人的耳朵时,由于文化水平、知识背景等因素,只存活了 60%。实际上,真正被别人理解了、消化了的东西大概只有 40%。等到这些人遵照领悟的 40% 具体行动时,已经变成了 20%。三个月后信息衰减得可能只剩下了 5%[①]。在生活和工作中,个人原因、文化壁垒、知识障碍、组织原因都是沟通衰减的动因,下面对此进行分析。

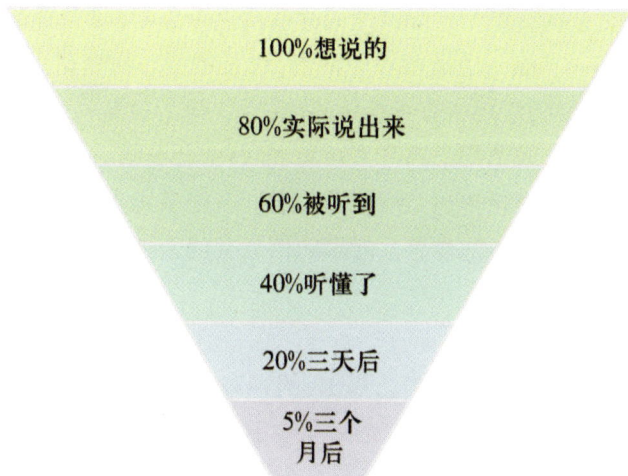

图 4-2-2[②]

首先,对于个人沟通而言:第一重障碍是由于个人的固有观念或认识偏差导致沟通意愿不强;第二重障碍是胆怯表达、急于下定论,无法把要表达的信息完整地说出来,影响信息传递;第三重障碍是情绪影响,语言不当及主观臆断都会使得信息失真。大家幼时必然都听过"咕咚来了"的故事,木瓜掉进湖里的咕咚声,惊吓了小兔子,使得它一边逃跑,一边把这个可怕的"咕咚"告诉小动物们,大家都跟着一起逃跑,最后狮子询问小兔"咕咚"是什么并带小动物们返回湖边查看才发现是个误会。在这个故事里,小兔子的"可怕"对象和其他动物的"可怕"对象其实完全不一样,但是其他小动物在接受信息的时候,并没有考虑对方和自己实际情况的不同,仅仅接受了传递的结果和情绪,而忽略了实际的信息,由此导致了沟通的失败。所以在个人沟通中,要避免此类的沟通障碍,需要像故事中的狮子一样,避免受情绪的影响,讲求客观事实、保证沟通渠道、传递可靠信息、切入问题调查,才能避免信息在传递中失真。

其次,对于组织沟通而言:第一,信息泛滥往往是沟通最大的问题;第二,信息传递的层次越多,组织越是复杂,信息的失真度就越大;第三,渠道的不通畅,缺乏反馈会使

① 理论来源:http://wiki.mbalib.com/wiki/%E6%B2%9F%E9%80%9A%E6%BC%8F%E6%96%97。
② 图 4-2-2 来源:http://wiki.mbalib.com/wiki/%E6%B2%9F%E9%80%9A%E6%BC%8F%E6%96%97。

得沟通无法双向呈现。沃尔玛公司为了防止上述问题的出现,采用了"门户开放"政策,即员工任何时间、地点,只要有想法或者意见,都可以用口头或书面的形式与管理人员乃至总裁进行沟通,同时沃尔玛公司尽可能让更多的员工参加股东大会,并且大会结束后,总裁邀请所有出席会议的员工到家里举办野餐会。可以说,沃尔玛是最早实现与员工共享信息的企业①。

那么如何避免上述沟通障碍的产生呢?下面推荐一个适用法则——KISS法则②。KISS指英文 Keep it Simple and Stupid,也可解读为 Keep It Short and Simple,皆可理解为企业管理中的简单定律,即变复杂为简单。人际沟通同样适用这个法则,即言简意赅。在剑桥大学的毕业典礼上,丘吉尔完成了他一生最精彩的演讲,也是最后一次演讲。当时,丘吉尔走进会场,脱下他的大衣交给随从,注视所有听众后,只说了一句话:"Never give up!"(永不放弃!)丘吉尔说完后就穿上大衣、戴上帽子离开了会场,但整个会场随后掌声雷动。丘吉尔用简明扼要的语言和有力的动作,直接传达了准确的信息。在很多场合和环境中,精要的语言配合强有力的动作,会带来良好的表达效果。过多的信息会使人把握不住重点,人际沟通需要简练、有效地传递核心信息。

(二)沟通协调管理的步骤

有效的沟通需要经过事前准备、确认需求、阐释观点、达成共识、处理异议、共同实施这几个步骤。这些步骤的中间顺序可以重复或颠倒,甚至循环往复地使用。在这个过程中,我们对其中的三个重要步骤,即提问探询(准备工作)、积极倾听(确认需求)与恰当表达(阐释观点)进行详细的阐释。

1.提问探询

沟通首先要有目标,才能达成协议,所以探询是寻求共识的基础。我们在询问的时候,一般有四类问题可供使用,即开放式问题、封闭式问题、针对性问题、非针对性问题。每类问题都适用于不同的情况。开放式问题没有固定的答案,如"你喜欢你工作的哪些方面?"封闭式问题三言两句就能回答,如"你喜欢你的工作吗?"针对性问题具有选择性,如"您对问的服务有什么建议吗?"非针对性问题就是给予一定的范围,如"您周围的人使用这款设备时情况如何?"用开放式和非针对性问题来引导对方,能避免将话题引向死胡同,使交谈双方更易获得全面的信息,而使用封闭式问题和针对性问题可以快速地了解情况并确定信息。当然,我们还可以在探询中使用四类问题的不同组合来应对问题,如"您说您无法打开网页,您周围的人使用时情况如何?"(非针对性+开放式),再如"您打印出来的内容和电脑显示的不一样,是文件问题还是电脑软件问题?"(针对性+封闭式)。不同类别问题的组合,既让双方获得了信息的空间,又具有一定的针对性。可见,灵活地运用提问的技巧,可以更有效地达到对话顺畅的目的。

① 吴单.沃尔玛:实施"门户开放"政策[J].企业改革与管理,2008(3):88.
② 拉里·金,比尔·吉尔伯特.KISS法则[J].成功,2007(1):57-57.

2.积极倾听

在沟通协调中,倾听作为双向沟通的一个渠道,和表达一样重要,下面给出一个案例加以说明。在小王被提升为公司高级管理人员的当天,董事长在办公室给小王讲了个故事:"在一个仓库里,几个人把一块手表掉了,大家怎么也找不到,后来……"小王抢着答道:"后来一个小孩趁这几个人休息的时候来到仓库,趴在地下,找到了那个手表,因为他用耳朵听到手表滴滴答答的声音。"董事长:"很好,看来你听过这个故事,但是你明白这个故事蕴含的道理吗?""当然知道,通过倾听可以发现许多意想不到的事情!"董事长意味深长地说:"你说得对,但是你却没有做到。自信和自负是不同的,公司的高级管理人员,如果不去倾听来自员工的话,就将和市场脱节。"这个故事反映出:沟通协调过程中,倾听,不仅仅是听对方所说的话,更是积极地倾听对方要表达的意图。何为积极?即主动地倾听对方所讲的事情,掌握真正的事实和诉求,由此解决问题。我们可以通过以下几点来提高听的效果:第一,让对方把话说完,不要中途打断和抢说,这也是最基本的礼貌;第二,肢体语言不要表现出抗拒,对谈话表现出兴趣并记下对方所说的重点,重要场合可以记笔记;第三,给予对方观点和情感上的反馈,如鼓励的笑容、尊重的眼神、提出适当的问题等;第四,在工作中,因为语言、声音、环境的限制,倾听的效果可能会有所差别,如果内容重要,需要反复确认听到的内容。这种情况下,使用邮件、纸质文件、录音笔等方式,可以使信息更好地传递、保留。

3.恰当表达

在沟通协调中想要准确地表达自己的想法和意愿,需要运用很多技巧。有一个员工在电梯中遇到了自己的老板,老板随口一问:"小张,最近怎么样?"小张紧张地说:"好,好。"老板说:"好好做",再询问了一下工作,随后谈话就结束了。但小张若换一种方式表达,如:"挺好的,我和同事们一起做了三个方案,都接近收尾了,接下来我们还要做某某项目,预期可以达到某某效果。今年我和大家都一直挺忙,但觉得非常充实愉快,学到了很多东西,感觉成长很快。"不同的回答会产生不同的影响。在上述案例中,第一种回答方式说和没说效果一样,而第二种回答方式则给老板带来了大量积极的信息。我们从中可以获得一些表达技巧的启示:首先,对于问题要积极回应,态度要表现出乐于沟通,态度坦率;其次,说话要有重点,要围绕话题中心,可以使用关键字让人印象深刻;再次,抓住重点,汇报工作说结果、请示工作说方案、总结工作说流程、布置工作说标准、关心下级问过程、回忆工作说心得;最后,采用举例的方式可以增加说服力和可信度。同时个人感受的表达会使人印象更加深刻,让交流富有情感。此外,说话要注意留有余地,让对方有意愿继续沟通。

掌握了沟通协调的技巧,自然可以做到目交心通众心齐。加强沟通协调的本领,工作和生活就可以畅通无阻、得心应手了。

指导笔记

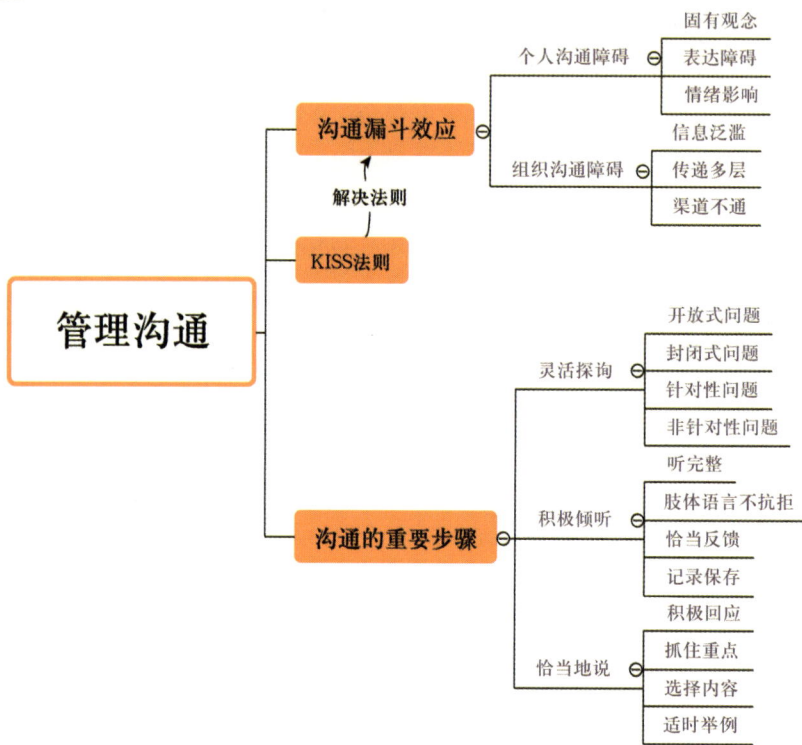

总结反馈

请用完整的句子回答以下问题,这些问题涵盖了上述"理论指导"的内容,如果无法回答其中的某个问题,你需要重新阅读上述资料。

1.信息在传递中衰减的规律是什么?

2."漏斗效应"是什么?用什么法则可以应对?

3.沟通的三个重要步骤:探询、倾听和说的注意点分别有哪些?

二、实践运用

【实践一】

1.实践场景

企业入职培训中,部门经理陈经理讲了一个浓雾中的灯塔的故事:

一艘正在演习的战舰在阴沉的天气中航行了数日。入夜不久,雾气浓重,能见度极差,舰长在指挥战舰行进的方向。突然,瞭望员报告:"右舷有灯光!"舰长询问:"灯光是正在逼近还是远离?"瞭望员说:"正在逼近!"这表示对方会撞上战舰,后果将不堪设想。

舰长:"我们正迎面驶来,建议你转向20度。"

对方:"建议贵船转向20度。"

舰长:"告诉他,我是舰长,转向20度!"

对方:"我是二等水手,贵船最好转向。"

这时,舰长已勃然大怒,他大叫:"告诉他,这里是战舰,转向20度!"

对方信号传来:"这里是灯塔。"

结果,战舰转向20度。

陈经理对这个故事进行讲解:在工作中也经常会遇到类似因沟通不善而产生的问题。比如,有一次,王总去车间视察工作,对车间主任说:"我是新任的总经理,我要大家管理工厂时,都真正地管起来,你懂吗?"车间主任点点头,让工人关闭了机器,随后对王总说:"你可以开始真正地管了。"还有一次,员工小何冲到人事经理处,质问为什么自己这个月的迟到会被扣款,并提了有一次几十名员工迟到,但事后没有任何处罚的事例。人事经理压下怒火说:"上次是因为公司的班车耽误,这种情况公司会作为特殊情况处理。"陈经理讲完三个案例后请大家展开思考。

2.实践要求

(1)请分成三组,分别扮演舰长、王经理和小何,进行小组讨论。分析以上三个案例中存在的沟通问题,并重新进行演绎。

(2)舰长小组讨论浓雾中灯塔的故事,舰长的对话看上去是符合KISS原则的,但沟通效果不佳,请指出舰长的表达存在的问题。

(3)王总经理说的话沟通效果很差,王经理组请思考他错在哪里。如果你是王经理,同样的意思你会如何表达?

(4)小何组请指出小何存在的沟通问题。如果你是小何,又会如何表达质疑?

(5)每组用10分钟开展讨论,随后选出代表进行角色扮演,重新开展对话。其他小组做评判。

3.实践指导

沟通协调有多种分类,用得较多的是按沟通信息的流向划分,可分为:上行沟通、下行沟通、交叉沟通、平行沟通。上行沟通和下行沟通是上下级之间的沟通;交叉沟通也称为斜向沟通,指某团体部门的上层成员和另一团体部门的下层成员间的沟通行为;平行沟通是指一个团体内部同一层级或不同团体同一层级之间的沟通。不同流向的沟通技巧是不同的,如上行沟通需要尊重上司,礼貌称呼,不轻易否定,意见略有差异先表示赞同,持有相反意见也不当面顶撞,习惯请示、让上司判断和决定等。下行沟通则需要不说大话,不急着下判定,广开言路接纳意见,下属有错私下规劝,意见坚持态度和蔼等。平行沟通要互相尊重,有双赢的观念,对事不对人,平常也要保持良好的沟通,有同理心。交叉沟通则要律己责人,先管好自己的事情,外宽内严,处事公正讲原则。

根据上述内容,可进行下列问题的思考:案例中的舰长是否考虑了固有观念、沟通意向、个人情绪、沟通信息的流向的要素有哪些? 王总经理封闭式的探询,是否适合上下级初次见面的情况? 小何在质问上级之前,是否有咨询先例、调查情况?

4.自我检测

下一检测表格将帮助你先进行自我评测,以便你更深入地审视自己的实践,回答为否定的需要进一步修改、完善。

检测内容	回答(是或否)
(1)你作为舰长,避免了这场争执笑话的发生。	
(2)你作为王经理,以新的表达方式谈及了遵守规矩的重要性,同时又让下属能够准确理解。	
(3)你作为小何,既顺利问明白了自己被扣款的原因,又没惹怒人事经理。	
(4)在重新演绎环节中的整体表现让其他人觉得沟通有效。	
(5)有效运用理论指导和实践指导的相关内容完成了此次实践练习。	

【实践二】

1.实践场景

小华是一家小型公司的业务主管,她下周要会见一位重要客户。为准备这次会见,她需要公司其他员工提供工作报告,其中包括了小峰的一份文案。她路过小峰的办公室时,侧身进入了他的办公室,说了一句:"我星期一前要那份计划。"小峰听见有人喊他就说:"好。"就继续办公,小华随后离开。小峰此时正在思考另一个项目,正被一个问题卡住,眼看就要解决了,他全神贯注地工作,以致小华说什么他根本就没有注意到,只是礼貌性地回应了一声。周一,小华因未能收到小峰递交的文案很生气。几个小时后,小峰赶出了文案并称自己并不知道周一限期的事,但小华确认自己下达了通知,认为是小峰的失职,小峰觉得十分委屈。

2.实践要求

(1)根据理论指导中的沟通步骤的内容,分析小华和小峰在沟通过程中缺少了哪些环节,或哪个环节出了问题。

(2)自由分组,一组扮演小华,另一组扮演小峰。扮演小华组的成员思考:应该采取什么样的方式来更好地沟通,以保证良好的沟通效果。

(3)扮演小峰组的成员思考:应该如何向领导解释自己的失误,以获得谅解。

(4)每组派代表重新演绎两角色:一个是匆忙布置任务的小华,一个是埋头解决问题的小峰。你们会如何重新开展对话、交派任务?

(5)其他同学在观看角色演绎的时候思考并评判:这是否是最佳的沟通方式?

3.实践指导

现实中的多数管理者往往会犯如下几个错误:

(1)认为某事已经讲过了,就没有更多沟通的必要,殊不知多种形式的反复沟通,更利于统一认识,将指令及计划的相关重点深入团队成员的内心。

(2)认为口头上讲过了,就没有必要再以书面文件及邮件等形式再次确认,殊不知口头的沟通容易导致"左耳进右耳出",并缺乏书面文件及邮件沟通形式的严肃性。

(3)认为大会上已经讲过了,单独沟通就没有必要了,但每位团队成员的理解力、知识面、技能、问题敏感意识,甚至是所面临的执行环境、执行条件等都存在极大的差异,而这些差异正是造成执行力高低不同的重要原因。

(4)给下属们一定的讨论机会。每一个人心里都会装着一些"成见",在沟通中,对于执行的具体方式会有不同的意见。面对这一问题时,通过给予下属讨论的机会,明确要点、阐明要求,可避免沟通不畅的发生。

(5)节点及关键点沟通。每一项执行计划及指令,都存在它的关键时间节点及影响执行成效乃至成败的关键点,这是管理者们需要强化管控的,其中非常重要的一点就是强化在这些节点及关键点上的沟通。比如,在一个时间节点快来临时,管理者需要向团队成员强调重点,沟通进度、梳理困扰,给予一定的答疑解惑及其相关支持;在关键点上,沟通执行过程及问题,掌握进度,强调标准与要求。

你可以参考以上内容,针对案例中出现的沟通问题制定相应的解决方案。

4.自我检测

下一检测表格将帮助你先进行自我评测,以便你更深入地审视自己的实践,回答为否定的需要进一步修改、完善。

检测内容	回答(是或否)
(1)分析了案例中沟通不畅的症结所在。	
(2)找到了案例中两人缺失的沟通步骤。	
(3)根据理论指导及实践指导内容,制定出了解决方案。	
(4)重新沟通后,能确保小峰准确接收小华所传递的话语信息。	
(5)重新沟通后,你能将小峰的真实情况恰当地表达,并让人觉得情有可原。	

三、知识链接

信息沟通网络

信息沟通网络是指由若干环节的沟通路径所组成的总体结构。许多信息往往都是经过多个环节的传递,才最终传递给信息接收者。因此,恰当地选择网络,对于有效沟通是至关重要的。信息沟通网络的基本形式有五种:链式、轮式、Y式、环式和全通道式,如下图4-2-3所示:

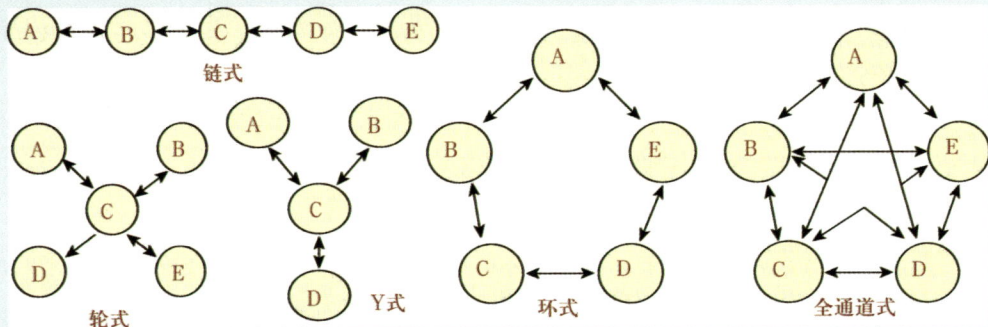

图 4-2-3　信息沟通网络的五种基本形式①

(1)链式沟通是信息在沟通成员间进行单线顺序传递、形如链条状的沟通形态,是一个平行网络,其中两端的人只能与各自内侧一个成员联系,中间的人可分别与两端的人进行沟通。信息自上而下或自下而上传递,信息经层层传递、筛选、容易失真,可用来表示组织中主管人员与下级部属之间存在着若干中间管理者。由于是单线串联连接,所以这种沟通网络中,各成员间的联系面很窄,平均满意度较低,属控制性结构。处于最低层次的沟通者只能作上行沟通或接收失真度较大的信息,易造成心理压力大的问题,易产生不满足感。

(2)轮式沟通属控制型网络,只有一个成员是各种信息的汇集、传递者,集中化程度高,解决问题的速度快,但沟通渠道少,组织成员满意度较低,士气较低落,大致相当于一个主管领导直接管理几个部门的权威控制系统。所有信息都通过共同的领导来交流,信息沟通准确度高,但领导者也可能面临信息超载或沟通协调占用时间过多而挤占决策时间的问题。轮式网络是加强组织控制,争时间、抢速度的一种有效的沟通形式。如果组织接受攻关任务,要求进行严密控制,则可采取这种网络。著名职业经理人余世维曾说他的办公室的门几乎都是不关的,这样的布置实际上显示了老板对员工更开放的心态。

---

① 图 4-2-3 来源:http://mooc.chaoxing.com/nodedetailcontroller/visitnodedetail? knowledgeId = 233618。

（3）Y式沟通是一个纵向沟通网络,实际是"链式""轮式"的结合。只有一个成员处于沟通中心,成为网络中拥有信息且具有权威和满足感的人,可为主管人员分担工作,协助筛选信息和提供决策依据,但增加了中间环节,易导致信息失真,影响组织成员的士气。由主管、秘书和下属构成的倒"Y"式中,秘书是沟通的中心。此网络适用的情况是:主管人员的工作任务十分繁重,需要有人为其选择信息,提供决策依据,以节省时间,同时主管人员又能对组织进行有效的控制。

（4）环式属封闭式控制结构,相当于链式两头相联结,每个人都可以同时与两侧人沟通信息,地位平等,集中化程度低,组织成员满意度高,适于创造高昂的士气,但信息速度和准确度难以保证。如果需要在组织中创造出高昂的士气来实现组织目标,环式沟通是一种行之有效的措施。例如,企业组建的临时组织,其成员在沟通中没有等级差别,享有同等地位。所以该网络的优点是成员充分参与,机会均等,心情舒畅,能够调动每个个体的积极性。

（5）全通道式是开放式的网络系统,沟通渠道多,平均满意度高且差异小,士气高昂,合作气氛浓,对于解决复杂的问题,增强组织的合作精神及提高士气有很大的作用。这种网络具有宽阔的信息沟通渠道,成员可以直接、自由、充分地发表意见,比环式的沟通渠道更加开阔,弥补了环式沟通难以迅速集中各方面信息的缺陷。有利于提高沟通的准确性,解决复杂问题。但同时容易造成混乱且又费时,影响工作效率。委员会方式就是全通道式沟通网络的应用实例[1]。

🦉 四、思考练习

1.和同学在课余做"拷贝不走样"游戏。一个人做动作传给第二个人,依次传下去,最后一个人根据前者的动作说出动作想传达的意思,并比较是否同第一个人的本意相同。在这个游戏中,如果传递的信息有流失的情况发生,请分析下其中的原因。

2.回忆一下,在生活中有没有这样的情况:你在使用通信工具进行文字交流时,双方在交流中产生了误解。思考一下:是语言表达产生的歧义,是参照物不确切,还是重音不同造成的曲解? 同时分析一下如何能避免这样的沟通失误。

3.选择一期访谈类节目进行观看,请注意观察倾听者的姿态、表情、手势和态度,总结一下主持人问什么类型的问题,会更容易让被访者放下戒备心,畅所欲言。

4.场景模拟:假设你是个记者,要去暗访并挖掘一条新闻线索,你会如何和你的暗访对象交谈,获得你想要的信息?

---

[1]　冯光明.管理学[M].北京:中国财经出版传媒集团,2017:315-317.

五、拓展阅读

1.詹姆斯·S.奥克罗.管理沟通:以案例分析为视角[M].康青,译.北京:中国人民大学出版社,2011.

2.柳青,蓝天.有效沟通技巧[M].北京:中国社会科学出版社,2003.

3.崔佳颖.组织的管理沟通研究[D].北京:首都经济贸易大学,2006.

4.胡亚萍.有话好好说:沟通与协调实用方法和技巧[M].北京:经济管理出版社,2016.

第三章　团队管理——同心协力泰山移

在上一章中，我们已经完成了沟通协调的能力训练，这一章我们将扩大管理的范围，学习团队管理的能力。在实际工作中，常常需要多人进行配合，共同完成任务，这就是团队。乔恩·卡曾巴赫对"团队"的定义是："团队就是一群拥有互补技能的人，他们为一个共同的目标而努力，达成目的并固守相互间的责任。"[①]那么，团队又有什么作用呢？美国"钢铁大王"安德鲁·卡内基曾说过："如果把我的厂房设备、材料全部烧毁，但只要保住我的全班人马，几年以后，我仍将是一个钢铁大王。"可见，优秀的团队是一件制胜的法宝，下面就来探讨管理的第三部分——团队管理。

图 4-3-1[②]

一、理论指导

在《项羽本纪》中我们看到，刘邦和项羽在年龄和兵力上的差距很大，项羽说自己"身七十余战，所当者破，所击者服"[③]，但项羽最后仍旧败给了刘邦。导致项羽失败的原因有很多，单从刘邦拥有的优势来看，刘邦最后能够打败项羽的主要原因是他有一个强大的团队。韩信曾说过刘邦虽不能领兵，却善用将相[④]。在刘邦的灭秦团队中，萧何负责全面统筹、治国安邦，张良足智多谋、运筹帷幄，韩信开疆辟土、攻城略地。他们各有所长，互为补充，为刘邦最终建立汉朝提供了强有力的支持。既然一个优秀的团队如此重要，那么团队的构成要素

---

① 乔恩·卡曾巴赫.团队的智慧[M].北京:经济科学出版社,1999.
② 图 4-3-1 来源:https://goss1.vcg.com/creative/vcg/800/version23/VCG41172708995.jpg。
③ 金秋萍,陆家桂.大学语文[M].上海:上海交通大学出版社,2017:87.
④ 出自《史记》:"陛下不能将兵,而善将将。"

有哪些？又如何进行团队管理呢？下面进行简要的阐释。

（一）团队的构成要素

要管理好一个团队，首先应该对团队的构成要素有清晰的认识。关于这一点，团队的5P理论可以迅速帮你理清团队的内涵。"5P"分别指：purpose（目标）、people（人物）、place（定位）、power（权限）、plan（计划）。

根据5P理论，一个有效的团队需要具备以下五个要素：第一个"P"（目标）指具有明确的团队目标，我们会在下文"团队宗旨的五维度"中详细介绍团队目标的设置；第二个"P"（人物）是团队的核心力量，团队人数达到三人时，成员就需要分工协作，以完成目标；第三个"P"（定位）有两层含义：一指团队在组织中的地位，二指个人在团队中扮演的角色；第四个"P"（权限）意为团队在组织中的决策权，以及团队领导人在团队中的领导权；最后一个"P"（计划）指具体行动方案，是保证团队顺利开展工作的重要前提。这五个要素都是一个完整的团队不可或缺的条件。

一个有效的团队应具备以下特征：第一，明确团队目标；第二，团队内部资源共享，团队内部信息和资源共享程度越高，越能充分发挥成员的积极性和主动性；第三，团队对内具有规范性，激励和处罚并重，同时，团队成员有机会参与到团队的决策之中，共享决策权；第四，团队具有凝聚力，凝聚力指团队成员之间相互吸引并愿意留在团队中，为团队承担义务的强烈程度。早在1945年，松下集团的领导人松下幸之助就提出："公司要发挥全体员工的勤奋精神"，并不断向员工灌输"全员经营""群智经营"的思想。为打造强大的团队，20世纪60年代，松下电器公司会选择每年正月的一天，由松下幸之助带领全体员工，头戴头巾，挥舞着旗帜将货物亲自送出，借此加强每一个员工的自豪感、参与度，增强团队凝聚力①。

（二）团队管理的技巧

要做好团队管理，既需要理论指导，也需要进行实践运用，以下介绍几种易于掌握的团队管理技巧。

1.团队宗旨五维度

团队存在的前提是团队成员具有目标的一致性，目标的设定既要符合团队的利益存在，又要符合成员的个人价值追求。韦斯特价值观法是设定团队目标的常用方法之一，即通过确立统一的目标，使团队成员形成与目标一致的价值评价体系。在价值观法中，团队的建设宗旨包括五个维度：清晰度、激发性、可行性、共享性和未来潜力②。

"清晰度"指：目标是可衡量的、明确清晰的。"激发性"指：目标的设定能够鼓动成员，使其有坚持下去的意志。"共享性"指：成员可以达成共识、共享资源，同时成员个体有自己的具体目标，能积极参与团队的实施计划。"可行性"指：目标是成员都力所能及的，并在一定的时间限制内可以完成。"未来潜力"指：团队能给予及时的反馈，有适当的奖励与惩罚措

① 案例来源：http://www.docin.com/p-1686727407.html。
② 理论参考来源：http://www.docin.com/p-1003218364.html。

施,这对团队的长远发展有重要的作用。

这五个维度中,需要注意的是"可行性"这点,如不具备可行性的目标,就没有实施的可能,目标再宏伟也是枉然。有一个故事很好地说明了这一点:有一群老鼠开会,研究怎样应对猫的袭击。一只被认为聪明的老鼠提出:在猫的脖子上挂一个铃铛。这样,猫行走的时候,铃铛就会响,听到铃声的老鼠就可以及时跑掉。大家都公认这是一个好主意。可是,由谁去给猫挂铃铛呢?怎样才能挂上猫的脖子呢?这些问题一提出,老鼠们顿时都哑口无言了。因此,目标的设定需要切合实际,不可好高骛远。

2.团员差异化管理

管理学大师彼得·杜拉克强调:"领导人的主要职责,应是成为搭舞台的人。"[①]团队中的各成员需求存在差异,能力也存在差异,团队管理者的职责就是要把个体的差异转化为团队的优势。要做到这一点,管理者应在认清个体差异及由此产生的不同的个体需求和目标之后,使团队成员的个人能力与其职务相匹配,做到知人善用。

在《西游记》中,唐僧师徒就是一个最终达成目标的优秀团队。从需求差异来说:团队各成员唐僧、孙悟空、猪八戒、沙和尚和白龙马的共同目标一致,都是去西天取真经。但他们五人的个体需求存在差异,按照马斯洛需求理论[②]——八戒的贪吃偷懒代表了人最基本的生理需求;沙僧最关注的是安全需求问题;白龙马曾遭遇背叛和处罚,有家难回,漂泊在外,他最需要的是归属感和关爱;唐僧一路虽不畏威胁和诱惑,却易被小雷音寺的黄袍怪假扮的佛祖欺骗,这是由于他特别注重对荣誉和信仰的追求;齐天大圣孙悟空本领高强,他取经是为突破自我,实现自我价值。最终,他们五人完成了团队的目标,唐僧为"旃檀功德佛",孙悟空为"斗战胜佛",猪八被封为"净坛使者",沙僧为"金身罗汉",白龙马为"八部天龙广力菩萨",他们在实现团队目标的同时,也都完成了各自的个人目标。

从能力差异来说:唐僧师徒几人性格迥异,虽然经常发生矛盾,却能明确分工、各司其职,其中唐僧作为管理者,他在取经团队中不是本领最高强的,却善于利用成员的差异化管理团队:孙悟空能力最强,制服妖魔鬼怪最为擅长;猪八戒看似问题很多,却是成员之间的润滑剂,起到了加强团队凝聚力的作用;沙僧工作勤勉、沉默寡言,对团队的基础工作贡献很大。他们彼此取长补短,分工协作才能完成取经这个长期而又艰难的任务。由此例可见,团员的需求和能力都存在差异,但只要管理者合理地分配工作,发挥成员个体的优点,就能最终实现团队目标。

3.团队冲突的恰当处理

团队内部如果产生了意见分歧,出现了争论、对抗的局面,这一状态就是"冲突"。冲突是我们生活中普遍的现象,也是团队管理中经常遭遇的问题。有的团队认为:冲突是不良或

---

① 资料来源:http://edu.qq.com/a/20121012/000188.htm。
② 马斯洛在《人类激励理论》中,将人类需求像阶梯一样从低到高按层次分为五种,即生理需求、安全需求、社交需求(归属感和爱)、尊重需求和自我实现需求。

是消极的,是团队内部失去平衡或功能失调的表现,应当尽量避免。实际上,冲突也是展现团队内部矛盾,从而刺激团队自我修正的一剂"良药"。现代管理观念中,冲突是与生俱来的,应接纳冲突的存在并将其转化为有益的动力,还有的甚至鼓励冲突,适当的冲突利于团队在自我批评中成长,以刺激团队更好地创新①。

著名冲突管理学家拉米·A(A Rahim)将团队冲突的管理过程分为六个环节②:

(1)冲突认知是起始环节。

(2)冲突诊断是冲突管理的发展环节。

(3)冲突分析是对诊断得来的资料进行分析,以便找到冲突管理的思路。

(4)冲突处理是核心环节。

(5)冲突评测是对冲突管理的效果进行评测的环节。

(6)冲突反馈是进行冲突管理过程的回顾,是首尾相连的反馈环节。

了解了上述六个环节后,在具体的团队管理中,我们该如何处理冲突?下面三点可供参考:

第一,维持适度的团队冲突。既然冲突必不可免,那么当冲突出现的时候,就应该用包容的心态积极应对。

第二,判断冲突对于团队是良性还是恶性,区别对待不同的冲突。在目标一致的情况下,良性冲突可以发泄成员内心的不满,可能带来良性的竞争,甚至带来创新和进步,而恶性冲突易造成人员关系的紧张,降低工作的效率,甚至可能会扭曲事实和真相,阻碍目标的实现,这就需要妥善处理。

第三,理智地处理冲突。对于分歧影响不大或真实情况不明朗的冲突,可采取回避策略,即不发声也不争取,以获得暂时的平衡;对于影响不大的冲突,此时可采取迁就策略,即暂时牺牲个人目标,以宽容和退让的姿态应对,以维持团队的和谐;若冲突双方的利益都很重要,且双方需求都是合理的,应力求一致的解决方案,可采取合作策略,即双方一起沟通解决途径,实现双方的互惠互利,但这种解决方法适用的范围有限。

下面以《三国演义》为例,进一步说明团队冲突的处理方法。刘备对诸葛亮十分信任,但关羽、张飞二人有时并不很愿意服从诸葛亮的差遣,他们想依靠自身的能力打胜仗,所以他们和诸葛亮难免会发生冲突。刘备是这个团队的管理者,我们可以从刘备的管理方式中获得启示。在第三十九回"荆州城公子三求计,博望坡军师初用兵"中,关、张二人因刘备过于重视诸葛亮而不满。在诸葛亮聚众将听令、分配完任务后,关羽对将士们都去迎敌而诸葛亮却无所事事表示疑问。诸葛亮回答:"坐守县城。"张飞对此表示嘲讽,孔明却说:"剑印在此,违令者斩!"随后,刘备解围,"军师是运筹帷幄之中,决胜千里之外",并让关张二人不可违令,从而平息了一场冲突③。可见,当团队成员之间发生冲突时,最好

---

① 冯光明.管理学[M].北京:中国财经出版传媒集团,2017:276.

② 理论参考来源:http://doc.mbalib.com/view/1ca3af7c50d295d6055ef76a1a8ed8ed.html。

③ 程璐.我国古代团队管理思想研究[D].南昌:江西财经大学,2012.

的调解者便是团队领导。

运用好团队管理的技巧,足够让个体成员充分发挥自身的潜能,创造"同心协力泰山移"的效果。

指导笔记

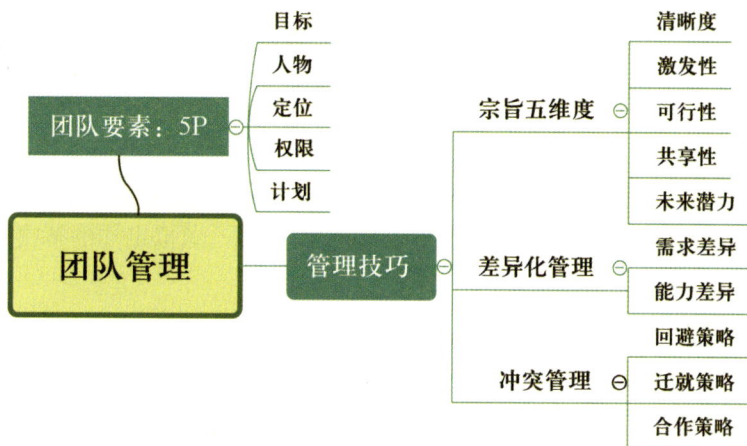

总结反馈

根据表格左列的要点内容,在右列写出具体的分点,即由哪些内容组成。如果无法写出,你可能需要重新学习"理论指导"的内容。

要点	分点
(1)团队的构成要素	
(2)团队宗旨五维度	
(3)差异化管理	
(4)冲突管理的六环节	

二、实践运用

【实践一】

1.实践场景

小秦是大学二年级的学生,本学期末有一门实践课程,内容是专业调查。老师要求同学们10天内自由分组完成实践,实践成绩优秀的小组还可获得嘉奖,并优先推荐实习。课程结束时要交给指导老师的材料有:一份小组调查报告、一份小组活动材料清单(包括计划、照片、调查问卷等)、每位同学一份实践报告、每位同学五篇800字的实践日记。小秦作为学习委员,他能力突出,在小组中被推选成了小组队长,大家都想共同努力获得学校的嘉奖。眼看就要开始实践了,小秦却在这时重感冒住院了,至少要五天后才能参加实践,队员们在重新进行分工的会议中产生了意见分歧。小谢认为应赶紧另选一名队长分配工作。小唐认为不需要队长,大家各自分工,最后一天把内容合在一起就行,拿不到优秀就作罢。小周性格内向、沉稳勤快,他认为还是小秦做队长最可靠,调查前要做好规划,大家可以先初步商量一个分工结果,再去医院和小秦进行沟通,或选一个代理队长,请小秦和代理队长对接。小沈不说话,但心里已经在犹豫要不要加入其他的小组。小罗拿不定主意,同意大家最后的讨论意见。会议过程中,大家众说纷纭,未能达成统一一致的意见。你作为最后一名成员小乐,你应该怎么做?

2.实践要求

(1)采用小组讨论形式,时间为30分钟,假设你是小乐,试拟定你的解决团队危机的方法和计划。

(2)面对团队成员的不同意见,制定相应的处理措施。

(3)撰写自我意见的陈述文稿,以获得大家的支持。

(5)需对除小秦外的其他同学的实践任务进行重新分配。

(6)各组选派一名代表发言,随后各组进行交流、评价,最后选出最优解决方案。

3.实践指导

首先,运用团队的建设价值观法、宗旨五维度法,可以帮助团队确定更为清晰的目标,加强团队凝聚力;其次,将说服对象重点放在有自己明确主张的成员身上,对这些成员的成功说服可以有助于快速引导舆论的倾向;再次,对团队中意见摇摆不定的成员,需要加强他们的信心,随后根据对象不同的性格特征重新分配团队任务;最后,团队成员的参与度越高、分享决策权越多,其积极性和主动性也会越高。

4.自我检测

下方的检测表格将帮助你进行自我评测,以便你更深入地审视自己的实践是否达到要求。

检测内容	完成得很好 请打"☆"	完成得一般 请打"○"
(1)根据相关理论,制订了解决危机的计划和方案。	( )	( )
(2)对不同成员的意见,进行了差异化处理。	( )	( )
(3)对缺乏主见的成员进行了有效的鼓动,以支持你的意见。	( )	( )
(4)自我意见的陈述获得了大家的支持。	( )	( )
(5)工作的分配依据了不同成员的性格特征,能充分利用他们各自的长处。	( )	( )

【实践二】

1.实践场景

在大学校园夏令营中,辅导员把所有同学分成了红蓝两队,每队十名同学进行素质拓展比赛,每项活动都可以积分,积分最高的小队即可获得奖励和荣誉,并且在最后一项团队赛中突出的个人还能获得个人大奖。上午所有的团队比赛都进行得比较顺利,两个小队也都能陆续完成任务。下午进行的是最后的团队赛,比赛要求在限定时间内"找宝藏",个人或团队需要找到在地图中隐藏的五条线索并找到"宝藏"。大家都跃跃欲试,都想成为第一个找到宝藏的人。有的结成了小团队,有的虽然同属一个团队却不乐于分享线索,有的团队甚至出现了冲突。眼看就快到比赛规定的时间了,竟还没有一个个体或团队完成这项任务。

结束后,辅导员意味深长地讲了一个故事:

当螃蟹放到不高的水池里时,单个螃蟹可能凭着自己的本事爬出来,但是如果有好几个螃蟹,它们就会叠罗汉,总有一个在上边,一个在下边,这时底下的那个就不愿意了,拼命爬出来,并且开始拉上面螃蟹的腿,结果谁也爬不高。这就是"螃蟹效应"。钓过螃蟹的很多人都知道这一点,篓子中放了一群螃蟹,不必盖上盖子,螃蟹是爬不出去的,因为只要有一只想往上爬,其他螃蟹便会纷纷攀附在它的身上,结果就是把它拉下来,最后没有一只能够爬出去①。

辅导员说:"在我们现在和以后的团队中,总会出现个人利益和团队利益的复杂局面,但如果只注重个人利益,忽视团队利益;只顾眼前利益,而忽视持久利益,整个团队就会一盘散沙,导致全面失败,这就是 1+1<2。"

2.实践要求

(1)请分组讨论,思考、分析"找宝藏"项目无法按时完成的原因。

(2)请指出至少三个找"找宝藏"失败的原因。

(3)假定你是黄队或蓝队的队长,你将如何进行团队管理完成这个挑战?试拟定团队管理方案。

(4)拟定团队成员合理分工的任务分配表。

(5)各组选派代表发言,随后各组进行交流、评价,最后选出最优解决方案。

3.实践指导

如何避免实践场景中的"螃蟹效应"?下面的建议供你参考:

(1)塑造团结协作的团队文化,倡导和弘扬协作的团队文化。"人"字一撇一捺,靠的就是支撑,有了相互支撑,才可能形成协作,使团队形成一种合力。因此,要从大环境去倡导协作文化,引导队员在互帮互助中携手前行,这样受益的是团队中的所有个体,才能最终实现团队利益的最大化。

(2)树立明确而远大的目标。"创业难,守业更难"这句俗语说明,在创业时期团队因成

---

① 资料来源:http://wiki.mbalib.com/wiki/螃蟹效应。

员具有明确一致的远景目标,而守业时期大家会为了各自的利益相互牵制,容易形成"窝里斗"。针对这一问题,发展才是硬道理。发展能为团队成员带来新的机会,并可开拓全新的视野,拓展团队成员的成长空间,使团队成员的目标不仅仅局限于现有的目标上。

(3)建立公平的权责制度,实现权利和义务对等。团队成员把权利视作一种责任,而不是地位的象征,有权利成为管理者的人,就要有能力和有责任引领团队走出困境。

(4)建立健全的用人制度。科学的用人制度不但能聘用到适合团队发展的人才,而且能构筑团队良性的环境。把一个人放在不适合的位置,无论如何也不会为团队带来效益,反而会让适合的人感到沮丧,最终的结果必然伤害群体的感情,损害团队的利益。因此,建立健全用人制度,将合适的人放在合适的位置,形成健全的用人制度相当关键①。

4.自我检测

下方的检测表格将帮助你先进行自我评测,以便你更深入地审视自己的实践是否达到要求。

检测内容	完成得很好请打"☆"	完成得一般请打"○"
(1)能根据所学理论,找出三个以上团队失败的原因。	( )	( )
(2)根据相关理论,对失败原因进行了深入的分析。	( )	( )
(3)拟定了团队成员分工协作的任务分配表。	( )	( )
(4)拟定团队管理方案,有效地解决了存在的问题。	( )	( )
(5)解决方案得到了团队所有成员的支持。	( )	( )

A+B=C 三、知识链接

分粥中的学问

一个寺庙中有和尚若干,每餐都要分食一锅粥,但没有标准的度量工具。于是,他们试图建立一种制度,公平、合理地解决斋饭分配不均衡的问题。

第一种办法:指定一个和尚负责分粥事宜。很快大家发现,这个和尚给自己分的粥最多。于是又换了一个和尚,结果总是主持分粥的和尚碗里的粥最多、最好。

第二种办法:大家轮流主持分粥,每个和尚一天。这样做等于承认了和尚为自己分粥的权利,同时给予了每个和尚给自己多分粥的机会。虽然看起来平等了,但每个和尚在一周内只有一天能吃得饱且有剩余,其余六天都饥饿难挨。大家认为这种办法造成了资源浪费。

---

① 资料来源:https://baike.baidu.com/item/螃蟹效应/383310? fr＝Aladdin。

　　第三种办法：大家选举一个信得过的和尚主持分粥。开始这位和尚还能公平分粥，但不久他开始为自己和溜须拍马的和尚多分粥。

　　第四种办法：选举一个分粥委员会和一个监督委员会，形成监督和制约的制度。公平基本做到了，可是由于监督委员会常提出各种议案，分粥委员会又据理力争，等分粥完毕时，粥早就凉了。

　　在上述种种办法都没能有效解决这一简单的分粥问题后，他们不得不求助管理大师。大师给了他们一个最简单的方案：每个和尚轮流值日分粥，但分粥的那个和尚要最后一个领粥。令人惊奇的结果出现了：在这个制度下，七只碗里的粥每次都是一样多。因为每一个主持分粥的都须认识到，如果 7 只碗里的粥不相同的话，那自己确定无疑就是享用份数最少的那位①。

　　接下来的日子里，这些和尚又遇到了由此带来的其他问题。第一个问题是庙里没有和尚出去化缘了。因为大家发现，化缘多的和尚和少的和尚分到的粥总是一样多，何必那么辛苦地化缘呢？于是慢慢地，庙里每天可分的粥越来越少，大家都面黄肌瘦。他们不得不聚在一起讨论解决方法，讨论结果是：化缘多的就多分些粥，化缘少的就少分甚至不分。于是和尚们都积极地出去化缘，庙里的危机又一次解决了。

　　过了一段时间，这个新的分粥制度又出现了问题，有的和尚第一天化缘不理想，分到的粥少之又少，结果没有吃饱，第二天没有力气外出化缘，几天下来就快要饿死了。于是大家又聚在一起讨论，觉得按照之前的分配方案，有的和尚早晚都得饿死，因为化缘本来就不稳定。随后，他们讨论出了一个最低分粥限额，不管有没有化到缘，都能分得一部分粥以保持体力继续第二天的化缘。

　　但过了一段时间后，庙里再次出现了问题，由于大家只关注化缘，庙里的清洁卫生没人打扫，到处堆满了垃圾。而且由于大家都出去化缘，庙里经常被小偷光顾。于是大家又聚在一起讨论，觉得每天应该留一个和尚在庙里，负责打扫庙里的卫生和防止小偷，留在庙里的和尚可以分到自己的一份粥。这个问题也随之解决了。

　　和尚们面临的问题还会不断出现，比如庙宇的维修、意外的伤害、老和尚的死亡、新和尚的加入、寺庙的扩大、化缘环境的变化、化缘技巧的交流等。要解决这些不断出现的问题，就必须提高庙宇的管理水平，尤其是人力资源管理的水平②。

四、思考练习

　　1.团队就在我们身边，每个宿舍就是一个小团队，每个宿舍的集体活动也就是团队活

---

①　冯光明.管理学[M].北京：中国财经出版传媒集团,2017：7.
②　引文来源：https://wenku.baidu.com/view/5647d51ecaaedd3382c4d33b.html。

动。请以最近的一次宿舍活动为例,用 5P 理论来分析一下这次活动的五个元素的具体内容。

2.请在大学校园内仔细观察社团活动或校园活动的组织者或参与者,通过走访调查等形式,分析他们在组织中表现出的自我性格及个体性格同其在团队中承担的任务之间的关联。

3.请采访班级的班干部、辅导员或社团的团长等人,询问他们在团队管理过程中是如何解决内部意见冲突的,从中吸取经验,形成总结报告。

五、拓展阅读

1. R.梅雷迪思·贝尔宾.管理团队:成败启示录[M].北京:机械工业出版社,2017.

2.科里·鲍克.没有带不好的团队:高绩效团队管理的全新技巧模板[M].郭慧泉,译.北京:中国友谊出版公司,2017.

3.魏珂敬.大学生团队价值观调查研究[D].苏州:苏州大学,2010.

第四章 领导决策——握筹布画决千里

在上一章中,我们已经掌握了团队管理的技巧,这一章我们将提升管理的高度,学习进行领导与决策的方法。领导决策是管理活动中为了解决问题,通过采用科学的决策方法和技术,从若干备选方案中选择一个最佳方案,以实现目标的活动过程。下面就来探讨管理的第四部分——领导决策管理。

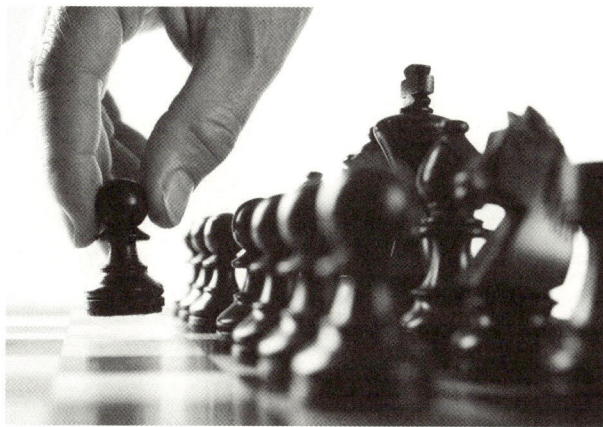

图 4-4-1①

💼 一、理论指导

《短歌行》中有一句,"月明星稀,乌鹊南飞。绕树三匝,何枝可依"②。曹操将贤士比喻为南飞的乌鹊,表达了对贤才的关切和渴求。领导者需要人才的同时,还需让贤才有"枝"可依。《史记》中还有田忌赛马的故事,讲述了齐国大将田忌与齐威王赛马的故事。田忌在孙膑的指导下,对马匹的出场安排采取了正确的决策,最终赢得了胜利。这些例子充分表明了领导决策的重要性,下面分别从领导和决策两方面分析提升该能力的方法。

(一)领导管理

马克思·韦伯认为,"领导是一种影响他人的力量源泉"③。"领导"具有两层含义:其一,作为名词,是领导者、领导人的简称,领导者犹如交响乐队指挥,统率乐队协调配合,发挥成员整体效能;其二,作为动词,指管理职能。通过该职能的行使,领导者能促使被领导者完成既定的组织目标④。领导者在管理过程中必然使用多种方式来统领成员。领导属于管理

---

① 图 4-4-1 来源:http://www.16sucai.com/2016/09/91176.html。
② 金秋萍,陆家桂.大学语文[M].上海:上海交通大学出版社,2017:8.
③ 冯光明.管理学[M].北京:中国财经出版传媒集团,2017:251.
④ 王凤彬,李东.管理学[M].北京:中国人民大学出版社,2011:170.

活动的范畴,但领导和管理存在差别:管理强调的是通过计划、组织来解决问题;领导强调的是提供方向、影响队员、增强组织成员的凝聚力,使得组织行为变得更加有效。如何迅速地提升领导能力? 下面的相关理论可以帮助你解答这一疑惑。

1.人性理论假设

大多数人会为了获取一定的利益而采取相应的行动。了解人的行为动机,有利于发挥因人而异的领导策略,不同时期的管理学者和组织行为研究者们都对此提出了各自的见解,从而形成了不同的人性理论假设。按照观点形成的先后顺序,可以划分为五种类型的人性假设[①]。

(1)"经济人"假设

美国麻省理工学院心理学教授道格拉斯·麦格雷戈认为:人以一种合乎理性、精打细算的方式行事,人的行为受经济因素的推动和激发,人的行为就是为了追求自身的最大利益。因此对"经济人"的管理可以采用"胡萝卜加大棒"的政策,也就是激励和惩罚并重的举措。

(2)"社会人"假设

"社会人"假设认为:人是需要激励的,工作不只为了经济利益,还为了追求在社会关系中寻求乐趣和意义,社会需求和尊重是"社会人"的工作动力。因此,管理"社会人"应把重点放在鼓励信心、满足人的需要上,重视人际关系和成员的归属感。如多听取其意见、给予精神鼓励、鼓励参与决策等。

(3)"自我实现人"假设

"自我实现人"假设认为:人是自我激励,自我指导和自我控制的,要求提高和发展自己的能力并充分发挥个人潜能。这类人勤奋、有才能、有潜力,需要自我表现,追求自我理想的实现。对这类人的领导,应提供富有挑战性的工作使其体验到包括工作内在的激励,赋予工作更多的意义,增加工作的吸引力,才能发挥"自我实现人"的最大潜力。

(4)"复杂人"假设

20世纪60年代末70年代初提出的对待人性的权变思想[②]认为:现实组织中存在的人,不能简单归类到之前的某种假设之下,人会随着情况的改变而发生变化,因而激励措施应多样、灵活且富有变化。具体的实施内容,将在下面的"多元化激励"部分展开详细论述。

(5)"文化人"假设

20世纪80年代,随着企业文化的流行,诞生了"文化人"假设。该假设认为:人的行为及选择价值是由所处的文化环境决定的,所以组织内部文化的主导价值观会影响此类人的工作效率,管理的重点在于构建有归属感和认同感的文化环境。

---

① 冯光明.管理学[M].北京:中国财经出版传媒集团,2017:262-265.

② 权变理论(Contingency Theory),又称情境理论。权变理论认为,领导的有效性不是取决于领导者不变的品质和行为,而是取决于领导者、被领导者和情境条件三者的配合关系,即领导有效性是领导者、被领导者和领导情境三个变量的函数。刘永芳.管理心理学[M].北京:清华大学出版社,2008.

2. 多元化激励

激励方式是领导工作的重要内容,有效的激励可以使人发挥出最大的潜力。所谓"激励"是指:通过一定的手段使成员的需求和愿望得到满足,调动其工作积极性,从而确保组织达成既定的目标[①]。根据"复杂人"假设,单一的激励法已经难以满足现代社会的需求,于是多元化激励成为当下激励方式的主流,主要包括以下几个方面:

(1)物质奖励

物质奖励指成员得到物质满足,从而调动其积极性、主动性的奖励方式。具体包括:报酬激励,如基本工资、奖金等其他物质形式;福利激励,如健康、保险、休假等间接的物质报酬,当下还诞生了一种新的"自助餐式的福利"奖励,可以让成员自由选择自己最想要的福利项目,这种管理方式可以灵活地应对成员的不同需求;环境激励,包括客观环境激励,如工作环境、工作设备、环境卫生等;主观环境激励,如良好的制度、公平的规章等。营造良好的主客观的环境,可以使身处其中的成员心情舒畅,缓解其工作压力。

(2)精神激励

精神激励指精神层面的内在激励,属于无形激励,包括晋升、学习能力提升,对工作成绩的认可等。精神激励包括两方面内容:一方面是知识和培训激励,即通过提高成员的目标设定,赋予其更多责任,并为其创造学习机会以实现激励的方式,如参观学习、再深造、进修等;另一方面是语言激励,包括正面语言激励、反面语言激励和侧面语言激励三种。正面语言激励表现为赞美优点和长处,肯定取得的成绩等。莎士比亚有言,"我们得到的赞扬就是我们的工薪"[②]。反面语言激励使人们去尝试不情愿或不敢接受的事情,如"诸葛亮智激周瑜联合抗曹"的事件就属于反面语言激励,又如:"这件事情很难,没有几个人可以做到。"很多人听到这样的话反而会燃起斗志。侧面语言激励则是通过旁敲侧击的暗示语言来进行激励,如:"我们队伍当中有的人蓄势待发,有的人已经取得了很好的成绩。"

(3)成果激励

成果激励指根据对成员的工作进行评估,给予相应的奖赏,以保证工作的良性循环。成果奖励包括以下三方面内容:荣誉激励,即对先进的成员、集体进行评优,促进成员的荣誉感;职务激励,即对表现突出的成员,用职位晋升的方式表达对其工作成绩的肯定;授权激励,即把任务行使权交给责任人,以增强成员信任感和自信心。

在领导的过程中,可以依据上述的人性假设理论分析成员所属的类型,再灵活地运用多元化激励措施,充分调动成员的积极性,发挥成员所长,提高领导的成效。

(二)决策管理

西蒙教授说过:"管理就是决策。"[③]"决策"指人们对行动目标与手段的选择。在管理工

---

① 王凤彬,李东.管理学[M].北京:中国人民大学出版社,2011:181.
② 冯光明.管理学[M].北京:中国财经出版传媒集团,2017:301.
③ 美国卡内基·梅陇大学西蒙(Herbert A.simon)教授,是现代决策理论创始人,1978年诺贝尔经济学奖获得者。冯光明.管理学[M].北京:中国财经出版传媒集团,2017:69.

作进行的时候,决策不仅仅是做出决定,还包括了决定前的准备活动以及如何选定方案的整个过程,决定着领导和管理的质量。按照决策的主体不同,"决策"可分为个体决策和群体决策,下面分别介绍两种类型的决策方法。

1.个体决策

个体决策的方法有三类:确定型决策方法,即在经济管理中使用经济计算公式的方法计算出最理想的决策方案;风险型决策方法,即对事件可能发生的概率做出客观估计的决策,如依赖未来天气的户外活动,可以依据经验推断活动的可行性,做出风险决策;非确定决策方法,是指对实施方案会出现的自然状态或结果不可能性做出预计[①],如《三国演义》中诸葛亮使用空城计,实际上面临司马懿攻打或撤退两种结果,诸葛亮料定司马懿不会进城可能性更大,这类对抗、博弈类决策就属于非确定型决策。

因为在现代社会生活和工作中,非确定决策方法的运用最为广泛,下面重点分析运用该决策方法的四个准则。

第一,乐观准则,也称"大中取大"准则,即选择各方案中能产生最大利益的方案,如选择收益值最高的方案。但需要注意的是,收益越大的方案也是风险最大的方案。

第二,悲观准则,也称"小中取大"准则,即选择最差情况下的最大收益方案。如最差情况下,三种方案都只能取得比较小的收益,则选择其中的最大收益方案。这一准则基于对最坏情况的预测,收益相对小,但风险也较小。

第三,折中准则,即决策者既不乐观也不悲观,选择各方案中非最高也非最低的持中方案。如买电器时,若在多种品牌和价位间难以抉择,则选择中等价格的产品。

第四,最大后悔值最小化准则,即分析各方案最大的后悔值,对比之后,在其中选择后悔值最小的方案。毕业择业可以参考此准则。在选择就业方向和地域时,分析最容易导致后悔的因素,然后选择后悔值最小的方案,可以帮助做出恰当的决定。

2.群体决策

群体决策指在团队有多成员且在每个成员的认识都不同的情况下,做到领导决策共享的决策方式,可以采用以下几个方法:

第一,"少数服从多数",顾名思义,就是通过投票计数来达到意见的一致。具体可以采用不记名投票、两两对比法(成对表决法)、累计票数法(选择方案是多个的情况)等形式,团队也可以自拟投票规则;

第二,名义群体法,即每个成员独立表达各自的意见或方案,全部表述结束后再进行讨论、排序,最后选择综合排序最高的方案。

第三,德尔菲法,即采用不记名的形式征询成员意见,统计归纳后再反馈给每位成员。此法可以充分发挥集体的智慧,保证公正、客观,学位论文审核、项目竞选等多用此法。

---

① 王凤彬,李东.管理学[M].北京:中国人民大学出版社,2011:51.

以上两类决策的具体实施与操作,需要决策者根据所处的环境、事件的背景灵活做出选择。在各种不确定的情况下,决策实际很难达到真正的最优化,理想的决策方案是符合决策者原则的相对满意的方案。

指导笔记

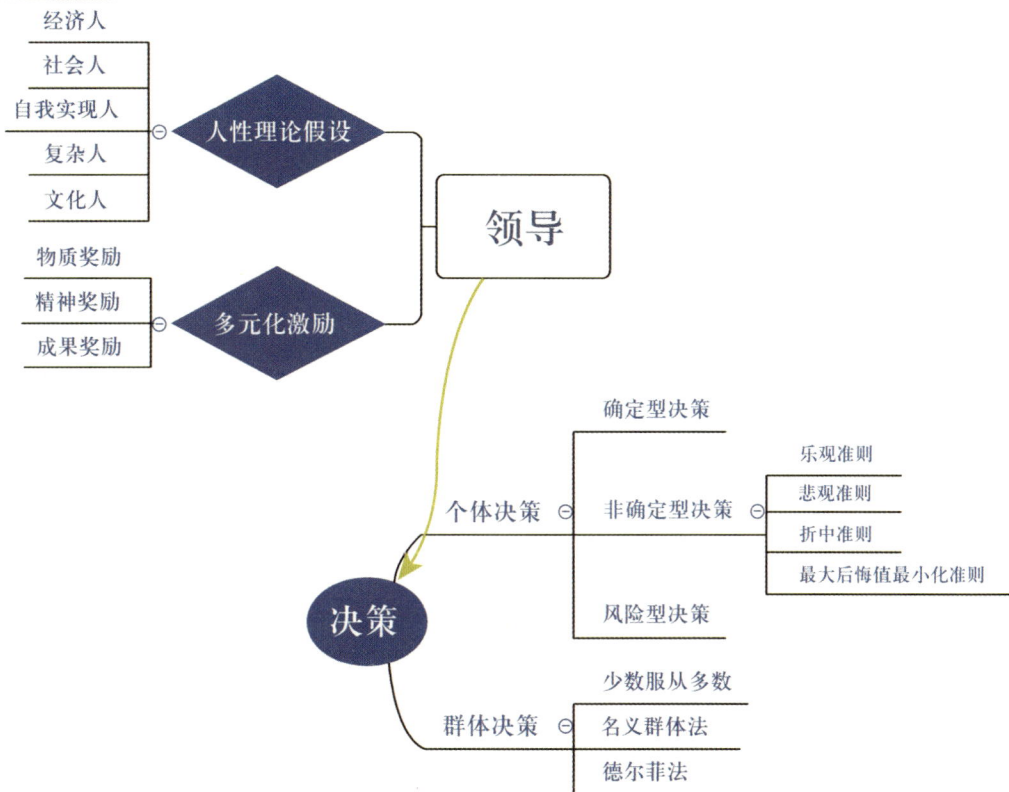

总结反馈

　　根据表格左列的要点内容,在右列写出具体的分点,即由哪些内容组成。如果无法写出,你可能需要重新学习"理论指导"的内容。

要点	分点
(1)人性理论假设	
(2)多元化激励	
(3)个体决策法	
(4)非确定决策法	
(5)群体决策	

二、实践运用

【实践一】

1.实践场景

学生干部培训课上,章老师出了一个题目:宋神宗时期,官僚地主对百姓的压榨日益深重,使得政治统治陷入危机。在此背景下,王安石力推变法,而司马光作为保守派代表,极力反对变法。《答司马谏议书》①是王安石为了坚持改革主张而驳斥司马光的文章,文中将司马光的观点分为五个层面分别展开反驳。假如你是决策部门的领导,下属成员分别持王安石和司马光两种相反的观点,你将如何应对成员的不同观点,发挥领导决策力,做出最终的决定?

2.实践要求

(1)请分组讨论,时间为20分钟,根据理论指导的相关内容,选择恰当的决策方法,做出最终的决定。

(2)在决策之前,需调查历史事件的背景,分析成员各自的立场和利益需求,明确两派人员的人性假设类型。

(3)需记录备选方案、决策方法、讨论要点和决策理由。

(4)每组选派一名代表,陈述讨论结果及决策理由。

(5)所有小组陈述完毕后,投票选出最优的决策方案。

3.实践指导

(1)可依据场景的具体情况及理论指导中的个体决策和群体决策的相关内容,确定采用的具体决策方法。

(2)需分析变法与不变法的最佳情况与最差情况,利用决策的四个准则,帮助做出判断。

(3)一般在团队成员意见难以统一的情况下,可使用群体决策法,特别是群体名义法和德尔菲法,充分运用群体智慧。

4.自我检测

请根据以下检测内容为各组的陈述打☆,达不到要求的不打五角星,基本达到要求的打一颗五角星,完成情况较好的打两颗五角星,完成得非常好的打三颗五角星。

检测内容	请按照实际情况打☆
(1)能够选择出合适的决策法。	
(2)确定决策法的操作过程清晰、准确。	
(3)最后的决策获得了不同观点的两派成员的认同。	
(4)决策过程记录清晰。	
(5)小组代表陈述思路清晰。	
(6)其他组也认可该组的最终决策。	

① 金秋萍,陆家桂.大学语文[M].上海:上海交通大学出版社,2017:64.

【实践二】

1.实践场景

暑假期间,小静作为队长,将带领四位同学前往学校实习基地,参加为期一个月的暑期实践活动。他们除了常规工作,还需完成基地派给他们的额外任务。项目进行过程中,可能会遇到成员意见不一致的情况,也可能遭遇成员之间配合不默契,甚至不团结的困难。项目完成后,有奖金奖励,实习成绩能评优。小静的四个伙伴分别是:小凡,开朗大方、与人为善;小智,擅长管账,被誉为班级的"财务总管";小洋,对自己要求较高,思路开阔,做事深思熟虑;小雅,性格内向,不善于表达自己的情绪。实习即将开始,需进行工作任务的分配,针对可能出现的问题制订解决方案并完成团队文化的构建设想。如果你是小静,将如何领导团队,圆满地完成实习项目?

2.实践要求

(1)请分组讨论,时间为30分钟,做一份工作任务分配和工作奖励分配表。

(2)分析每个成员的性格,写出针对每位成员的具体激励方案。

(3)面对项目进行过程中出现的困难,确定具体的解决方案和激励措施。

(4)为构建良好的团队文化,试制定团队的管理制度。

(5)每组选派一名代表,记录决策方案,陈述讨论结果。

(6)所有小组陈述完毕后,投票选出最优的决策方案。

3.实践指导

可结合"人性理论假设"和"多元化激励"的相关内容,对每位成员分别进行个性化的激励。实践要求中还涉及了"团队文化"的概念,此处进行相关内容的补充,以帮助完成实践要求。

要构建团队文化,最重要的是其核心的精神文化的构建,也就是团队的价值观、形象、风貌等。其次是制度文化,即人事制度、管理方法、民主制度等。再次是行为文化,即宣传形象、文娱活动、模范人物行为等。最后是表层的物质文化,即标志、标语等一切外显文化。

4.自我检测

请根据以下检测内容为小组的陈述打☆。达不到要求的不打五角星,基本达到要求的打一颗五角星,完成情况较好的打两颗五角星,完成得非常好的打三颗五角星。

检测内容	请按照实际情况打☆
(1)工作分配和奖励分配表较为适用。	
(2)针对团队每位成员制订了个性化的激励方案。	
(3)激励方案可以激起团队成员的信心,加强团队凝聚力。	
(4)团队文化的构建方案能使成员有认同感、荣誉感。	
(5)小组代表陈述方案的思路清晰。	
(6)预测决策方案的实施效果较好,可以圆满完成实习任务。	

三、知识链接

(一)龙永图选秘书①

中国对外经济贸易合作部部长龙永图在中国入世谈判时曾选过一位秘书。当龙永图公布该秘书人选是某某人时,全场哗然,因为在众人眼中,此人并不适合当秘书。秘书一般都是勤勤恳恳、少言少语的,做事谨慎、体贴入微。但龙永图选的秘书,处事风格完全不同。他是一个大大咧咧的人,从来不会照顾人。每次龙永图和秘书出国,都是龙永图走到他房间里说:"请你起来,到点了。"对于日程的安排,他有时甚至不如龙永图清楚,如原本九点的活动,他却说成九点半,经过核查后,结果经常是秘书搞错了。那么,为什么龙永图会选此人当秘书呢?原因在于:龙永图是在谈判最困难的时候选其当秘书的。当时谈判的压力大,龙永图谈判时甚至会和外国人拍桌子,回来以后心情烦躁,一句话也不想说,所以每次龙永图回到房间后,其他人都不愿自讨没趣到他房间来汇报工作。只有这位秘书,每次不敲门就大大咧咧走进来,坐到龙永图的房间就说他今天听到的消息,还说龙永图某句话讲得不一定对等,而且他从来不叫龙永图为龙部长,都是"老龙",或者是"永图"。他还经常出一些馊主意,被龙永图骂得一塌糊涂,但他最大的优点就是挨得住训斥。无论龙永图怎么训斥,他不久后会再次回来,如同什么事都没发生过那样,说:"哎呀,永图,你刚才那个说法不太对。"

这位秘书是位学者型的人物,对他人的批评并不敏感,但是作为世贸专家,他对世贸问题非常着迷,即便在龙永图脾气非常暴躁的时候,他也会提出不同的看法,让其听到不同的声音。

世贸谈判成功以后,龙永图生气的次数减少了,这位"稀里糊涂"的秘书已不再适合龙永图的"胃口",于是龙永图很快便将其调离了原岗位,让其担任更适合的职位。

可见,龙永图是位卓越的领导,非常清楚什么时候什么人最适合什么工作,什么时候该用什么人,什么时候不该用什么人,这一点,是常人难以做到的。

领导决策,简单地说,就是找到合适的人,将其摆在合适的位置做适宜的事,然后鼓励他们用自己的创意完成工作。

(二)另类决策②

企业的领导者需要具有远见和胆识,还要善于观察、分析市场发展的情况、寻找商机,待机遇出现时才能果断地进行决策。恰当的决策会使得企业最先占领市场置优的位置,从而在竞争中取胜。下一事例就说明了这一点。

---

① 案例来源:http://www.360doc.com/content/14/0822/20/2650383_403905716.shtml。
② 案例来源:http://m.hx2car.com/car/newsdetails.htm? id=508345。

世界旅馆大王、美国巨富威尔逊在创业初期,全部家当只有一台利用分期付款"赊"来的爆玉米花机,价值五十美元。第二次世界大战结束时,威尔逊做生意赚了点钱,便决定从事地皮生意。当时干这一行的人并不多,因为战后人们都很贫穷,无力买地皮、修房子、建商店、盖厂房,所以地皮的价格较为低廉。威尔逊决定要做这一当时看来不赚钱的买卖时,身边的好友都表示反对,但威尔逊坚持己见,认为他们的目光太过短浅。

威尔逊认为:虽然连年的战争使美国经济当前不景气,但美国是战胜国,经济很快会起飞,届时地皮的价格一定会上涨,赚钱是没有问题的。于是,威尔逊用手头的全部资金再加一部分贷款,买下了市郊一块很大但没人要的地皮。这块地皮由于地势低洼,既不适宜耕种,也不适宜盖房子,所以一直无人问津。但威乐逊亲自到那里看了两次之后,就以低价买下了这片荒凉之地。

连很少过问生意的母亲和妻子都出面干涉。可是威尔逊认为:美国经济很快就会繁荣,城市人口会越来越多,市区也将不断扩大,他买下的这块地皮毗邻市区,一定会成为黄金宝地。事实正如威尔逊所料:三年之后,城市人口骤增,市区发展迅速,马路一直修到了威尔逊那块地的边上。人们突然发现:此地风景宜人,宽阔的密西西比河从它旁边蜿蜒而过,大河两岸,杨柳成荫,是人们消夏避暑的好地方。

于是,这块地皮马上身价倍增,许多商人都争相高价购买,但威尔逊并不急于出手,叫人捉摸不透。之后,威尔逊在这块地皮上盖起了一座汽车旅馆,命名为"假日旅馆"。假日旅馆由于地理位置好,开业后游客盈门,生意非常好。从那以后,威尔逊的假日旅馆便像雨后春笋般出现在美国及世界的其他地方,这位高瞻远瞩的"风水先生"获得了巨大的成功。

四、思考练习

1.分析自己的性格及日常需求,确定自己属于人性理论假设中的哪一种或是几种的综合,随后制定适合自己的激励措施。同时,观察身边的两位同学,分析他们所属的人性假设类型并制定相应的激励措施。

2.假设你最近获得了 1 500 元人民币的奖学金,想买一套书约 300 元,想短途旅行约 1 500 元,想买一套英语线上课程约 500 元,还想给父母买礼物约 500 元。请采用个体决策法,制订这笔奖金的消费方案。

3.自由组成 5 人以上的团队,选择本学期一门已经完成大作业的课程,分享每位成员的作业,运用三种不同的群体决策法,选出其中最好的作品。试比较:三种决策法选出的最优作品是否一样。如相同,请说明原因,如不同,试分析原因。

五、拓展阅读

1.约翰 C.马克斯维尔.领导力 21 法则[M].路本福,译.上海:文汇出版社,2017.

2.杨国庆.领导决策[M].北京:研究出版社.2017:5.

3.吴涛.公共领导者的战略领导力研究[D].上海:华东师范大学,2011.

第五部分　创新思维

【导言】

　　各位同学,欢迎来到最后一关——创新思维环节。相信你在之前四部分的学习与实践中,已经掌握了信息的阅读与检索、文本的分析与鉴赏、写作及口语表达的基本技能,更在组织协作能力方面得到了进一步的提升。如果说前面每一个部分都相对独立又相互联系的话,那么这一部分"创新思维"需要你在综合运用这些能力的基础上,跳出既有的框架和范式,展开一场"天马行空"的思维旅行! 这场旅行一共有四个"站点"供你探险。你的起始站将从对日常生活的敏锐观察开始,随后你将来到类推联想的"王国",之后开启你的"头脑风暴",最终取得你们团队创意的终极成果! 所以这场旅行的结尾,你收获的不仅是个人思维的改变,还有团队的友谊和集体的智慧结晶,听着是不是很诱人呢? 下面就让我们一起插上想象的翅膀,开启这场创新思维之旅吧!

第一章　敏锐观察力——开启创新之门

　　创新思维是指以新的思路或独特的方法来阐明问题或解决问题的一种思维模式,也是对富有创造力、能导致创新性成果的各种思维形式的总称。①

　　创新思维的能力每个人都拥有吗? 创新的能力不是天才才有的吗? 这种能力可以训练吗? 如果可以,我该从哪里开始?

　　看到本章标题时,很多人一定会发出上述的疑问。第一个问题的答案是肯定的。创新思维存在于我们每个人的头脑中。如果人类缺少创新思维,我们的科技就不可能发展到今天的地步。这种能力并不是仅存于少数人身上,那些我们人类历史上的"天

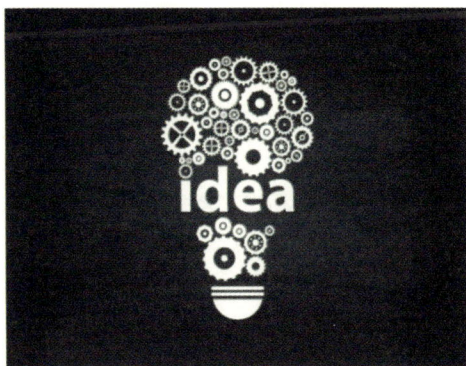

图 5-1-1 ②

① 姚列铭.创新思维观念与应用技法训练[M].上海:上海交通大学出版社,2011:27.
② 图 5-1-1 来源:http://www.quanjing.com/imgbuy/ul0937-6657.html。

才"只不过比常人更善于运用创新思维罢了。创新思维能力是可以训练的,本章训练的目标即帮助你唤醒并频繁地使用这一能力。

一、理论指导

想要练就创新思维,我们应该从何时何地开始呢?答案是:现在就开始敏锐地观察你的日常生活。很惊讶,对吗?为什么要从现在开始?为什么要从观察开始?为什么要从日常生活做起?请将这三个问题先放在一边,看完下面的实例后你也许会自己找到答案。

(一)关于观察力的实例

莫泊桑有一篇短文《绳子的故事》①,当你开始阅读这篇文章时,你会立刻被作者生动细致的描写所震动。文章中关于集市的描写是这样的:"人群和牲畜混在一起,黑压压的一片。只见牛的犄角,富裕农民的长毛绒高帽,农妇们的头巾在集市上攒动。尖厉刺耳的嘈杂声嗡嗡一片,持续不断,气息粗犷。不时还可听到一声从乡下人结实的胸脯里发出的开怀大笑,或者系在墙边的母牛的一声长哞。"这段描写虽然反映的是法国19世纪后期的集市场景,但放到三个多世纪后的今天,我们在农村的集市中仍然可以见到类似的情景。为什么这么长时间以来,这段描写没过时呢?关键在于莫泊桑对于细节的敏锐观察和精心选择,他的细节描写抓住了所有农村集市的普遍特点,让我们觉得非常熟悉,很容易产生共鸣。那为什么只有莫泊桑写出了这样的文字,我们却没能写出呢?原因是大多数人对日常生活缺少敏锐的观察力和探索的好奇心。我们每天起床后刷牙,走每日相同的道路去工作或学习,我们对司空见惯的物品、路边的花草无动于衷,对身边经过的路人、一起挤电梯的陌生人不闻不问,对新开出的花朵、路边新出现的指示牌漠不关心,我们心中只想着结果:到达目的地!

但我们生来即如此吗?请回忆一下你的童年或观察一下身边7岁以下的孩子对周围事物的态度,答案很快便呈现出来了:我们生来并非如此。你会惊讶地发现:孩子们对于目的地的到达并非十分热衷,他们会把注意力完全放在过程中。如果孩子步行,他会捡一根树枝,或发现一片红色的树叶,然后很快丢弃捡来的树叶,去观察路边的一只昆虫或蚂蚁搬家"大军"。他会仔细看捡来的各种"宝贝",会亲手去触摸、用鼻子去闻、用脚去触碰,甚至会张开嘴尝尝味道。这些举动在成人看来,都是浪费时间、效率极低的"麻烦"行为。

随着我们的成长,受到环境、教育、生活压力等各方面的影响,我们逐渐从"顽劣"的孩童转变为"成熟"的大人,越来越追求效率和速度,"浪费时间"的举动被我们一脚踢开,敏锐的观察力和好奇心也一并被我们压抑、深藏、遗忘。但好消息是,其实我们一直在运用创新思维能力。比如我们会试着接受新的软件或产品,会不断开始玩新的游戏或阅读不同类别的书籍,会用纽扣或夹子或扣子或布绳或拉链来连接衣服的开口。这些新事物、新改变、解决问题的不同方式实际都是创新思维的结果,在我们的生活中随处可见。很多人因为对日常生活的敏锐观察而创造出了富有创造力的产品。美国斯坦福大学教授蒂娜·齐莉格的《创

---

① 金秋萍,陆家桂.大学语文[M].上海:上海交通大学出版社,2017:242-247.

意力》一书中记录了这样一个实例:大卫·弗莱德伯格是天气意外保险公司的创始人,也是谷歌公司的前产品经理。还在谷歌的时候,他每天开车去上班时都要经过一家小型的自行车租赁店。后来他发现,只要一下雨,这家店就会关门。这让他想到很多地方,如农场、露天剧院、露天体育场等都会受到天气的影响。于是,大卫决定从谷歌辞职,开一家天气意外保险公司,并取得了成功。假如大卫在上班时没有仔细观察路边的事物,就发现不了下雨天自行车租赁店就关门这一规律,那么天气意外保险公司就不会诞生。

通过以上实例,你是否能回答先前的三个问题了呢? 创新思维能力对个人、社会、世界有巨大的影响力,我们开始得越早,这种能力的作用就会"苏醒"得越早。与人长期不运动肌肉会萎缩一样,创新思维长期停滞也会逐渐"枯萎"。因而,此时此刻就是最好的开始时刻! 我们每个人都身处日常生活中,其中蕴含着无限的创意,发现它们并开启你的创新思维,需要至关重要的一把钥匙,即敏锐的观察力。观察力如同建高楼的地基,没有它,创新思维能力就无立足之地。创新思维不是凭空产生的,它需要积累、训练、不停地使用才能达到高效的状态。

(二)观察力的训练方法

如何练就具有对日常生活敏锐观察的"火眼金睛"呢?

第一,对日常生活中的环境及其中的事物保持高度的敏感。做到这点并不容易。我们可能在坐电梯时才会留意电梯里的媒体广告,在付款结账时才会留意收银员的模样(有的人甚至都不会留意),药品或食品吃下肚了才发现超过了保质期限。我们自认为对周围环境已经看得一清二楚、说得头头是道,但实际情况恰恰相反。我们的注意力实际非常容易被干扰,一丝炸鸡店飘来的香味、一声手机短信的通知声、一件橱窗里展示的漂亮衣服都会轻而易举地转移我们的注意力。这些情况在现实生活中频频发生,我们的注意力并不如我们认为的那么集中。因此,这种敏感性需要不断地练习才能获得。下一部分的"实践运用"将帮助你提升这种能力。

第二,运用所有的感官与日常生活"亲密接触"。你可以运用视觉、听觉、嗅觉、触觉,开启感官"盛宴",对熟悉的环境重新进行认知。在体验世界的过程中,能运用的感官越多,能记住的事物就越多。霍华德·舒尔茨在意大利的 Espresso 咖啡吧第一次闻到醉人的咖啡香时,便产生了创办星巴克的念头。赞果公司(XANGO)的创办人之一乔·莫顿在马来西亚第一次尝到了山竹的味道,成为他后来发明新型健康饮料的灵感之一[①]。将运用多种感官体验世界的方式培养成为一种生活习惯,会获得意外的收获。

第三,经常将自己置于新环境之中。环境的改变更能激起人的好奇心,从而调动观察力。你可以改变原本习惯的环境,如走一条平时不经常走的路或是通过更换室内摆设物品、改变家具的摆放位置将原有的环境进行改变。当然,你也可以完全投身于一个陌生的环境之中,如参观博物馆、旅行等。当我们进入一个新环境中,观察力会更加敏锐,感受到不同的

① 杰夫·戴尔,赫尔·葛瑞格森,克莱顿·克里斯坦森.创新者的基因[M]曾佳宁,译.北京:中信出版社,2013:90.

事物会促使创意的诞生。正如宝洁公司 CEO 阿兰·乔治·雷富礼曾提到的那样：当他来到中国开拓市场时，"因为不懂当地语言，我就像一个人类学家在考察一样。我拥有的能力是观察力和倾听技能，理解非语言暗示的能力也大大提高。这样一来，观察能力也提高了。异国总是有很多微妙之处供你去阅读、理解和做出反应"①。

第四，经常变换一些固有的生活习惯，尝试新的体验。如换只手刷牙、改变冲泡饮品的顺序（一般是先放冲泡物后放水）、尝试从未吃过的食物、变换交通工具上班等。这些细微的改变都能增强你对周围事物的敏锐观察力，引发思考和探索，也会带来令人惊喜的意外。这些意外将每天的行程都变成了一场全新的"冒险"。如果你能如同孩子一样好奇地观察身处的环境，就能在"冒险"旅程中收获别样的"宝藏"。

第五，改变思维习惯，经常进行自我提问。将大多数人经常会问的，"我们下一步该做什么""这样做会有什么结果"等类似问题，改成"如果换一种方式，那么会怎样""为什么……"提问方式的改变引发的不仅仅是结果的改变，更是看待事物角度的颠覆。前一提问的方式属于被动接受，而后一提问的方式需要发问者具备强大的观察力，调动主观能动性才能实现。如创办捷蓝航空和阿苏尔航空公司的大卫·尼尔曼的长处之一就是："能够长时间观察一个已有的程序或做法，然后自问，'为什么他们不换种方法？'"曾经，有一位员工向尼尔曼抱怨机票出了问题，尼尔曼不禁想："为什么我们把机票当作现金呢？有更好的办法吗？"这个问题激发了他一个想法：可以在乘客购票时，给乘客一个密码，他们到机场时，只需要出示身份证，告知密码即可登机。这个想法使电子机票成为现实，这一做法也在业内风行一时②。基于对事物敏锐观察基础上的主观提问，能够引导我们思考具有创造性的解决方案，从而为你的创新思维助一臂之力。

第六，注意搜集、积累观察结果。观察的对象引发创意灵感的产生可能只是瞬间的事情，这就需要你把观察的对象或结果或可能引发的创新点的片段记录下来。你可以通过阅读报刊、拍摄照片、录制影音、文字记录等方式记录下你的观察结果，这些结果也许暂时不会用上，但在未来也许会成为引发创新思维的火花。著名编舞家、舞蹈家特怀拉·萨普在她的《培养创意的习惯》一书中也提到了这一观点。每当她开始编舞，她就会找来一个纸箱，外面写上要编的舞蹈的名字，随后把平时收集的与创作相关的所有资料放在纸箱中，最后她通过翻阅这些资料，总能找到创作的灵感。

创新思维的能力从我们诞生之日起就与我们如影随形。在孩童时期它帮助我们认知、探索我们生活的这个世界，随着我们长大，这一能力被我们逐渐忽视、抛弃甚至掩埋。我们需要从当下的这一刻就开始重启创新思维，因为我们深知"创意思维是人类生存的重要保

① 杰夫·戴尔，赫尔·葛瑞格森，克莱顿·克里斯坦森.创新者的基因[M].曾佳宁，译.北京：中信出版社，2013：92.
② 杰夫·戴尔，赫尔·葛瑞格森，克莱顿·克里斯坦森.创新者的基因[M].曾佳宁，译.北京：中信出版社，2013：61.

证。具备了这种能力,就能在不断变化的世界中获得成功"①。在我们周围,凡是成功的人士都具备创新的能力,这一能力可以通过学习、练习来重启、重塑。获得这一能力不一定会让你成为令人瞩目的伟大领导者或知名人士,但一定能给你个人的生活、事业及家庭带来翻天覆地的变化。创新思维的训练从对当下日常生活的观察开始,留意周围的事物变化、多进行自我发问、多积累、思考观察结果是开启创新思维的第一步。

指导笔记

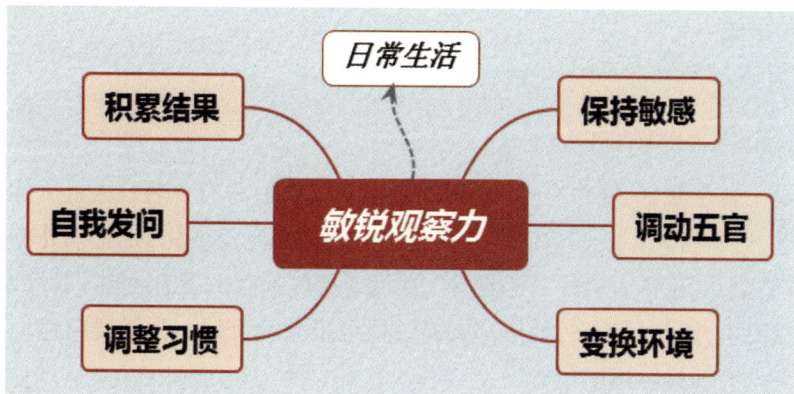

总结反馈

请用完整的句子回答以下问题,这些问题涵盖了上述"理论指导"的大多数重要内容,如果无法回答其中的某个问题,你需要重新阅读上述资料。

1.什么是创新思维?试用自己的理解表述成句。

2.创新思维的训练可以从哪方面开始着手?

3.如何养成敏锐观察的习惯?

---

① 蒂娜·齐莉格.斯坦福大学最受欢迎的创意课[M].秦许可,译.长春:吉林出版集团有限责任公司,2013:1.

如果你一个问题都没能回答出来,请不要紧张,这是正常现象,之前理论指导中已经提过我们大多数人如果不曾有意识地训练观察力,常常会忽视日常生活中的事物,下面的加强练习就可以帮助你做到。如果你能回答出两个问题,那说明你是一个仔细观察周围环境的人,下面的练习将帮助你巩固这一能力。如果你回答出了一个问题,那说明你已经有意识地在观察周围环境了,实践练习将帮助你提升这方面的能力。如果你全部回答出来了,恭喜你! 你已经具备了敏锐的观察力这一特质,相信你的实践运用将完成得非常出色! 不论何种结果,我们都需要有意识地时刻训练自己观察生活的能力。

🎨 二、实践运用

【实践一】

1.实践场景

假设你是一名志愿者,现在有一个"盲人进课堂"活动,将有 5 名盲人进入你所在的教室同你一起上课,这些盲人年龄在 20 岁左右,都只能感受到光的变化,视觉以外的其他感官状况良好,四肢健全,同正常人一样身心健康,他们接受过基础的教育,能同正常人交流,但词汇及语句比较简单,能使用盲文,他们都握有一根可折叠的盲杖。你需要向他们介绍教室的基本情况并为他们安排合适的位置。

2.实践要求

(1)教室介绍文字不超过 10 句,时间不超过 5 分钟,文字撰写准备时间为 25 分钟,自我修正 5 分钟,共 30 分钟。

(2)你可以同盲人进行简短的交流,了解他们的基本信息和兴趣爱好等情况,如每位盲人的姓名需要记住,以便称呼。当然,你也需要简短地进行自我介绍。

(3)需要考虑盲人认知的具体情况,如他们在视觉认知上有所缺乏,但在嗅觉、听觉、触觉等感知力方面却较为擅长。

(4)需要兼顾盲人的心理状况,如用词中避免使用"你可以看到……"类似的语句,避免伤害到盲人的自尊心。

(5)介绍用语需要兼顾盲人的语句水平,避免用较为复杂的书面句式,也需要避免使用文言词语等。

(6)教室里如果有楼梯或台阶,需要向盲人特别说明,并设法防止盲人可能被台阶撞倒的情况发生。

(7)你可能需要针对盲人的特殊需求改造教室的部分布置,如桌椅的摆放位置、讲台的摆放位置、盲杖的存放位置等。

(8)你需要同教室里的其他同学进行沟通,为盲人选定合适的位置并引导盲人入座。

(9)对教室环境进行仔细观察,形成观察记录列表。随后,你可以独立完成介绍文字的撰写,或者采用小组讨论的形式,征询他人的意见后整理成文,字数 300 字左右。

(10)撰写完成后,进行实践演练:请其他同学扮演 5 名盲人,你扮演向导,进行展示。其他同学在演练结束后可发表相关评价和修改建议,你也可以进行自评,最终进一步修改、完善文稿,如条件许可,将展示拍成视频进行资料收集或供以后的学生参阅。

3.实践指导

你可以仔细阅读《绳子的故事》,选取其中你认为描写得最为细致的三段场景,并分析作者采用了哪些感官进行感知,随后从中提炼出作者采用的反映感官感受的词语,整理出作者观察视角的转变轨迹。最后试着模仿选文,写出自己的观察结果。

我们以"理论指导"中引用的集市描写①的一段作为示例进行分析。

选段首先采用的是整体视觉视角,犹如"航拍"的镜头,用了"黑压压的一片"进行描写。随后视角对焦到具有代表性的事物上,"牛的犄角""富裕农民的长毛绒高帽""农妇们的头巾",用了动词"攒动",令场景具有了运动感。之后,连续使用听觉感受的形容词"尖厉刺耳""嘈杂声""嗡嗡一片",同前两句描写相呼应,从听觉角度折射出集市的喧闹。之后,对听觉感受的描述具体化,选取了"从乡下人结实的胸脯里发出的开怀大笑"及"母牛的一声长哞"两个典型声音,进一步突出集市的"嘈杂"。最后,嗅觉感受登场:"带着牛栏、牛奶、牛粪、干草和汗臭的味道,散发着种田人所特有的那种难闻的人和牲畜的酸臭气。"

选段一共五句,第一句视觉整体视角,第二句视觉局部视角,第三句听觉整体视角,第四句听觉局部视角,第五句嗅觉局部和整体视角。描写在整体与局部视角中不断切换,通过视觉、听觉、嗅觉全方位、立体化地展现了集市场景。分析结束后,现在你可以开始自己的创作了。

4.自我检测

下面的检测表格将帮助你先进行自我测评,以便你更深入地审视自己的创作,打叉的部分需要进一步弥补其中的不足,修正后就可以进行情景展现了。

检测内容	基本达到要求请打"√"	未达到要求请打"×"
(1)介绍文字清晰地展示了教室的基本情况,如教室的大小、天花板的高度、窗户的朝向、黑板的大小和方位、讲台的大小和位置、教室内的基本设备及所处方位、座位的大小、数量和放置顺序等。	(　)	(　)
(2)介绍文字突出了教室的特殊情况,如教室内有台阶或楼梯、教室的电线插座可能存在的安全隐患、座椅或课桌有破损可能会造成的身体伤害的隐患等。	(　)	(　)
(3)充分调动了盲人除视觉外的其他感官作用,如教室中的电风扇的声音、座椅翻动产生的声音、拍打课桌的声音、教室里的气味、课桌的材料质感等。	(　)	(　)
(4)为盲人进课堂进行了教室的相关改造,如改变桌椅的位置、台阶的改造、其他同学座位的改动等。	(　)	(　)

① 金秋萍,陆家桂.大学语文[M].上海:上海交通大学出版社,2017:243.

续表

检测内容	基本达到要求 请打"√"	未达到要求 请打"×"
(5)介绍兼顾了整体和局部的视角,并至少调动了两种以上的感官感受。	( )	( )
(6)介绍文字符合盲人的认知水平,简练而明确。	( )	( )
(7)介绍文字围绕着一个介绍中心或突出了一个内容重点。	( )	( )
(8)为盲人安排的座位的位置合情合理,获得盲人的认可。	( )	( )
(9)为盲人引导入座的语句恰当,并兼顾了其他同学的座位需求。	( )	( )
(10)调动了其他同学的积极性,帮助你进行这次活动。	( )	( )

【实践二】

1.实践场景

假设你是你所在大学的校长,周末你将接待一批具有创新潜力、成绩优异的高中生来校参观。你需要带领他们参观校园并介绍校园的特色,以吸引这些学生未来报考该校。这些高中生一共 10 名,其中 7 名是高三学生,3 名是高二学生。他们是从全国自愿报名的优秀学生中经过笔试、面试选拔出来。他们利用业余时间进行研学的目的是实地考察各大高校的具体情况,了解各大高校的优势和特色,为今后的报考做准备。研学的费用一半由政府出资,一半由学生家庭出资。这些学生的家庭状况大多良好,一半学生家庭经济状况处于小康水平,其中有两名学生家庭较为富裕。三名学生的家庭经济状态处于温饱与小康水平之间,家庭可以承担研学费用。两名学生的家庭经济状况处于温饱水平,家庭勉强可以承担研学费用。在学生参观前,你可以拿到所有学生的家庭基本情况、收入水平、学生学习情况、个人兴趣爱好、发展目标①等。你带领学生参观校园的时间为 40 分钟,以校长的介绍为主,随行的教务处处长、学工处处长等人也可进行相关补充介绍。

2.实践要求

(1)校长的介绍时间不超过 30 分钟,其余 10 分钟需调动其他人员或其他形式向学生们进行校园介绍。文字讲稿前期准备时间为一周,讲稿撰写及修正时间为一周,共为期两周。

(2)需进行团队合作,团队成员至少为 3 人,分别为校长、教务处处长、学工处处长或其他职位人员,最多不超过 6 人。每位成员需要进行细致的分工及良好的协作。

(3)你可能在看完学生资料后,还需要同个别学生或班主任等进行简短的电话或网络交流,了解学生的详细信息和真实情况,如学生对各自未来的发展目标是怎样设定的? 学生的性格及同周围人的关系如何?

---

① 参观学生的具体情况可自行进行适当的虚拟。

（4）需要考虑每位学生的具体情况，包括他们各自的家庭经济情况、个性特征、擅长学科、心理特质等。

（5）需要考虑高中生的普遍心理特征，如选用当下高中生流行的网络新词或语句，举例贴近高中生实际生活等。

（6）需要对校园各地点进行细致的观察，并记录观察结果。随后再选取参观地点，合理规划参观的路线，让学生们在短时间内能对学校有较深的印象。

（7）介绍文字既客观详尽，又能突出学校的特点与特色，有趣味性和吸引力。

（8）在校长介绍除外的 10 分钟内，你可能需要创造性地利用各种形式进行校园展示，如与学生互动、让学生自主选择体验场所、音视频展示、其他人员进行介绍等。

（9）撰写完成后，进行实践演练：请其他同学扮演你的随行人员及参观学生，你扮演校长，进行展示。其他同学在演练结束后可发表相关评价和修改建议，你也可以进行自评，最终进一步修改、完善文稿，如条件许可，可将展示拍成视频进行资料收集或供以后学生参阅。

（10）前期准备工作包括：实地考察、人员采访、文字笔记、视频拍摄等，这些都可制作成视频，作为校园介绍的材料。

3.实践指导

《绳子的故事》采用了以小见大的写作手法，将视线聚焦于奥士高纳大爷身上发生的一件小事，以此衍生出马具商、乡政府、周围群众对此的态度，折射出当时法国社会道德堕落、愚昧无知的真实风貌。校园的介绍也是如此，我们能否抛弃惯有的介绍思路，开辟一条全新的参观路线呢？以《绳子的故事》为借鉴脚本，我们能否将校园介绍也变为故事性的讲述？从小故事入手，挖掘校园的大改变。相比客观的文字描述，大多数人更容易被故事所吸引。搜集、采访学校领导、教职工、学生在学校各个地点发生的故事，从三个角度分别展示学校的风貌是否会让校园的介绍别开生面呢？除此之外，我们还可以有更多的创新思路，如将学校的介绍按照吃、穿、住、行分为四部分，这样介绍能更加贴近参观学生们的期望，也能帮助他们更好地进行判断。介绍过程中还可加入互动环节，让学生自主体验学校的食堂、教室、住宿、采访学生、专家教授等，充分利用他们的听觉、视觉、嗅觉、味觉和触觉与校园环境互动，这样可以让他们从他人的一句话、偶然间看到的一幅画或一张宣传海报中，发现在学校介绍中未能体验到的一面，从而对学校留下深刻的印象。当然，对校园的介绍都要基于对校园中的每处地点进行细致深入的观察的基础之上。

4.自我检测

检测内容	完成度较好请打"☆"	还需完善请打"○"
（1）介绍文字清晰地展示了学校的基本情况，如学校规模、学科设置、教师队伍、科研成果、学生活动等。	（　　）	（　　）

第五部分

续表

检测内容	完成度较好 请打"☆"	还需完善 请打"○"
(2)介绍文字突出了学校的特色,如强有力的领导组织、应用型的人才培养特色、高素质的师资队伍、创新的课程设置等。	( )	( )
(3)充分调动了参观者所有感官的作用。	( )	( )
(4)介绍文字符合高中生的认知水平,满足参观学生的需求。	( )	( )
(5)介绍文字围绕一个中心展开或突出了内容重点。	( )	( )
(6)介绍文字符合盲人的认知水平,简练而明确。	( )	( )
(7)介绍文字围绕着一个介绍中心或突出了一个内容重点。	( )	( )
(8)兼顾不同家庭背景学生的不同状况进行了介绍。	( )	( )
(9)介绍思路有创新,即有别于其他学校的介绍方式。	( )	( )
(10)调动了所有参观学生们的积极性,参与互动活动。	( )	( )
(11)同组内其他成员通力协作,共同完成了此次活动。	( )	( )

A+B=C 三、知识链接

创意引擎①

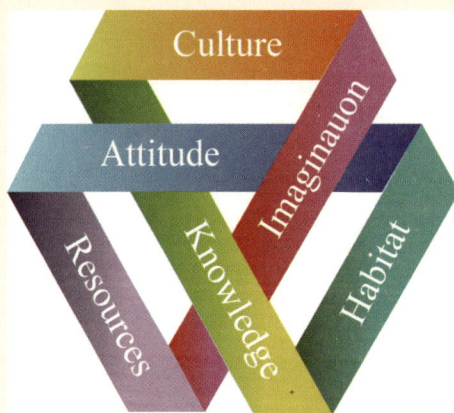

图 5-1-2　创意引擎六要素②

创意引擎六要素:知识(Knowledge)、想象力(Imagination)、态度(Attitude)、资源(Resources)、环境(Habitat)、文化(Culture)。

① 蒂娜·齐莉格.斯坦福大学最受欢迎的创意课[M].秦许可,译.长春:吉林出版集团有限责任公司,2013:10,200.
② 图 5-1-2 来源:http://www.ylib.com/hotsale/inGenius。

该模型由内层和外层两部分组成。内层包含三个因素：知识、想象力和态度。

· 知识储备是发挥想象力的基础。

· 想象力是将已有知识转化为新想法的催化剂。

· 态度是点燃创意引擎的火。

外层也包含三个因素：资源、环境和文化。

· 资源指你所处的团体内一切可利用的东西。

· 环境指你的生活环境，比如家庭、学校或者办公室。

· 文化是你所处的团体中体现出来的集体信仰、观念和行为。

创意性思维是取之不尽用之不竭的宝藏，只有不畏困难、善于抓住机会的人才能把它开发出来。日常生活中处处隐藏着创新的机会，别人随口说的一句话，路上偶然碰到的一件物品，随意做出的一个决定，这些都有可能给你灵感，激发你的创意思维。创意思维是可以通过练习加强的。主动培养观察能力，学会横向、纵向思考问题。换种方式提问，多问几个为什么，这几点只要坚持练习，创意思维必会有所增强。此外，也可以专门构建鼓励创新的环境，打造一支渴望创新的团队，营造一种不怕失败、大胆尝试的氛围，所有这些措施会进一步加强个人或团队的创意思维。

你的创意引擎需要你亲自点燃，潜在的创新能力还需要你亲自释放出来。一旦启动了创意引擎，你就拥有了克服任何困难的能力，就能全面地认识问题、分析问题，最终找到合适的解决方案。任何想法，无论最初看起来多么荒谬离奇，只要能通过想象力得以实现，都将会推动社会的进步。如果没有了不断出现的新创意，人类社会就会停滞不前，甚至还会倒退。

因此，我们每个人都有义务发挥自己的创造性思维，为自己为社会创造一个美好的未来。

点燃你的创意引擎吧！

四、思考练习

1.观察学校的一株植物或一处景物，记录其变化过程，形成观察日记。

2.实地考察活动：在校园内找一处你经常去的场所或走的道路，但请用全新的目光进行观察，发现以往被忽略的细节，并拍下照片，同时用文字记录自己的感想。

3.参观当地一家购物中心，如超市或商场，至少待满两个小时，期间认真观察店铺、商场的设计及顾客的情况，完成以下问题列表，随后对其格局设置进行优缺点评价①。

---

① 蒂娜·齐莉格.斯坦福大学最受欢迎的创意课[M].秦许可,译.长春:吉林出版集团有限责任公司,2013:63.

进店之前：

· 橱窗是如何布置的？效果如何？

· 你有没有被这家店吸引住？如果是，是什么吸引了你？

· 店门是开着的，还是关着的？

· 商店的招牌有多大？用了什么颜色？是否吸引了路人的注意？

店内环境：

· 装修以什么颜色为主？

· 地面铺设什么颜色的地板或瓷砖？

· 专柜是否同其他柜台采用了不同颜色的地板或瓷砖进行区分？

· 专柜的装修风格同商场的风格是否和谐？

· 天花板有多高？给人什么感觉？

· 光线如何？不同柜台的光线是否不同？

· 店内比较安静还是比较嘈杂？

· 店内是否播放背景音乐？如果有，是什么类型的音乐？

· 店内闻起来有哪些味道？有哪些让你觉得舒服或不舒服的气味？

· 收银台和洗手间分别设置在哪里？

· 店内安全看起来是否有保障？

店员配置：

· 柜台是否都有导购？一般有几人？

· 顾客进店多久后分导购才会前来进行服务？

· 导购员与顾客的比例大概是多少？

· 导购员的年龄集中在哪个阶段？男女比例是多少？

· 导购员是否统一着装？

· 导购员的服务态度和水平是否一致？

· 专柜同其他柜台的导购员的服务水平是否有区别？

商品方面：

· 店内商品的摆设是否紧凑？对你购物的心情是否有影响？

· 商品摆放得整齐还是杂乱？

· 店内中央是否有主打商品的展台？如果没有，主打商品被放置在什么位置？

· 第一眼判断，店内商品大致属于哪个档次？

· 店内最不容易找到的商品是哪类？

· 最贵和最便宜的商品被放置在什么位置？

· 商品的价格是否一眼就能被看到？

· 扶手电梯周边是否摆放了商品？

· 收银台周边是否摆放了容易让人购买的商品？

续表

顾客方面:

· 顾客的平均年龄多大? 主流顾客在哪个年龄段?

· 顾客待在店里的时间一般多长?

· 大多数顾客随便逛逛还是会购买商品?

· 平均几个顾客中会有一人购买商品?

· 是否对 7 岁以下的儿童顾客有相应的配套设施? 如儿童便池和洗手池、小型游乐场、母婴室等。

· 残疾人顾客是否方便进店选购?

· 对行动不便的顾客是否提供其他服务? 如轮椅租赁、导购员帮忙搀扶等。

4.追踪自己的提问回答比例。在多种场合下观察并评估自己的提问和回答问题的方式,如在近期的课堂、讨论、活动或会议中,提问次数是多少? 回答次数是多少? 提问的方式是否属于主观发问? 还有哪些问题我没有问出来? 这一练习旨在引导你注意提高自己的提问回答比例,从而加强对周围环境的观察力。

五、拓展阅读

1.埃里克·瓦尔.创意就是这么简单[M]郭晓静,译.北京:中信出版社,2016.

2.工跃新,赵迪,王叶.创新思维发生及运行机制探赜[J].吉林大学社会科学学报,2015,55(5):102 - 106,173-174.

3.凯莉·史密斯.做了这本书[M].吴琪仁,译.武汉:湖北科学技术出版社,2015.

4.牛津大学 2016 年部分考题及

图 5-1-3 牛津大学都灵学院景观图①

解答提示:http://www.mbachina.com/html/mbazz/201707/110019.html。②《哈利·波特》取景的牛津大学万灵学院官方网站:http://www.asc.ox.ac.uk,中文简介:http://www.bangli.uk/264269.html。

---

① 图 5-1-3 来源:http://www.siaedu.net/news/detail/id/3743.html。

② 牛津大学万灵学院考题被认为是"世界上最难的考题",考题大多从实际生活的现象出发,需要考生平时具有有敏锐的观察力,牛津大学考题也十分注重这点。

第二章　关联想象——破解创新之谜

当我们养成对日常生活进行敏锐观察的习惯之后,就能轻而易举地发现被多数人忽略的事物或细节,但这些发现还只是创新的第一步,之后的关键一步是要把这些我们发现的似乎不关联的事物通过想象建立联系,从而形成新奇的创意,这个过程被称为"关联想象"。

一、理论指导

(一)关联想象实例

"蝗虫"和上下班高峰易造成的"拥堵"之间有关联吗?科学家近年发现,成千上万只蝗虫前去田地"扫荡"农作物时,相互之间从来不会发生碰撞和摩擦,数量庞大的蝗虫的聚集同高峰时期的车辆汇聚非常相像。因而科学家们目前正在研究蝗虫是如何避免相互冲撞的,以便运用到今后的交通疏导中。这是有实用价值的关联想象,也有一些比较荒诞、不太实用的创意。

日本的"珍道具"公司就是个典型的例子。记得小时候我们都会玩的气泡纸吧?把气泡压扁就会发生"噼啪"的声响,给孩子们带来很大的乐趣,"珍道具"公司据此制作了"气泡垫钥匙链",如图 5-2-1 所示,帮助人随时随地减压。还有奇特的眼药水漏斗,如图 5-2-2 所示,在眼镜中央戳个小孔,上面再加上小漏斗。可我们平时一般滴眼药水真的需要这样吗?就算滴不到再滴一次不就行了吗?而且戴上这个装置,人不是会感到更加害怕而不肯睁开眼睛吗?但在这些无太大实用价值的产品背后,我们看到的是充满想象力的创意和对日常生活的敏锐观察。如果没有对生活中细节的关注,就不可能产生这些解决生活中的"小麻烦"的物件。同时,如果没有展开关联想象的翅膀,我们也不会把气泡纸和减压、眼药水和眼镜漏斗联系在一起。

图 5-2-1　气泡垫钥匙链①

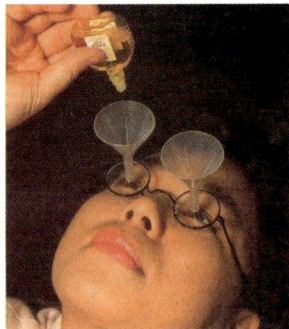

图 5-2-2　眼药水漏斗②

---

① 图 5-2-1 来源:https://baijiahao.baidu.com/s? id=1570544737186355&wfr=spider&for=pc。
② 图 5-2-2 来源:https://baijiahao.baidu.com/s? id=1570544737186355&wfr=spider&for=pc。

不同事物之间的内在联系有时甚至超出了我们的想象。

科学研究在这一方面的表现尤为突出。斯坦福大学国际安全与合作中心主任米歇尔·巴里为了根除发展中国家面临的常见疾病，长期待在这些国家进行深入研究。她和其他研究人员曾经一起探究引起孟加拉国孕妇易患上妊娠高血压的原因。随着研究的深入，他们惊讶地发现：高患病率可能与当地日益上升的海平面有关。海平面上升会造成内陆下沉，海水便会渗入稻田中，从而使大米中的盐的含量增高。由于孕妇生理上的特殊变化容易引起体内钠离子浓度过高，再加上食物中盐含量的增高，这提高了孕妇患妊娠高血压的概率。正是研究者们将妊娠高血压同全球变暖造成的海平面上升这两个看似不相关的因素联系起来，才有了重大的发现。

上述实例向我们表明：在日常生活中，小到一个物件，大到环境保护，表面上不相关的事物之间却存在着内在相关性。发现这些联系既能帮助我们超越现有的认识，又突破固有的思维，创造全新的事物。

关联想象的重要性不言而喻，它也成为衡量创新能力的重要指标之一。通常，申请牛津大学万灵学院的学生都必须参加一项特殊的考试，这项考试要求考生围绕几个词写一篇文章，考生们会各自拿到一张写有如"奇迹""挑衅""水"等词的卡片，然后在三个小时内围绕这些词语展开想象和联想，写一篇文章。几乎所有的学生都害怕这样的考试，因为大多数人都还不具备关联想象的创新思维。这一考试形式直到2017年才被取消。已经延续了二十年的"新概念作文大赛"也经常选用类似的考题，考查考生的关联想象的创新能力，其中最为著名的一个例子是：作家韩寒参加第一届新概念作文大赛时，由于迟到而参加补赛。当时《萌芽》编辑把一团纸投入盛满水的杯子，让韩寒以此为题材写一篇文章。一个半小时后，《杯中窥人》诞生，新概念作文大赛也由此成为挖掘潜力作家的摇篮之一。

（二）关联想象的训练

要看到不同事物之间的联系，需要不断地练习。下面四个训练途径可以帮助你更好地激发自身的联想创意。

首先，你需要具备开放、包容的交流心态。

在"互联网+"背景下的信息化时代，"地球村"中的每位成员、每样事物之间都有着千丝万缕的关联。开放、包容的交流心态能够帮助我们不断获知更多的信息，从而为关联想象创造更多的可能。美国的涂鸦画家埃里克·瓦尔在30岁时，丢掉了工作，同时还要抚养三个孩子，但他选择了包容"不安"，拿起了画笔，并将他热爱的艺术同商业创造性地融合，开创了"遗落画作"（Art Drops）。他认为："进步源于改变。"[1]跳出框架思维、打破习惯的麻木，开放、包容地迎接挑战和改变，频繁地进行关联想象，方能维持旺盛的创造力。

---

① 埃里克·瓦尔.创意就是这么简单[M].郭晓静,译.北京:中信出版社,2016:43.

其次,尽可能地接触不同的文化和人群。

不同文化之间的碰撞最容易擦出创意的火花。加利福尼亚大学信息学院主任安娜里·萨克森宁在其《地区优势》一书中,把硅谷独特的企业精神和强大的创新能力归结于个体与个体之间、企业与企业之间无障碍的交流。我们在日常生活中实际也处处都有硅谷式的交流机会:来自各行各业的家长们参加家长会时的闲聊,来自不同专业背景的学生们之间的交流,有着不同爱好的企业成员之间的交流,都可能激发参与者的关联想象,从而产生创新灵感。你可以利用旅行、活动、参加团体、参与项目等各种渠道拓宽自己的交际圈,了解更多不同文化背景人群的思维方式,以启发你进行关联想象。

然后,多进行跨学科的关联想象。

20世纪中后期,随着科学技术的飞速发展及人类思想的进步,各学科间形成了相互交叉、相互渗透的新模式,同时也产生了一系列新兴学科与交叉学科。目前较成熟的学科门类大约有5 550门,其中交叉学科约有2 600门,占全部学科总数的46.8%。百年诺贝尔奖,有41.02%的获奖者属于交叉学科①。现今的社会需求也越来越偏向具有跨学科背景的人才。加利福尼亚大学伯克利分校还开展项目,通过提供创业资金和奖金的形式鼓励研究生从事跨学科研究,此举正是为了促进不同学科的学生能够彼此交换想法、互相学习。

最后,善用类推法抓住事物间的联系。

类推法是通过不同事物的某些相似性类推出其他的相似性,从而预测出它们在其他方面存在类似的可能性的方法②。如我们用蝙蝠的回声类推雷达,用鸟类的翅膀形状类推飞机机翼等。类推法的优点是能发现事物之间的共性,缺点是得到的仅是推测性结论,需要实验进一步论证。寻找不同的人、事物或者已有认识之间的关系,会极大地丰富我们的想象力。如有四个小孩的罗里·麦克唐纳经过类推分析,发现了同行企业之间相互作用的模式与孩子们在一起玩耍时的表现是基本一致的,他们都不会主动干涉对方,但会相互影响、甚至模仿③。掌握类推法会让我们超越已有的想法,锻炼创造性思维,从而轻松实现创意。

(三)关联想象的过程及步骤

经过上述关联想象的训练之后,我们将具备关联想象的扎实基础。那么,面对具体两个或多个事物,如何快速地找出事物间的关联呢?下面通过具体实例,介绍关联想象的一般过程及步骤。

首先,根据单个事物的所有特征进行关键词总结。特征内容包括:外形、颜色、性质、功能等。如"糖果"这个词,根据它的所有特征,对其关键词进行总结,可形成下图:

---

① 冯一潇.诺贝尔奖为何青睐交叉学科[N].科学时报,2010-02-12(3).

② http://wiki.mbalib.com/wiki/类推预测法。

③ 蒂娜·齐莉格.斯坦福大学最受欢迎的创意课[M].秦许可,译.长春:吉林出版集团有限责任公司,2013:29.

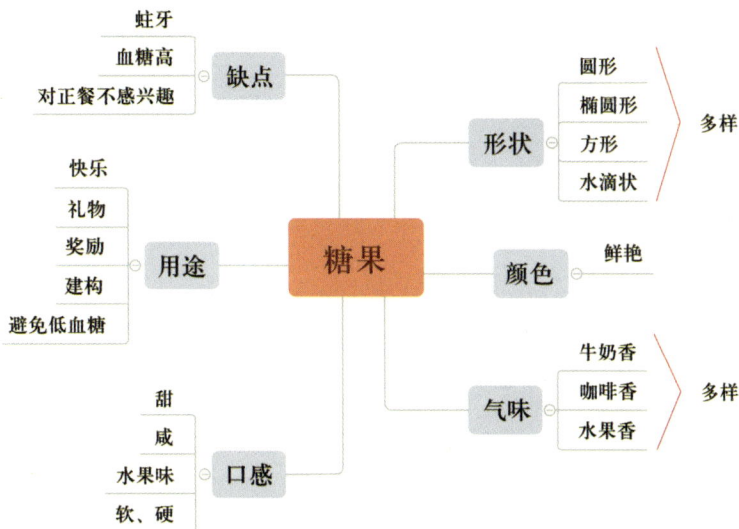

图 5-2-3 关于糖果的关键词总结

"钱包"这个词,根据它的所有特征,对其关键词进行总结,可形成下图:

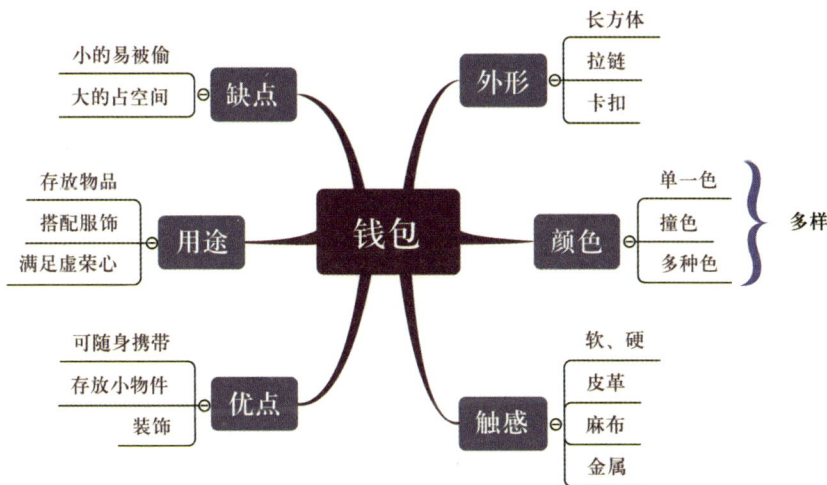

图 5-2-4 关于钱包的关键词总结

随后,对总结出的事物特征关键词展开大胆的关联想象。如将糖果的气味同钱包的颜色和外形进行关联,会产生如下想法:钱包可否加上糖果的气味?钱包可否变为糖果的外形?这样就已经催生出了创意的想法:一款好闻气味的钱包;像糖果一样外形和颜色的钱包等。

最后,对所有由关联想象获得的想法进行分析和筛选。如将糖果的"形状"同钱包的"可随身携带"的优点进行类推法关联,会产生创意想法:你愿意随身携带的糖果一样的钱包,如图 5-2-5 所示。上段内容中的两个创意"像糖果一样外形和颜色的钱包"显得比较切实可行,而"具有糖果气味的钱包"则在筛选中被淘汰。

创新很多时候是社交活动的产物,需要人与人之间的沟通与交流。沟通的形式越多样化,就越有可能实现创新。关联想象将不相关的事物联结在一起,在创新思维的产生中起着重要的作用。

图 5-2-5　像糖果的钱包①

✏ **指导笔记**

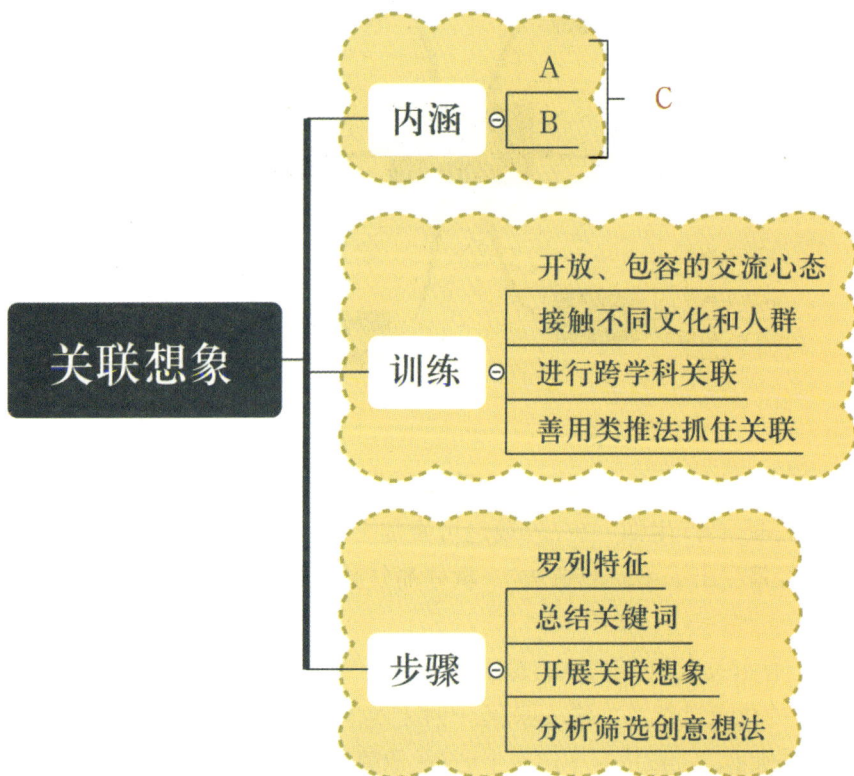

---

① 图 5-2-3 来源:http://www.meihua.info/a/62599。

📖 总结反馈

　　以下表格中的问题涵盖了本章的主要教学内容,力图帮助你更深入地思考"理论指导"的内容并引发团队讨论。

需要记住的内容	什么是关联想象?
需要理解的内容	关联想象的作用是什么?
需要应用的内容	关联想象的训练途径有哪些?
需要分析的内容	为什么创新思维的关键是关联想象?
需要评估的内容	关联想象重要吗? 为什么?
需要动手创作的内容	你准备在日常生活中制订怎样的关联想象训练计划?

🎨 二、实践运用

(一)实践热身

　　下面一张卡片中,包含了五个随意抽选的文字及一张图片,请根据卡片中"学科"及"学习重点"部分的内容,在图片与学习重点之间、随机词与学习重点之间建立至少一个关联。

学科:历史
学习重点:第二次世界大战
随机词:
①狗;②盒子;③自由女神像;
④钢琴;⑤内部

图 5-2-6①

　　这一练习是进行关联想象训练中经常会运用到的方法。你可以在日常生活中随时随地进行有意识的训练。以下给出的仅是一个参考关联,你可以有自己的解读,这一练习可以迅速帮你养成关联想象的习惯,培养创新思维的基本能力。

　　关联参考:

　　(1)狗、盒子:狗被扔出了盒子,就好像战争中的人流离失所一样,没人希望被这样对待。

---

① 图 5-2-6 来源:http://www.nipic.com/show/8366394.html。

（2）自由女神像：象征着自由，反对战争的出发点和终极目标即是自由。

（3）钢琴：犹太儿童即使在战乱环境中仍然空手练习弹奏钢琴，这不仅是一种自我修养，更是在战争中保持信念的一种方式。战争可以摧毁实物钢琴，但摧毁不了人们心中的钢琴。

（4）内部：第二次世界大战让我们更深入地窥探到了人性内部的复杂。

（5）图片：当战争的消息通过电话、广播、电报等形式传入人们的耳朵时，犹如一把手枪对准了人们的头颅，让人们只有两个选择：或者被敌人杀死，或者自杀。

（二）实践训练

【实践一】

1.实践场景

假设你是一位高中助教，主要任务是在主讲教师结束课程内容后，课后个性化指导、督促学生学习课程内容，帮助他们巩固学习内容。现在，主讲教师刚刚结束关于李白《蜀道难》的导读，有五位学生对于该教学内容不感兴趣，你需要针对他们不同的情况，有趣味性地讲解李白生平及其作品，引发学生阅读其作品的兴趣。五位学生的具体情况如下：

A学生为男生，最喜欢的学科是地理，最大的梦想是环游世界。

B学生为男生，最喜欢的学科是历史，最感兴趣的历史时期为清朝。

C学生为女生，最喜欢唱歌，会弹吉他。

D学生为男生，热爱运动，最喜欢打篮球，对篮球明星如数家珍。

E学生为女生，平时喜欢做手工，制作了很多精美的手链、项链等饰品。

2.实践要求

（1）对每位学生，助教老师需要在5分钟以内讲解完毕。准备时间为20分钟。个人或团队完成均可。

（2）讲解的结果重在能激发学生阅读的兴趣，而非作者或作品内容的讲解。

（3）需要结合学生兴趣个性化地进行讲解。

（4）需要在学生兴趣与知识点内容之间进行关联想象，建立合理的关联。

（5）讲解前需要对李白生平及其作品有一定的了解。

（6）讲解语句需要兼顾高中生的认知和心理水平及男女差异。

（7）在其他学生中选取5位志愿者扮演A、B、C、D、E五位学生，进行及时的反馈和评价。

3.实践指导

王蒙有一篇文章《春之声》①，其中的第二段采用意识流②的手法，描写了主人公的所见

---

① 金秋萍,陆家桂.大学语文[M].上海:上海交通大学出版社,2017:228-235.

② "意识流"(stream of consciousness)是美国机能主义心理学家先驱詹姆斯创造出的词,用来表示意识的流动特性:个体的经验意识是一个统一的整体,但是意识的内容是不断变化的,从来不会静止不动。来源网址:https://baike.baidu.com/item/意识流/109181？fr=aladdin。

所闻。从"方方的月亮"的"移动,消失,又重新诞生"开始,富有视觉的动态变化。随后视觉转移到听觉感受,由"愈来愈响的声音"引发关联想象,同"祖国的胳膊"、歌曲《泉水叮咚响》进行关联。之后,又联想到广州人的生活方式、美国的抽象派音乐。最后,将火车的"铁轮声"同生活的盼望、回家的期冀进行类推想象。选段出现了"月亮""门""铁锤""铁轨""歌曲""广州""美国""抽象派音乐""京剧锣鼓""基辛格""铁轮声""生活""回家""过年"等众多事物,这些事物之间的关联核心在于祖国的变化。看似不相关的事物之间存在着内在联系,从不同侧面折射出祖国的新变化和主人公的积极心态。

结合"理论指导"中关联想象的过程及步骤的内容,你可以将上述分析的顺序颠倒,先分别展开由李白生平、李白作品、学生兴趣点为中心的关联想象,将通过关联想象获得的所有词语记录下来,随后对"作家——学生兴趣点""作品——学生兴趣点"的关联词语进行关联想象,寻找两者之间的关联。

参考关联举例:

F学生为女生,喜欢看科幻电影。

讲解内容:2017年陈凯歌导演的奇幻电影《妖猫传》中有李白的诗"云想衣裳花想容",有兴趣了解下科幻和李白是如何产生相关性的吗?

4.自我检测

请回答下列表格中的5个问题,回答为否定的内容需要进一步修改。

问题	回答(是或否)
(1)讲解时间是否未超过3分钟?	
(2)讲述方式是否符合学生的认知和心理水平?	
(3)讲解内容是否从学生兴趣出发?	
(4)讲解的侧重点是否同学生兴趣之间有较为合理的紧密关联?	
(5)讲述结果是否让学生产生了想要阅读作品的冲动?	

【实践二】

1.实践场景

假设你是某大学的本科毕业生,现在正在应聘某中学的教师岗位,需要参加学校组织的面试。面试的重要环节之一是现场教学,教学内容为"清朝的衰落"。你需要同其他学科的应聘者同台竞技,从各自学科角度讲解该知识点内容。听课学生为该校初二学生,你需要进行10分钟的教学展示。在教学过程中,你需要引发学生开展讨论,并运用自身学科所长同学生一起分析清朝衰落的原因。课程最后,学生可提相关问题。参加面试的应聘者分别来自以下学科:经济学、中国语言文学、地理学、政治学、体育学。

2.实践要求

(1)采用小组讨论形式,各组选取一个学科,围绕教学内容开展课堂模拟教学。

（2）小组讨论结束后，各组选取一名代表作为应聘者，上台"授课"，其他组成员扮演听课学生，同组其他成员扮演助教。

（3）教学展示时间不超过 10 分钟，准备时间为 40 分钟，其中最初 10 分钟为知识点内容准备时间，后 10 分钟为讨论时间，之后 15 分钟用于撰写文稿，最后 5 分钟用于修正、完善。

（4）各组应聘者的讲解内容需要同各自选取的学科、专业背景及教学内容紧密结合。

（5）教学内容与学科之间需要进行关联想象，建立合理的关联。

（6）各组轮流展示结束后，分享对各应聘者教学效果的评价和建议，轮流发言，发言时间最多不超过 10 分钟。

（7）最后选取出大家认为讲课表现最出色的应聘者。

3.实践指导

《春之声》①中的主人公不仅善于观察周围的环境，而且经历丰富，文中光地点就出现过：广州、西北高原、美国、北京、家乡、X 城、汉堡、机场、故宫、客运列车、百货公司、香港、慕尼黑、研究所、宾馆、法兰克福、北平、德国等近二十个，主人公联想到的事物更是纷繁复杂，涵盖了政治、经济、文化、生活、科技等各个方面，主人公还会主动同列车上学德语歌的乘客进行交流。可见，主人公开阔的视野、积极的心理、主动的姿态，都是形成其丰富联想的重要基础和条件。

请学习主人公主动接触不同人群和不同文化的做法，从各应聘者的教学讲述中引发思想火花的碰撞，掌握跨学科探析问题、多角度阐释观点的能力。

参考关联举例：

医学：清朝民众的医学知识较为匮乏，对输入的"鸦片"的危害认识不清，对戒烟的正确方法也一无所知，导致大量民众直接丧失劳动能力，无法抵御强敌。

4.自我检测

请回答下列表格中的 5 个问题，回答为否定的内容需要进一步修改。

问题	回答（是或否）
（1）讲解时间是否未超过 10 分钟？	
（2）讲述内容是否符合"清朝的衰落"的历史事实？如历史事件的时间、细节等需同历史记载一致。	
（3）讲述内容是否同学科特点紧密联系？	
（4）讲解内容同学科内容是否建立了合理而新颖的关联？	
（5）讲解语句是否贴近大学生生活实际，对学生有吸引力？	
（6）讲述结果是否让学生对讲解内容有比较深入的认识，在课后能引发学生的进一步探索？	

① 金秋萍,陆家桂.大学语文[M].上海:上海交通大学出版社,2017:228-235.

三、知识链接

拉链是我们生活中最为常见的日常用品之一,目前流行的拉链基本都为竖直型的拉头设计,拉链同横线、三维、圆形、齿轮之间似乎不存在什么关联,但当你看完下面的设计后,你会发现,只有将看似不关联的事物联系在一起后,我们才会产生令人拍案叫绝的设计想法。此文能让你更好地理解"关联想象"的原理和作用。

小拉链,大设计![1]

喜欢日本设计的同学,都会对佐藤大的作品有印象,因为他做的设计,总会让人感到惊喜!

2002 年,25 岁的佐藤大在早稻田大学建筑系取得硕士学位后就创立了个人设计事务所 Nendo,短短 3 年间,他就将分所开到了现代设计之都米兰。他设计的范围从趣味横生的家居产品,到雕塑感十足、让人不忍心下口的巧克力,如图 5-2-5 所示。佐藤大的设计,总能让人发出由衷的赞叹:简单却微妙!

图 5-2-7

前不久,日本拉链行业的鼻祖级公司 YKK——对,就是那个一年的拉链销量可以绕地球 47 圈的 YKK——请到了 Nendo 为其重新设计拉链。佐藤大带领 Nendo 重新审视和思考了拉链本身,通过对各个构成要素的精细研究与调查,进行了实验和重新设计。然后一口气设计了五款不同和令人惊叹的拉链!

---

[1]　文章、图 5-2-7 至图 5-2-18 来源:http://www.justeasy.cn/news/7958.html。

第五部分

　　拉链的基本原理是：两条拉链带通过拉头的作用进行随意的拉合，就是在没有任何间隙的前提下，打开和关闭两件物料之间的开口。然后，我们一起看看佐藤大如何诠释"到底什么是拉链"这个问题。

　　下图是第一个作品，与通常只可以一个方向卡关的拉链不同，这是一个可以互相交叉的拉链。Nendo 在两个拉链交叉处的中间设计了一个十字系统。这个十字系统，是整个设计中的核心所在，它是一个小的"卍"型机关，负责在纵横交错连接处进行咬合。这样一来，就轻松地解决了普通拉链只能拉向一个方向的问题，从而真正实现了"纵横捭阖"——拉链横竖都可以开关。将这个拉链用在包包上后，拉链在灰色的行李袋表面形成了白色的十字交叉，让一个简单的袋子同时拥有了两个不同方向的开口。你可以根据需要，选择水平或垂直方向拉开拉链，轻松地取出包内的物品。

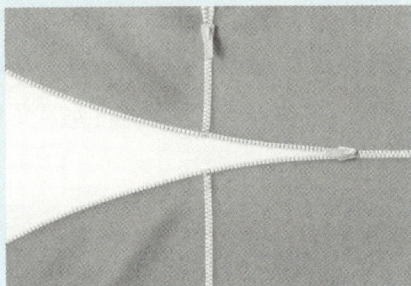

图 5-2-8

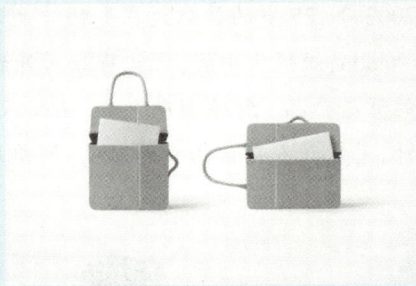

图 5-2-9

　　再来看看第二个：带有间隙的拉链！

　　在保留了普通拉链使用简单方便的特点外，这个设计采用的不是"线"的连接而是"点"的连接方式。在这个拉链的设计中，每隔九个拉链齿就会出现一个类似于磁铁或纽扣的小结构，用户在使用时可以将它们全部拉开，也可以利用这个小结构使得拉链产生空隙。这种间隙在增加了透气性、灵活性和柔软性等新机能的同时，使其仍具有普通拉链的典型可用性。这些小结构彼此互相固定，耳机线充电线等可以轻松通过。很明显，这个方案能让用户在无需完全拉开拉链的情况下，有着更灵活方便的操作。换句话说，你只要从包上拉链的一个小口里就能拿出耳机、纸卷或是你的充电宝的线来充电。

图 5-2-10

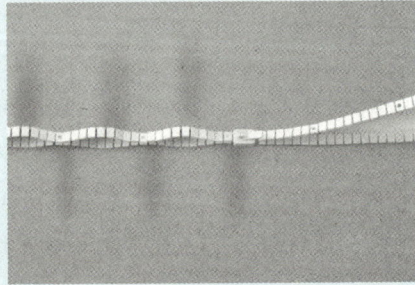

图 5-2-11

再来看看第三个——三维拉链!

不得不说,这个拉链的设计太精彩了,它没有采用传统平行的设计手法,而是让布以立体的形态连接在一起! 在同一个空间内,同时可以分成 3 个方向来分离与连接。只要通过移动一个三字形的滑块,就能将三组拉链组合在一起。这个设计将拉链直接上升到三维空间,打破了原始拉链的平面界限,甚至很有可能激发出服装设计师们创作出非常不一样的设计!

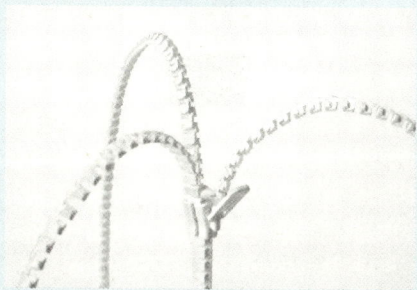

图 5-2-12

图 5-2-13

其最好玩的地方在于:可以直接将包袋的手柄与包身全部用拉链连接,随意打开或者收合。

第四个是可以无限循环连接的拉链!

以往的拉链是有始点与终点的,而这个拉链则是"环状"! 它的特点在于,没有起点也没有终点,360 度任何方向都可以拉伸! Nendo 将拉链直接做成了这样一个个大小不一的环形封闭状。两个使用这款拉链的布料或产品之间可以进行无限延伸。当应用在包包上时,可以利用这款拉链将包袋产品完全分割或者拼接。

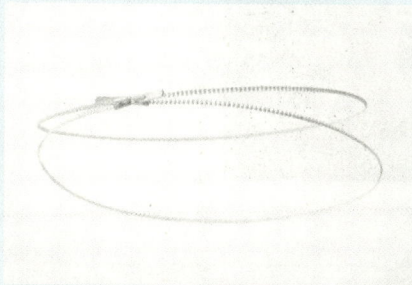

图 5-2-14

图 5-2-15

再来看看最后一个设计方案:圆盘拉链!

以往在移动拉链时,用户总需要用另外一只手来拉住拉链的末端,使其成为直线形状的开关。正是捕捉到了这一不便的地方,Nendo 将新的拉链设计成了一个圆圈,内部齿轮的运动使得新的拉链可以简单地用单手操作。它将传统拉链彻底去除,换成全新设计的复杂圆盘系统,圆盘的内部,则由一系列大小不一的齿轮来实现转动。用户在使用时,只需要将圆盘转动,即可实现开关和闭合!将这个圆盘拉链应用在包包上,用户用一只手就可以操作,轻松地放取物品。

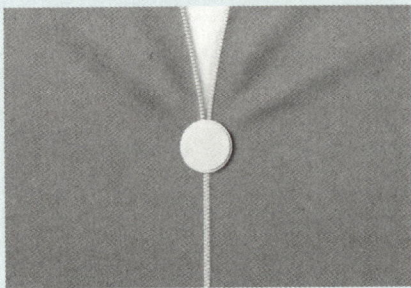

图 5-2-16

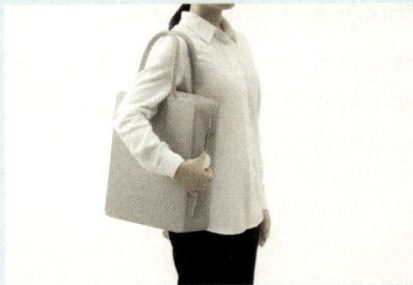

图 5-2-17

不得不说,佐藤大为 YKK 制作的这 5 款最新概念的拉链,用设计的力量再一次创造了创意与商业的无限可能性。这些拉链设计没有停留在装饰与用途的本身,而是深挖了拉链这个物品本身应该有的形式及其根源所在。

附 Nendo 工作室介绍:Nendo 在日文里的意思是"黏土",意味着自由、灵活、有弹性,可塑性高和平易近人,这也正是 Nendo 工作室的设计精神。在佐藤大看来,好的设计作品应该有让人思考的功能。因此,Nendo 的每件设计作品都超越了它本身所具有的意义。

图 5-2-18

四、思考练习

1.用自己的名字设计网站或网上店铺的名字及宣传语,需要发挥关联想象,将自己的名字同网站的性质联系在一起。如一人名叫"顾嘉唯",店铺名为"顾家家居",宣传语为"顾家家居 唯你不可",售卖家居产品。如果条件许可,可同时设计网站的标志。

2.对"星空""土地""鹦鹉""沙发""情侣"五个词展开关联想象,编写一个故事,随后相互之间进行故事交流,选出最精彩的一个故事。

3.实地考察活动:请前往一处场所或街区,采访不同职位、工作、性别、年龄的人对所工作或生活场所的感受,记录下被采访者的回答内容,提炼其中的关键词,分析不同背景人群的认知异同并对此展开关联想象,找出个人经历同认知感受之间的联系。

4.手工活动:请运用日常生活中常见的五样物品,制作一件既可放于书桌上装饰又具有实用功能的物品,如笔筒等,拍下照片并用文字记录自己在制作过程中运用关联想象的感想。

5.“异想天开”类推训练:如果机器人能感到快乐会怎样?和我们感知快乐的方式会有所不同吗?世界会因此有何改变?

五、拓展阅读

1.Everett M. Rogers.创新的扩散[M].5 版.唐兴通,郑常青,张延臣,译.北京:电子工业出版社,2016.

2.孙静蕊.诗以为治:《诗经》中的法意——兼论法律与文学的关联及其意义[J].社会中的法理,2015,7(1):241-296.

3.张一玮.感知、空间与都市性:电影中的电梯影像[J].文化研究,2016(1):18-30.

第三章　头脑风暴——解除创新之难

前两章所论及的观察力及关联想象,都需要你在日常生活中持续不断地练习,是形成创新思维的基础和重要条件。但我们实际生活中经常会遇到一个突发状况需要我们快速地进行解决,这时,如何快速地将日常积累的观察结果和关联想象的思维转化成解决方法则显得至关重要。本章我们就来探讨快速解决问题的重要方法之一——"头脑风暴法"。

一、理论指导

(一)"头脑风暴法"的产生与定义

Think 资本公司的合伙创始人蒂姆·哈德逊在其著作《不换思想就换人》中提到:解决问题有三种境界,其中最高的境界是不懈努力,直到发现新颖、高效的解决方案[1]。大多数人如果找到了解决问题的方法即会停下脚步、不再思考。而创新思维会要求我们继续追问、永不满足,不停地想出更多更有创新性的解决方案。有许多方法能够快速促成深层次创新想法的产生,例如 19 世纪 50 年代,苏联发明家阿利赫舒列尔提出的"发明问题的解决理论"(英文缩写为"TRIZ")。在《创造是一门精密的科学》中,阿利赫舒列尔列举了40 条创新原理。之后,人们不断对其进行补充完善,将其扩展到 85 条,被称为"发明问题

图 5-3-1[2]

解决算法"(英文缩写为"ARIZ",指 Algorithm for Inventive Problem Solving)。同时,也有人进行不同的创新思维训练实践。如北爱尔兰贝尔法斯特皇后大学客座教授阿利斯泰尔·费主张通过积极的情感体验来提升想象力,通过写诗和音乐让学员依靠情感逻辑而非理性逻辑看待事物。这些方法都证实了追求深层次创新的方法不止一种,但目前有一种方法已久经验证并屡获好评,那就是"头脑风暴法",又称为"智力激励法"。

"头脑风暴法"的创始人是美国人亚历克斯·奥斯本,他于 1953 年在其著作《应用想象学》中首次提出这一概念,随后风靡全球。"头脑风暴法"是一种集体开发创造性思维的方

① 蒂姆·赫森.不换思想就换人[M].张猛,译.北京:机械工业出版社,2009.
② 图 5-3-1 来源:https://www.jianshu.com/p/864af13ac1a8。

法,就是让一群人聚在一起,围绕特定的话题,自由地思考,大胆地提出各种想法,然后在他们观点的基础上建立新观点①。很多人对于"头脑风暴法"存在认知偏差,主观地认为"头脑风暴法"不过就是把一群人聚集在一起发表自己的看法而已。但实际上,在利用"头脑风暴法"前,组织者需要做相当充足的准备,而与会者也需要事先接受"头脑风暴法"的相关训练,还需要了解运用这一方法的原则,这样才能运用"头脑风暴法"迅速找到最具创造性的解决方法,否则就只是一场浪费时间的聚会而已。

(二)"头脑风暴法"指导手册②

1.会前阶段

(1)选择适宜的会场

会场首先应比较空旷,能确保与会者可以在会场内自由地走动。其次,椅子和桌子最好可以移动,这样方便与会者站着进行讨论或分组讨论,站着讨论被证明更能让人感到紧张,在会议中的参与积极性会更高,会议时间也会被压缩。最后,会场需要有可以进行公开展示的多媒体设备,以便与会者交流或记录想法。

(2)挑选合适的与会者

不是任何人都可以随便参加头脑风暴会议的,与会者必须满足两个条件。一是与会者对讨论的中心议题有深入的了解,能提出独到的见解。与会者不是决策者,只负责提出观点,但不参与最后的决定,因而与会者的专业背景越多样,一般能提出的新奇想法就越多。二是与会者数量不宜过多,一般控制在6~8名较为适宜,如果人数超出,就需要拆分成多个团队分别进行讨论。人数超出会带来两个缺点:一方面,产生相同或类似想法的概率会增加,浪费会议时间且降低会议效率;另一方面,拖延了与会者的发言时间,缩短与会者之间的交流时间,不利于创意的产生。

(3)提出贴切的议题

提出一个贴切的议题相当重要,如同论文的选题一样。首先,议题不能过大或过小。如果议题过大,如"全球环境保护问题",会让人无从下手,如果议题过小,如"选择哪种尺寸的电视放在客厅",无法让与会者充分发挥想象。议题应当框定一定的讨论范围,大的议题可拆分为几个议题分别进行讨论。如"如何提高卖场明年的销售总额"这一问题需要涉及的内容较广,可以分解为"如何改变卖场的格局""如何提升卖场的服务""如何优化卖场的产品组合""如何增强卖场的宣传效果"等几个议题分别展开头脑风暴会议。其次,议题应带有一定的挑战性,越新颖的议题越能挑起与会者的讨论兴趣。如上述"如何提升卖场的服务"的话题,与其问:"我们送给顾客什么样的礼品好?"不如改成:"怎样才能让顾客觉得来卖场购物很有趣、很难忘?"显然,后一问法比前一个更具挑战性。可见,提问方式的改变会随之

①　蒂娜·齐莉格.斯坦福大学最受欢迎的创意课[M].秦许可,译.长春:吉林出版集团有限责任公司,2013:37.
②　汤姆·凯利,乔纳森·利特曼.创新的艺术[M].李煜萍,谢荣华,译.北京:中信出版社,2013:47-93.

带来思考方式和回答内容的改变。

（4）准备充足的物品

首先，会场中应准备一个可以记录所有人想法的地方，可以是一块白板，也可以是四面墙上、窗户、桌上等，记录想法的地方越大，越能激发更多想法的产生。其次，需要为每位与会者提供充足的书写板、笔、记录纸、便利贴等，以便随时记录创意想法。最后，可以针对讨论话题，提供与议题有关的物品，如尺子、纸板、橡胶带、空盒子、书签、彩色画笔等，方便与会者搭建模型，以刺激大脑进行思考。一般而言，立体模型远比平面图画更能激发人进行思考。

2.会议阶段

（1）会前热身

会前进行创新思维训练的小游戏，能帮助与会者快速从惯有思维过渡到创新思维，并能提前预热整个会议的活跃气氛。如共同围绕几个词进行创意故事接龙；从几十个字出发，尽可能创造更多的词；讨论"愚蠢"的问题，"假设我们的眼睛长在头顶上，眼镜会变成什么样子"等。这些热身游戏可以激活与会者的想象力，为后面的头脑风暴会议做思想准备。

（2）会议原则

第一，与会者自由想象、任意畅谈、轮流发言，提出的想法越多越好。第二，鼓励疯狂的想法。有的想法会比较新奇甚至荒诞不经，在这次方案的解决中也许用不上，但在今后的问题解决中可能会成为解锁的"钥匙"。第三，也是最重要的一点：对任何想法都不进行主观评价。要做到这点并不容易，尤其是面对那些异想天开的想法时，我们大多数人即使嘴上不说，心里也会进行主观评价。因此，与会者在参会前对会议的原则要有一定的了解，头脑风暴会议只是进行想法的探索，而非评判、决策或运用。只有每位与会者都做到不评

图 5-3-2　与会者提出各种想法①

价他人想法，所有与会者才能真正打开思路、活跃思维，无所顾忌地提出各种想法，如图5-3-2所示，头脑风暴会议的成效才能更明显。

---

① 图 5-3-2 来源：http://www.hellorf.com/image/show/259853006。

（3）会议时间

长时间的精神高度集中容易导致精神疲惫，合理掌控会议节奏和时间非常重要。会议时间并没有统一的标准，当然更不是越长越好，只要与会者都能够畅所欲言且没有产生疲乏感即可。对会议时间的把控需要注意以下三个方面：一是会议过程中需要鼓励与会者根据其他与会者的发言进行联想拓展，这部分交流的时间需要在会议时间中留出；二是一般创造性的想法会在 10 分钟之后逐渐产生，因而会议时间一般不能过短；三是会议应该在头脑风暴的高峰而非尾声时结束，这能让每个人对每次的头脑风暴会议都充满期待。

（4）想法记录

在头脑风暴会议上，大量想法产生后，及时记录下这些想法尤为重要。为了避免想法漏记的情况，可以采用三个措施。第一，设立专门的记录员。第二，尽量用便利贴记录想法。原因有三：一是便利贴空间较小，与会者需要用最简短的词句记录想法，可缩短记录时间；二是便利贴可以随意粘贴在任意位置；三是不同颜色的便利贴可以记录不同内容的想法，以便会后整理。第三，利用思维导图。这在"知识链接"部分会有详细的介绍。

3.会后阶段

（1）想法保存

完整保存头脑风暴会议的成果，以便在分析过程中随时地翻看，也可为今后的实践不断提供灵感。保存的方式多种多样，可以采用文字、语音、图画、拍照、摄像等多种形式，将与会者的思想结晶保存下来，供决策者所用。

（2）分析决策

想法的提出只是完成了头脑风暴会议的一半，另一半则是对想法的整理分析和决策开发。这十分重要，但也是最困难的一个步骤。对想法的分析决策一般采用两种方式：一是让与会者参与分析，如让与会者投票选出最有创意的想法，在投票过程中，与会者会对想法进行分析、交流，投票结果比较客观，可供决策者参考；二是让其他人进行分析和决策，可以采用走访或问卷调查的形式，搜集消费人群的反馈评价，根据市场进行决策，也可以直接让领导管理层根据经验直接进行决策。

（3）开发实施

决策制定后，需要进行一系列的开发实践。在开发实施过程中，可能会遭遇想法实施的困境，甚至失败，可能需要再次召开头脑风暴会议重新开发新的想法。也可能会对原初的决策进行部分内容的调整，头脑风暴会议可能还需要开展多次。当然，顺利进行开发实施的结果是最为令人振奋的。一个想法被转化为现实后，头脑风暴会议才算真正结束。有的想法会直接付诸实践，有的想法在未来才会展现光芒。

"头脑风暴法"需要恰当地、反复地进行运用，运用得当，创新想法才会层出不穷。如何高效地运用"头脑风暴法"，仁者见仁、智者见智，以上的指导供你参考，你也可以结合自身的实践经验，总结编写出自己的"指导手册"。

🖊 指导笔记

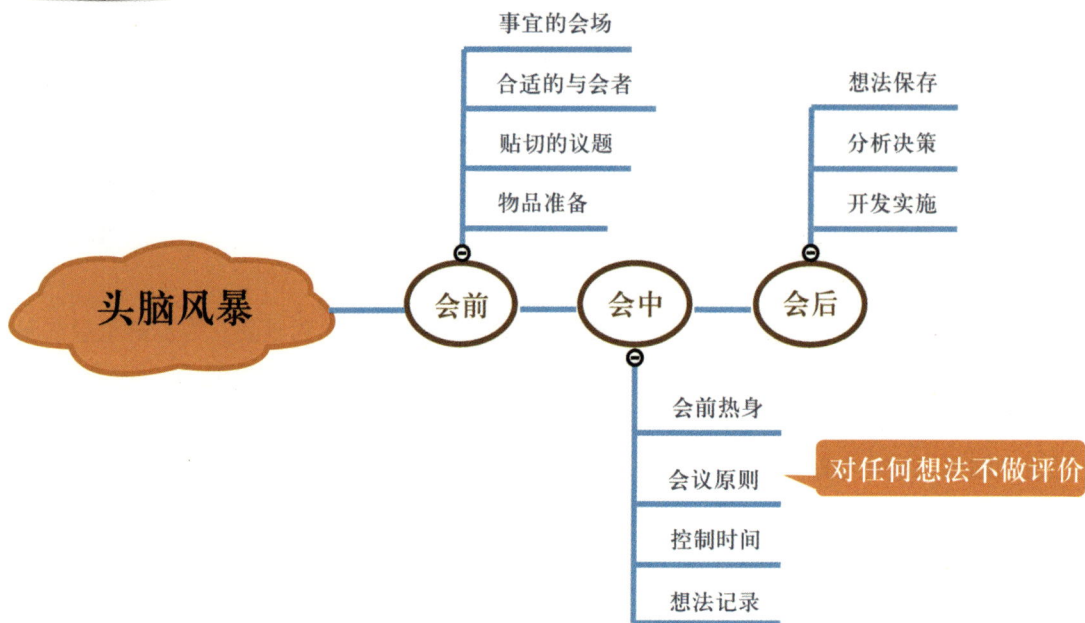

📚 总结反馈

请判断下列表述是否正确,并填写判断理由。如果无法判断,你需要再次阅读"理论指导"的相关内容。

表述	判断结果	判断理由
1.小组讨论就是头脑风暴。	(　　)	
2.在户外也可以进行头脑风暴会议。	(　　)	
3.头脑风暴会议上,与会者只要不断地提出想法。	(　　)	
4.头脑风暴会议要讨论出一个解决方案。	(　　)	
5.与会者都交流完想法后,头脑风暴会议就结束了。	(　　)	

🎨 二、实践运用

(一)实践热身

"疯狂填词"游戏:欣赏下列两首诗歌,请在全身心地体验过这两首诗歌后,在后面的空格中"疯狂填词",创造你自己的诗歌吧!

图 5-3-3①

杰克逊维尔港,佛蒙特州②

詹森·欣德

因为单身,所以我有一块橘子皮

它的生命在黑暗中度过。

在橘子里面,我双目失明。

我不知何时一双手会到来,剥开

那些血的微粒。有时

一只黑鸟会把风带入我的头发。

或者,黄云在冰冷的地面落脚

野兽已开始厮杀

在漂泊之苦中挣扎。我所认知的女人们啊

已被大雾化为废墟。而鹿,在夜晚走过了田地

春行③

蟒蛇之度

和一场雨洽谈,希望

总是绿的

车窗外的麦田读懂了春风的教程

向上是唯一的答案

比大地更憨厚的长势

出卖了沉稳的行径

还有比经济作物更经济的手段

拔苗助长

开发的楼群

隐藏着多少目的

雾霾在楼顶

商机在脚下

不想靠近一张网

途中,我画下一场春雨

等待开发

　　诗人善于发散性思维,在诗中,毫无相关性的事物会被联系在一起,填词时不必深思熟虑或遵循语法规则,只要在直觉或体验上觉得有意义的词即可填入。这一练习可以让你的

---

① 图 5-3-3 来源:http://www.paixin.com/photocopyright/143557933。

② 诗歌来源:http://www.sohu.com/a/200193132_308384。

③ 诗歌来源:http://blog.sina.com.cn/u/5294354256。

大脑完全陷入放松、自由的狂热"风暴"之中。

_____（题目）
_____（作者）
　　因为 _____，所以我 _____
　　　　它 _____。
　　在 _____ 里面，我 _____。
　　　　我不知 _____
　　　　　　有时 _____
　　　　　　　我的 _____。
　　　　或者，_____。
　　　　我所认知的 _____
　　_____。而 _____，_____。
_____（题目）
_____（作者）
　　和 _____，_____
　　　　总是 _____
　　　　　懂了 _____
　　　　　　是 _____
　　　　比 _____
　　　　　了 _____
　　　还有比 _____
　　　　　　的 _____
　　　　　　着 _____
　　　　　　在 _____
　　　　　　在 _____
　　　不 _____
　　_____ 中，我 _____

(二) 实践训练

【实践一】

1.实践场景

　　契诃夫有一篇名为《苦恼》的短篇文章,作品中的车夫姚纳,因相依为命的儿子刚刚病死,所以他想向人们倾诉自己心中的悲伤,但他连续四次找人倾诉都失败了,军人脾气暴躁、青年人嘲笑他、看门人看不起他、年轻车夫漠不关心,在偌大的彼得堡,"成千上万的人当中,难道一个愿意听他讲话的人都还找不到吗?"①

———————————
① 金秋萍,陆家桂.大学语文[M].上海:上海交通大学出版社,2017:248-252.

2.实践要求

(1)请针对车夫姚纳的"苦恼",采用团队形式,召开头脑风暴会议,运用"头脑风暴法"帮助他解决这一问题,试提出尽可能多的解决方案。会议时间为30分钟左右。

(2)按照理论指导中的内容科学安排头脑风暴会议的各项事宜。

(3)所有与会者在参与会议前,需要对主人公遭遇的情况有比较细致的了解,包括人物身份、工作状况、社会环境等。

(4)所有与会者全情投入会议,不局限于选文中主人公所处的社会环境、科技水平等方面的因素,提出富有创造力的各种想法和建议。

(5)会议结束后,团队之间对方案进行互评。最后大家投票选出最合适的解决方案。

3.实践指导

《苦恼》中的姚纳是19世纪后期彼得堡的底层人物,他个体的认知及能力有限,只期望倾诉自己心中的苦恼。运用"头脑风暴法"时,不需要局限于这一社会背景,应尽可能地自由想象,提出更多的"疯狂"想法。建议可以从三个不同的角度展开联想。第一个角度是姚纳。姚纳如果处于当今的社会,有没有比向实体对象倾诉苦恼更快捷的方式?除了顾客,能否找到其他倾诉对象?姚纳有没有可以吸引他人来听自己倾诉的方法?第二个角度是顾客。如何倾诉会让顾客们有兴趣倾听主人公的故事?姚纳的自身需求同顾客的需求之间能否建立关联?第三个角度是社会。针对姚纳这类底层人物的精神需求,社会可以为此提供什么样的服务?社会可以为底层人物的宣泄提供什么样的疏导?如何引发大众对底层人物精神需求的关注?

4.自我检测

请根据下列每项检测内容进行团队评分,最低为1分,最高为5分,在表格中对应的方框内打"√",得分较低的内容需进行进一步的强化训练。

检测内容	1	2	3	4	5
(1)按照理论指导内容开展头脑风暴会议。					
(2)会议产生了许多创意想法。					
(3)会议中所有与会者都没有对任何想法进行主观评价。					
(4)会议中的创意想法都得到了很好的保存。					
(5)会后团队成员们同心协力,选出了最佳的解决方案。					

【实践二】

1.实践场景

李泽厚在其文章《启蒙与救亡的双重变奏》中曾指出:"政治斗争始终是先进知识群兴

奋的焦点。其他一切,包括启蒙和文化很少有暇顾及。"①如今,我们处于急剧变化的和平时期,同文章中政治斗争激烈的时代有所不同,但启蒙与文化的问题仍然是当下讨论的热点。"从宇宙观到人生观,从个人理想到人类的未来","从孔教问题、妇女问题一直到劳动问题、社会改造问题,从文字上的文学问题一直到人生观的改造问题"②,都吸引着人们去思考、讨论和研究。在当下信息技术日新月异的时代背景下,如何运用新科技手段吸引更多的人对当代文化③问题的关注、思考、互动和研究?

2.实践要求

(1)请结合当今科技发展的前景,采用团队形式,运用"头脑风暴法"和思维导图(详见"知识链接"部分),对上述问题提出尽可能多的富有创意的解决途径和方法。会议时间为40分钟左右。

(2)头脑风暴会议中可利用思维导图,记录团队创意想法。

(3)所有与会者大胆想象,提出多样化的"疯狂"想法。

(4)会议结束后,团队之间对方案进行互评。最后大家投票选出十条最佳的解决方案。

3.实践指导

结合理论指导中关于头脑风暴会议的相关内容,并利用思维导图,提出恰当的解决方法。建议可从以下几个分支进行思维导图的绘制:①科技——虚拟现实、互联网、手机客户端等;②宣传——广告、纪录片、现场互动等;③教育——学校、讲座、家庭等;④科研——书籍、出版、报告等;⑤文化——节目、活动、赛事等。

4.自我检测

请根据下列每项检测内容进行团队评分,最低为1分,最高为5分,在表格中对应的方框内打"√",得分较低的内容需进行进一步的强化训练。

检测内容	1	2	3	4	5
(1)利用思维导图开展头脑风暴会议。					
(2)思维导图展现了所有成员的多角度联想。					
(3)会议产生了较多创意想法并进行了保存。					
(4)创意想法结合了当下的社会形势、信息技术和人们的新需求。					
(5)解决方案预计在开发实施中能取得良好的效果。					

① 金秋萍,陆家桂.大学语文[M].上海:上海交通大学出版社,2017:71.
② 金秋萍,陆家桂.大学语文[M].上海:上海交通大学出版社,2017:73.
③ 这里特指"狭义的文化",即人们在精神领域的一切实践成果。一般包括:价值观、思维方式、理想信念、语言文字等方面。参考来源为沈红宇于2013年的博士论文《当代中国文化软实力问题研究》。

三、知识链接

思维导图①

(一)思维导图的产生与定义

思维导图是由英国著名心理学家东尼·巴赞于1953年发明的一种思维工具。思维导图是用图解的形式和网状的结构,加上关键词和关键图像,储存、组织和优化信息(通常在纸上)。其中的每个关键词和关键图像都承担着特定的记忆、鼓励新的思维,它们是记忆激发器。

思维导图之所以有效,是因为它动态的形状和形式。它根据脑细胞的形状和形式绘制,目的是促使大脑快速、高效、自然地工作。

思维导图特别适用于阅读、复习、笔记和思考。它对收集和整理信息特别有用,可以帮助你识别各种资料中的关键词和关键事实。

(二)如何准备思维导图

制作思维导图的第一步是确定你要走向哪里,如:

·你的目标或前景是什么?
·构成你目标的次级目标和类别是什么?
·你正在规划一个学习项目吗?
·你在努力思考一篇文章的主题吗?
·你需要为未来的一个讲座记笔记吗?
·你正在规划整个学期的一门课程吗?

做出这样的决定是很重要的,因为成功的思维导图需要有一个中央图像来表现你的目标,而第一步应该是在思维导图的中央画一张图,代表成功的目标。

1.用图画思考和用色彩思考。

2.基本分类概念

思维导图各个概念的组合要有一定的结构。第一步是要确定你的基本分类概念(Basic Ordering Ideas)。BOIs是思想的章节标题:代表最简单、最明显的各类信息的词语或图像。这些词语可以自动吸引你的大脑去考虑最大数量的联想。开始绘制思维导图之前,你在确定第一批BOIs的时候,其他的概念也会以更流畅和实用的方式出现。

3.纸和笔

·需要备有较多的、大幅面的素白页纸。

---

① 东尼·伯赞.伯赞学习技巧[M].卜煜婷,译.北京:化学工业出版社,2017:102,110,114-125.

213

- 备有书写流畅、各种颜色、能画出粗、中、细不等线条的笔。
- 至少有 10~20 分钟不受干扰的时间。

(三)绘制思维导图的技巧

1.突出重点

- 始终使用中央图像
- 整个思维导图中都要用图像
- 字号、线条和图像的大小要有变化
- 间隔有组织有序

2.发挥联想

- 使用箭头
- 使用各种颜色
- 使用编码

3.清晰明白

- 每条线上只写一个关键词
- 所有的字体都用印刷体书写
- 关键词都要写在线条上
- 线条的长度要与词语的长度相等
- 线条要链接在一起,主要的分支要与中央图像连接
- 中央的线条要粗些,而且要保持弯曲
- 围绕思维导图的分支创造形状和边界
- 图像尽量画得清楚些
- 把纸横放在你面前
- 词语尽量横着写

4.突出层次

5.使用数字顺序

6.形成个人风格

(四)创作思维导图的禁忌

任何思维导图的创作者都会面临以下三个危险的领域:

- 创造出一些实际上不是思维导图的图形
- 使用短语而不用单个词语
- 无谓地担心创造出"乱七八糟"的思维导图,结果造成一种消极的情感反应

(五)创作思维导图的顺序

1.聚焦于核心的问题、精确的论题。明确你的目的是什么或你想解决什么样的问题。

2.把第一张纸横向放在你的面前,目的是着手在纸的中央创作你的思维导图。

3.在空白纸的中央画一个图像代表你的目标。

4.从一开始就用色彩来突出重点、创造结构、激发创造力,以及刺激视觉流动和强化图像在头脑中的印象。总体上至少使用三种颜色,而且要创设出自己的颜色编码系统。

5.现在画一些从图像中央向外发散的粗线条,这些线条是思维导图的主要分支。一定要把这些主要的分支与中央图像牢牢地连接在一起。

6.使用弯曲的线条,更有趣味也更容易记忆。

7.在每个分支上只写一个与主题相关的关键词。这些是你的主要思想和基本分类概念,与主题相关。

8.在思维导图上增加一些空白分支。

9.接下来,为你相关的次级想法绘制二级和三级分支。你为每个分支选择的词语可能包括如下问题的主题:谁、什么、哪里、为什么、题目或情形如何。

10.把最重要的学习点编号为1,第二重要的学习点编号为2,以此类推。

(六)思维导图示例

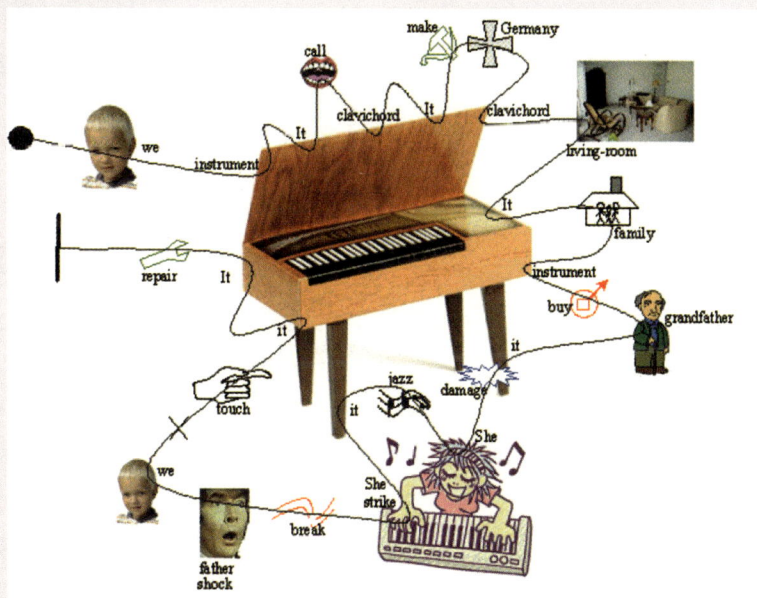

图 5-3-4①

图 5-3-5①

你可以运用思维导图彻底变革你的学习,你可以:高效地阅读信息,有序地组织信息,至少以两倍于以前的速度阅读资料,成功地记住你所阅读的东西,创作漂亮的思维导图,以超越之前十倍的效率记忆信息。请现在就将思想转化为行动吧!

四、思考练习

1.你所在的班级决定组织秋游活动,这是第一次全班规模的活动。请开展头脑风暴会议,结合自己所在班级的实际情况,商议如何让这次秋游活动令人难忘。最后,可由全班投票决定秋游的地点、环节、奖品、互动游戏等内容。

2.目前,有一个景区正面临转型升级的困难。这个景区在当地有较高的影响力,至今已有近百年的历史,面积达500多平方千米,是全国5A级风景区,江苏省文物保护单位。景区最大的优势为优美的自然风光,毗邻太湖、群山环立,山顶有佛教文化的寺庙。景区周边交通较为便利,景区内有便利的陆上和水上交通,周边还有疗养院及度假岛。景区十处代表景点都以游览观光为主,优势明显,但问题也随之浮现。为满足游客多层次的需求,尤其是年轻游客及海外游客,景区单一的风景观光优势需要向多元化拓展。近几年,景区也在旅游旺季加入了赏花活动、民俗表演、歌舞展示等,但效果不够理想,游客再次或多次游览景区的比率较低②。请针对该景区这一问题,运用"头脑风暴法"为景区建设的转型升级出谋划策,提出较有创意的建议。

---

① 图 5-3-5 来源:http://ragoforit.blog.163.com/blog/static/1378623662015916849358 32/?ignoreua。
② 该题中的景区原型借鉴了无锡鼋头渚风景区的基本情况。

3.实地考察活动:请前往一处饭店,仔细观察饭店的装修设计、内部的物品陈设、店员服务、顾客流量、产品销量等细节,分析饭店当前存在的不足或问题,运用"头脑风暴法"为饭店的进一步改进提出合理化建议。如条件许可,可向饭店提出改造计划,进行实际的开发实施。

4.围绕"幸福"或"情感"或其他任何你感兴趣的关键词,运用"知识链接"中讲解的方法,展开头脑风暴,绘制一张思维导图。

五、拓展阅读

1.东尼·伯赞,巴利·伯赞.思维导图[M].卜煜婷,译.北京:化学工业出版社,2018.

2.陈圣鹏.基于创新生成理论模型的网络头脑风暴法设计研究[D].南京:南京航空航天大学,2015.

3.邓维斌,吴少飞,高锡荣.基于正交实验的头脑风暴关键影响因素筛选及其组合效应分析[J].西南大学学报(自然科学版),2017,39(10):84-94.

第四章　团队创意——成就创新之举

在第二章关联想象中,我们提出尽可能地去接触不同的文化和人群。第三章的头脑风暴法需要团体共同合作才能完成。在前两章中,我们其实已经不自觉地运用了团队合作的力量来实现创新的目标。个体的力量是有限的,在创新的道路上,个体必须善于跳出自己的知识领域,同不同背景和观点的人交流,建立广泛的人际网络,形成创意团队,才能应对更为复杂多变的环境,成就更杰出的创新事业。

一、理论指导

要打造一个成功的创意团队并非一蹴而就,既要成员间"和而不同",又要具备利于创新的机制和环境,下面对此进行具体的说明。

(一)吸纳创新人才

团队成员应"和而不同"。

(1)"和"指团队成员需要有共同的理想和努力的方向。如果各成员各执一词,不懂得与他人合作,团队必然成为一盘散沙。更严重的是,如果各成员只考虑到自己的利益,对个人的付出和回报斤斤计较,团队则会名存实亡。因此,团队成员之间虽有差异,但应该在共同解决问题的过程中通力协作、目标一致,如同团体拔河比赛一样,保持自我的同时又服从集体。

(2)"不同"指团队每位成员的擅长领域、背景知识、经历等需有较大的差异性,这样才能在团队合作中优势互补并碰撞出更多的思想火花。而创意团队所要求的"不同"主要包含两方面内容:

一方面,团队中需要同时具备发现技能和实现技能的人才。具备发现技能的成员主要负责提出各种新奇的想法,在商业领域中负责产品开发、营销等任务;以实现技能为主的成员负责将想法付诸实践,在商业领域负责财务、运筹等事宜。

另一方面,团队成员应涉及多种学科,具有广泛的兴趣。如 IDEO 作为一家知名的设计公司,所有团队中也都有一名设计专业的成员。然而,公司还会寻找"人性因素"领域(用于决定一个创新想法是否具有吸引

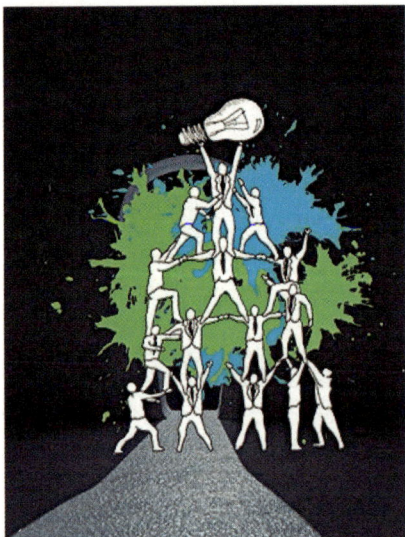

图 5-4-1①

---

① 图 5-4-1 来源:http://www.quanjing.com/imgbuy/wavebreak290440.html。

力)、"技术因素"领域(用于评价一个创新想法是否有技术可行性)、"业务因素"领域(用于衡量一个创新想法的商业潜力和赢利程度)的专业人才。又如 Twitter① 这样的创新型公司也特别清楚多样化的人才对企业发展的重要性。负责企业文化的伊丽莎白·韦伊说，Twitter 录用员工的原则是确保所录用员工不仅本专业技能突出，还要对其他专业有浓厚的兴趣，她本身就是一个很好的例子。伊丽莎白·韦伊是一位超级马拉松运动员、设计师，还曾做过风险投资家②。

(3)团队成员都能运用多角度思考问题。能够有效避免团队无效争论的思维工具之一——"六项思考帽"能够训练团队成员成为多角度思考问题的高手。"六项思考帽"是英国学者爱德华·德博诺(Edward de Bono)博士开发的一种思维训练模式。它将人类思维功能分为六类，分别用六种不同颜色的帽子来做比喻(详见"知识链接"部分)。团队成员可以在讨论中依次采用六种不同的思维方式，变换固有思维，达成共识。

(二)构建创新机制

将创新人才吸纳入团队后，就一定能保证这些人才提出丰富的创意吗？

哈佛大学的鲍里斯·格鲁斯伯格(Boris Groysberg)、阿希什·南达(Ashish Nanda)和尼廷·诺里亚(Nitin Nohria)研究了股票分析师长期的表现，尤其是那些跳槽到其他公司的"明星"分析师。研究发现：同一个分析师，如果跳槽到了一家效率低下、资源较少的公司，表现就会直线下滑。另一份针对 2 086 位对冲基金经理展开的研究表明：经理的表现有 30% 归功于自身，剩余 70% 则由所在公司决定③。可见，公司内部创新机制的运行状况对创新人才发挥潜能起到重要的作用。创新机制主要包括以下五方面内容：

1.领导者是创新的领头羊

乔布斯仅通过对施乐帕克中心的一次拜访就得出了 Mac 电脑④的关键想法，随后他组织了一批优秀的工程师为他们提供了所需的资源，然后鼓励这支团队去实现想象中的前景。相反，施乐帕克中心的团队管理者就没有这样的发现技能。团队中的科学家拉里·特斯勒曾说："他们(指乔布斯等人)只花了一个小时看这些样品，就理解了我们的技术……我们已经给施乐帕克的主管展示了几年，主管却没法像他们这样理解技术。"与之类似，雷富礼出任宝洁公司的 CEO 之后，在 2001 年到 2009 年就任期间专注创新，将公司年均创新溢价从 23%

---

① Twitter(一般通称推特)，是一家美国社交网络及微博客服务的网站，是全球互联网上访问量最大的十个网站之一。
② 蒂娜·齐莉格.斯坦福大学最受欢迎的创意课[M].秦许可，译.长春：吉林出版集团有限责任公司，2013：26.
③ 杰夫·戴尔，赫尔·葛瑞格森，克莱顿·克里斯坦森.创新者的基因[M].曾佳宁，译.北京：中信出版社，2013：177.
④ Mac 是苹果公司自 1984 年起以"Macintosh"开始开发的个人消费型计算机，如 iMac、Mac mini、Macbook Air、Macbook Pro、Macbook、Mac Pro 等计算机。使用独立的 Mac OS 系统，是苹果机的专用系统。参考来源：https://baike.baidu.com/item/MAC/173？fr=aladdin.

提高到了 35%①。可见,团队领导人首先要提升自己的创新意识,才能引领并激发整个团队的创新能力。

2.建立创新的程序

前丰田工程师大野耐一因主持设计了丰田生产系统而闻名。他在这一创新生产系统中,植入了"五个为什么"发问程序,要求员工每次遇到问题时,都必须问"为什么"五次以上,以找到因果链和解决方案②。亚马逊公司也将"五个为什么"的发问程序通过培训教给员工。苹果公司也会采取类似"五个为什么"的程序开发新产品。富有创造力的公司不会只让领导者一人运用创新的方法。相反,他们会将创新变为可模仿、可借鉴的程序,让每位员工都掌握创新的模式,让创新成为一种制度,从而为公司提供源源不断的创意。

3.设立创新的激励规则

好的激励制度能够有效地激发团队每位成员的创新潜能,对创新行为的巨额奖励能增加人们面对挑战时的动力。如 2004 年,艾克斯大奖基金会设立了第一个金额高达 1 000 万美元的安萨里艾克斯大奖。该奖项将颁给第一个能设计出 3 人乘坐,在两周内两度往返 100 千米高空的载人宇宙飞船的人。巨额的奖金激发了参与其中的每个团队的创造力。最终,由伯特·鲁坦带领的团队率先制造出了一架这样的载人飞船,勇夺大奖。此后,艾克斯大奖基金会又陆

图 5-4-2③

续设立了不同的大奖:2006 年年底,基金会设立了阿康艾克斯大奖,奖金高达 1 000 万美元;2007 年 4 月,设立了奖金为 1 000 万美元的契合艾克斯大奖;2007 年 9 月,推出奖金为 3 000 万美元的谷歌月球艾克斯大奖④。又如:美国 3M 公司拨巨额资金帮助员工进行创新活动,设立了"卡尔顿奖""金色步伐奖""金靴奖""发明家奖"等各类奖项,在精神上鼓励员工创新。总之,富有创造力的公司都会对员工的创新举动给予巨大的支持和奖励。

4.引导积极的心态

时刻保持积极心态是进行创新的前提,也是一种人人都可以学会的能力。正如福特公

---

① 杰夫·戴尔,赫尔·葛瑞格森,克莱顿·克里斯坦森.创新者的基因[M].曾佳宁,译.北京:中信出版社,2013:157-158.

② 杰夫·戴尔,赫尔·葛瑞格森,克莱顿·克里斯坦森.创新者的基因[M].曾佳宁,译.北京:中信出版社,2013:176-177.

③ 图 5-4-2 来源:http://www.tooopen.com/view/670982.html。

④ 蒂娜·齐莉格.斯坦福大学最受欢迎的创意课[M].秦许可,译.长春:吉林出版集团有限责任公司,2013:173-174.

司的亨利·福特所说:"如果你认为你行,你就真的行;相反,如果你认为你不行,你就真的不行。"美国洪堡州立大学环境资源工程专业的罗尼·葛夫曼教授,就善于通过课堂任务培养学生乐观的态度。某次,葛夫曼布置给学生一项任务:利用废弃的塑料袋制作一个坚果脱粒机模具。几周之后,当学生告知无法完成这个任务时,罗尼就给他们打气:"你们要相信总会有办法的。也许这个办法不会像你们预期的那样完美,但总会有办法的。"仅一天后,学生就开心地告知他已经找到了解决办法①。上一部分中提及的艾克斯基金会,其创始人彼得·戴曼狄斯也认为这是一个充满机会的世界,没有什么难题是不能解决的。团队需要引导其中的每位成员时常保持积极的心态,以应对各种挑战。

5.灵活改变团队方式

一方面,团队的阶段任务不同,组合方式应随之不同。在创意产生阶段,应该鼓励所有成员的参与,而不必突出领导者的作用。广告公司高管林恩·泰欧说:"在头脑风暴会议中,实习生可以与我们一起参与讨论,而且他们的创意完全可以站得住脚。所以,我真的认为,组织结构必须扁平化。"②在创意实施阶段,团队则需要决策者对创意进行合理的评估、制订周密的计划、进行合理的预算,保证创意的顺利实施。

另一方面,任务的性质不同,团队组合方式也应随之调整。承担创意点子的团队成员必须具有多样化的背景;承担设计任务的团队中必须有设计专业的成员提供专业支撑;承担技术开发的团队必须有理工科背景的成员进行技术指导;负责财务工作的团队需有财务工作经验的成员处理相关工作。但不论团队组织方式如何改变,团队之间、团队成员之间都应有顺畅、公开的沟通与交流,以便开展深入的合作与支持。

优秀的创新领导者、成熟的创新程序、多样的激励规则、积极的心态、灵活的团队组织方式能帮助形成良好的创新机制,刺激身在其中的成员不断地进行创新,为团队提供取之不尽、用之不竭的创新之源。

(三)坚持创新宗旨

1.创新是每位成员的职责

乔布斯、贝佐斯和贝尼奥夫等几位创新公司的领导人并不认为创新只是研发人员的职责,他们努力将"创新是所有人的职责"作为公司的指导宗旨灌输给每位员工。他鼓励迪士尼的员工"胸怀更大的理想",期待每位员工都能够创新。宝洁的雷富礼也推崇"一起创新"的理念,他经常深入员工一线,从所有员工那里收集富有创意的想法③。这一理念的顺利实施要求团队不光建立利于成员创新的机制,还要营造利于成员创新的文化氛围。

① 蒂娜·齐莉格.斯坦福大学最受欢迎的创意课[M].秦许可,译.长春:吉林出版集团有限责任公司,2013:170-171.
② 托马斯·沃格尔.创新思维法[M].陶尚芸,译.北京:电子工业出版社,2016:99.
③ 杰夫·戴尔,赫尔·葛瑞格森,克莱顿·克里斯坦森.创新者的基因[M].曾佳宁,译.北京:中信出版社,2013:196-197.

2.推进成员对内、对外交际

同不同的人交际会让我们同灵感不期而遇,创新型的公司都鼓励成员之间无障碍的沟通及公司的对外交际。克莱默·克拉塞尔特广告公司的首席创意官认为公司最伟大的创举就是推倒了思维领域的"门"和"墙",员工可以在办公区域自由地进行交谈和沟通,公共区域变得更为开放,鼓励员工随时随地进行交流。麻省诺顿的 CPS 技术公司①在创造高端的创新陶瓷复合材料的过程中,就向宝丽来公司寻求一位高级聚合物化学家的帮助,还通过与"冷冻精子"专家的交流,解决了材料的质量问题②。

3.鼓励大胆尝试

每一次创新成功的背后都是无数次失败的实验,创新的过程就是持续不断地尝试、筛选、淘汰、失败直至成功。IDEO③的口号是"早失败早成功"。维珍④的布兰森也认为"失败的能力"是一个核心价值。谷歌的领导者们认为:"我们要尝试许多事物,其中必然有些无法成功。这没关系。如果不成功,我们就继续尝试。"苹果公司的口号也与 IDEO、维珍集团的口号如出一辙:"如果没有做好失败的准备,就永远不会有原创的想法。"⑤被 Facebook⑥ 以10 亿美元收购的 Instagram 公司,最初只有 13 名员工,他们设计出了一款名为"Burbn"的好友定位软件,但市场反应并不理想。于是,他们决定在此基础上添加一些其他功能。令人遗憾的是,一项又一项新功能都未能被市场认可。但他们发现,其中一项能够瞬时拍照、快速上传的功能受到用户喜爱,于是他们开始专门研发这项图片分享的功能,不久之后,图片分享软件 Instagram 就诞生了。12 个月后,用户人数飙升到了 1 200 万⑦。如果他们在 Burbn 推出失败后就放弃进一步的尝试的话,就不会有后来的成功。失败是成功之母,从一次次的失败中汲取经验,才能使下一次的尝试更接近成功。

---

① 如需详细了解 CPS 公司概况,可链接其官方网站:http://www.cpsproducts.com/。
② 杰夫·戴尔,赫尔·葛瑞格森,克莱顿·克里斯坦森.创新者的基因[M].曾佳宁,译.北京:中信出版社,2013:95+101-102+105.
③ IDEO 成立于 1991 年,由三家设计公司合并而成:大卫·凯利设计室(由大卫·凯利创立)、ID TWO 设计公司(由比尔·莫格里奇创立)和 Matrix 产品设计公司(由麦克·纳托创立)。IDEO 是全球顶尖的设计咨询公司,以产品发展及创新见长。参考来源:https://baike.baidu.com/item/IDEO。
④ 维珍集团 (Virgin Group)是英国多家使用维珍作为品牌名称的企业所组成的集团,由著名的英国商人理查德·布兰森爵士创办。集团业务范围包括旅游、航空、娱乐业等。参考来源:https://baike.baidu.com/item/维珍/17638。
⑤ 杰夫·戴尔,赫尔·葛瑞格森,克莱顿·克里斯坦森.创新者的基因[M].曾佳宁,译.北京:中信出版社,2013:208-209.
⑥ Facebook(脸书)是美国的一个社交网络服务网站,创立于 2004 年 2 月 4 日,2012 年 3 月 6 日发布 Windows 版桌面聊天软件 Facebook Messenger,主要创始人为马克·扎克伯格。参考来源:https://baike.baidu.com/item/Facebook。
⑦ 蒂娜·齐莉格.斯坦福大学最受欢迎的创意课[M].秦许可,译.长春:吉林出版集团有限责任公司,2013:147-148.

4.给予充足的创新时间

创新想法不会从天而降,任何灵感都需要日复一日的练习与思考,富有创造性的公司都深谙此道,为员工创新提供充足的时间,以让员工将创新变为工作习惯。如美国 3M 公司[①]专门留出工作时间的 15%鼓励员工进行创新。谷歌公司也鼓励工程师花 20%的时间做自己热爱的项目。宝洁公司鼓励员工将 75%的时间用于"成事",如执行任务,将 25%的时间用于"谋事",如发现更好的方法以执行任务。苹果和亚马逊公司会定期要求员工进行创新活动。澳大利亚的创新性公司 Atlassian Labs[②]规定每年有一天是"联邦快递日",这一天所有的软件开发员要花 24 小时全天不休地形成新的产品想法,随后快速地搭建模型,将新想法展示给全公司的人[③]。

坚持利于创新的宗旨是塑造团队创新文化的重要组成部分,也是团队创新机制的重要保障。除此之外,团队还可通过对实体的工作环境进行改造的方法,进一步实现创新的目标。

(四)营造创新环境

1.变换工作环境

我们所处的环境对我们的认知、情绪、举止产生着巨大的影响。有研究表明,从小在激励性的环境中长大的小孩更加聪明,这也是为什么幼儿园都在努力为儿童营造一种促进智力开发的环境。幼儿园里的每间教室都各有特色,而且经常随着节日、季节不停地变换,以培养孩子们的想象力。知名的设计公司 IDEO 也不断变换员工的工作环境并鼓励员工自己设计、装饰办公室。比如曾经一位员工外出度假,回来后竟发现他的办公室被换到了埃菲尔铁塔的模型里;还有一位员工拿到绿卡后,把自己的办公室外面刷成了红白蓝相间的美国国旗[④]。这一举措并非浪费时间的无聊之举,相反,它彻底转变了员工的工作态度。自由、开放、变化的工作环境更利于身处其中的人萌生创意的想法。无独有偶,创意之母广告公司[⑤]每 3 个月就改变一次座位安排,借此举让员工每 3 个月接触一次新邻居。这种不断变化的环境营造了公司友好、热情、舒适的氛围,成为驱动企业文化良性发展的重要方式[⑥]。

2.个性化的环境设计

除了变换环境外,环境的设计也能影响创新思维的开发。个性化的环境设计不仅能调

[①] 3M 是全球性的多元化科技企业,创建于 1902 年,素以勇于创新、产品繁多著称于世,生产数以万计的创新产品,在医疗产品、高速公路安全、办公文教产品、光学产品等核心市场占据领导地位。参考来源:https://baike.baidu.com/item/3M 公司。
[②] 如需详细了解公司概况,可链接其网站:https://marketplace.atlassian.com/vendors/33202/atlassian-labs。
[③] 杰夫·戴尔,赫尔·葛瑞格森,克莱顿·克里斯坦森.创新者的基因[M].曾佳宁,译.北京:中信出版社,2013:199-200.
[④] 蒂娜·齐莉格.斯坦福大学最受欢迎的创意课[M].秦许可,译.长春:吉林出版集团有限责任公司,2013:76-77.
[⑤] 如需详细了解公司概况,可链接其网站:https://www.motherusa.com/。
[⑥] 托马斯·沃格尔.创新思维法[M].陶尚芸,译.北京:电子工业出版社,2016:101-102.

动个体的主观能动性,而且可以激发整个团队的创意思维。斯坦福大学的哈索·普拉特纳设计学院有一个"空间开发团队",主张开发、利用课堂环境,让环境为学院建设服务。学院内的布置不像办公室,没有隔间,也不像演讲厅,没有黑板,而更像是一个即兴表演的舞台,里面的布置可以根据课程的需要随时变换。桌子可折叠,椅子可移动,还有可当隔板的泡沫垫及各种建模材料,拆分组合十分方便。这种设计形成了个性化的教学环境,为教学带来了意想不到的效果①。皮克斯的动画工作室就像童话王国,员工可以发挥个性特长、自行装饰自己的办公室,"知识链接"部分对此有详细阐释。

3.利用颜色和音乐

美国著名建筑设计师珍妮·甘以创新性的设计风格闻名于世,他们的工作室在设计上与众不同,里面随处可见大块岩石、小块矿石、乐器、手工艺品。几个会议室也都颜色不同、大小不一、形状各异,包括供全天连续工作时使用的橘色会议室、供正式演示时用的白色会议室及供聊天放松时用的银色会议室。这些颜色不一的会议室能有效激发团队的想象力,帮助他们最快地找到设计灵感。研究表明,不同颜色会对人的认知和行为产生不同的影响。红色让人做事更专注更准确,蓝色更易激发创造性思维②。同时,音乐类型也是影响我们情绪的因素之一。重金属摇滚乐会让人兴奋、古典音乐能让人平和,蓝调音乐可能会让人悲伤,乡村音乐会让人感到亲切。颜色和音乐都能为创造性环境的设计增添浓墨重彩的一笔。

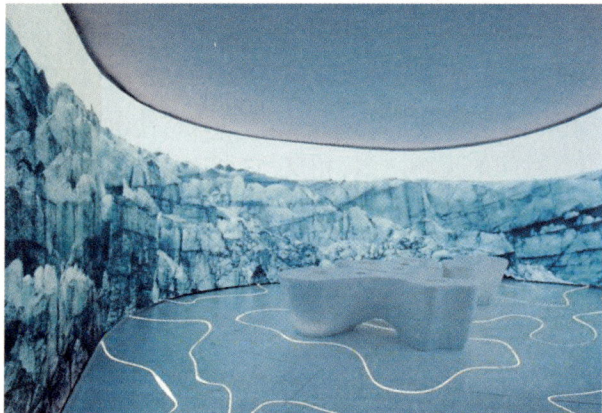

图5-4-3　珍妮·甘为施华洛世奇设计的艺术装置《薄冰》③

4.愉悦的人际环境

身边的人也能对我们的认知产生影响,因而创新型公司都在内部努力创造令人舒适、愉

① 蒂娜·齐莉格.斯坦福大学最受欢迎的创意课[M].秦许可,译.长春:吉林出版集团有限责任公司,2013:75-76.
② 蒂娜·齐莉格.斯坦福大学最受欢迎的创意课[M].秦许可,译.长春:吉林出版集团有限责任公司,2013:73-74+78.
③ 图5-4-3来源:http://www.chinaluxus.com/20141216/298353.html。

悦的人际环境,鼓励人员的内部交际。古德拜·希尔福斯坦广告公司①除了将气氛和办公空间描述成"开放""合作"之外,还提到了"厨房",即空间的设计类似于家庭中的开放性厨房,每个人都可以在这里彼此交换意见、讨论创意。办公空间的随意自然,促进了和谐的人际关系的形成。克莱默·卡拉塞尔特广告公司还通过"公开演示黑板"让所有员工可以在上面发表他们想与他人分享的任何创意。"我们做的不是一件独立的事情,这不是一项个人运动,而是团队运动。我们员工最喜欢做的事情就是围绕着其他人的创意,消耗能量和激情,然后从中学习。"②开放的空间和创意的公开展示,让成员可以积极地参与和投入团队的建设,构成了团队愉悦的人际环境,引导了团队乐观积极的心态。

创新人才、激励机制、创新宗旨、创意环境四方面的综合运用能够营造出鼓励团队创新思维产生的环境,也能促使团队成就更伟大的创新之举。

✏ 指导笔记

团队创意

- **吸纳创新人才**
  - 目标一致
  - 差异性、优势互补
  - 多角度思考问题 — 六项思考帽

- **构建创新机制**
  - 领导者是领头羊
  - 建立创新的程序
  - 建立创新的激励规则
  - 引导积极的心态
  - 灵活改变团队方式

- **坚持创新宗旨**
  - 创新是每位成员的职责
  - 推进成员对内、对外交际
  - 鼓励大胆尝试
  - 给予充足的创新时间

- **营造创新环境**
  - 变换工作环境
  - 个性化的环境设计
  - 利用颜色和音乐
  - 愉悦的人际环境

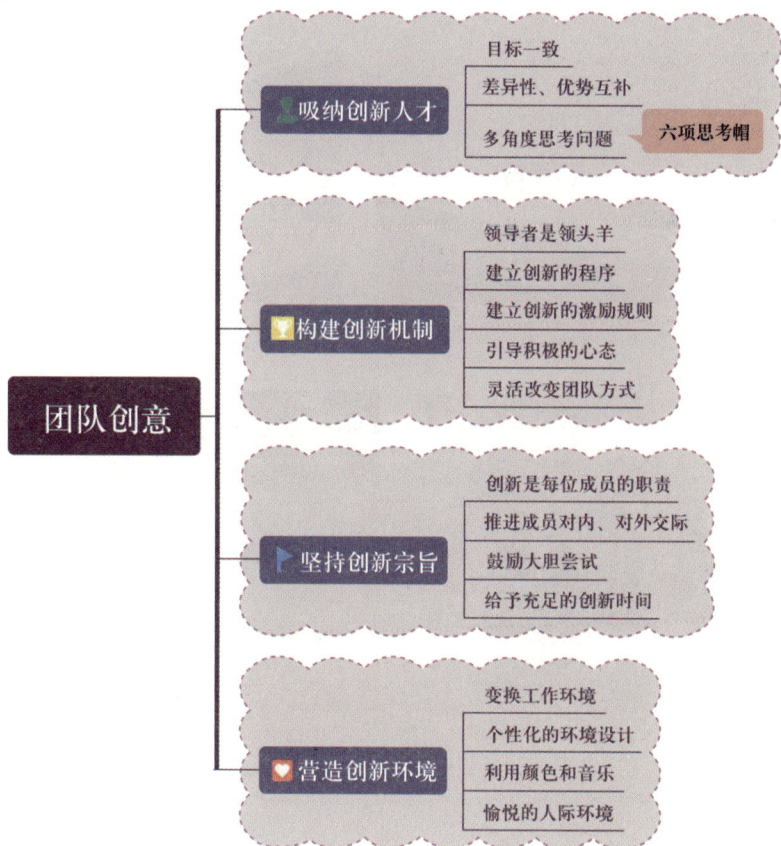

① 如需详细了解公司概况,可链接其官方网站:https://goodbysilverstein.com/。
② 托马斯·沃格尔.创新思维法[M].陶尚芸,译.北京:电子工业出版社,2016:101,106.

总结反馈

请完成下列选择题进行检测,答案可在在线学习平台上下载,回答错误的题目需要重新回看"理论指导"的相关内容。

1.下列选项中,不符合创意团队人才要求的是(　　　　)。

A.多角度思考问题　　　B.与他人合作　　　C.专业背景相似　　　D.目标一致

2.下列不利于创新机制建立的选项是(　　　　)。

A.灵活调整团队组合方式　　　　　　　B.设立创新奖励制度

C.构建创新模式,使之成为企业的制度　　D.不设团队领导者

3.下列说法中正确的是(　　　　)。

A.创新是研发团队的职责　　　　　　　B.创新应规避失败以节约成本

C.同其他人交流能促进创意想法的产生　D.创新想法要在较短的时间内形成

4.以下办公室装饰的图片①中,最能激发创新思维的是(　　　　)。

A.

图 5-4-4

B.

图 5-4-5

C.

图 5-4-6

D.

图 5-4-7

---

① 图 5-4-4、图 5-4-5 来源:http://www.originer.com/news_office2.html;图 5-4-6 来源:http://www.92to.com/xinwen/2016/10-09/;图 5-4-7 来源:11350257.html D http://www.gzkaiyue.cn/hydt/1207.html。

二、实践运用

（一）实践热身

1."团队拼图"游戏

一幅完整的拼图由300个小拼图构成,将其打乱分成四部分,每部分75个拼图。参与该游戏的人自由分为四组,需要在20分钟内完成拼图。这一游戏不仅各组成员之间需要合作,而且组与组之间也需要沟通,才能最终完成任务。这一游戏能反映出各组成员之间是否善于与他人协作,各组与其他组之间是否善于沟通与合作的基本情况,并能较好地锻炼各成员的团队合作能力。

2."N-1只脚"游戏

假设团队总人数为N人,要求发挥团队创意,在不凭借或依靠任何外力帮助的前提下,N人自行组合,最终落地的只有N-1只脚。最终的团队造型需要维持至少10秒钟。如团队由6人构成,那么这6人组合后,最后地上只能有5只脚。这个游戏一方面需要团队每位成员发挥想象力,想出合适的组合方式;另一方面,也能迅速提升团队成员之间的信任和合作力。

（二）实践训练

【实践一】

1.实践场景

当下,如何更好地传播中华传统文化经典成为社会热议话题。许多电视台通过开创创意节目引导文化传承,如《经典咏流传》让歌者为《三字经》《将进酒》《木兰辞》等进行编曲;央视研发了文化益智节目《中国汉字听写大会》《中国成语大会》《中国谜语大会》《中国诗词大会》。在此背景下,你所在的学校也开展了"传统进课堂 文化我传播"的活动,组织大学生进幼儿园进行教学实习,你是其中一名实习大学生。实习期间,你分派到一个任务:向大班儿童(大约6~7岁)创意讲授《干将莫邪》①中的经典片段。

2.实践要求

(1)实习教师的展示时间为15分钟,需以团队形式完成该任务。准备时间为40分钟。其中,前10分钟为材料准备时间,中间10分钟进行团队会议,之后10分钟提炼、整理创意,最后10分钟为完善阶段。各组选派一名代表进行展示。

(2)需对选文《干将莫邪》有比较深入的理解,对选文相关资料有比较充足的准备。

(3)可以只选取选文部分片段进行讲解,不一定要讲解整个故事。对选取片段可进行一定的扩充。

(4)需要进行创造性的讲解,语句符合儿童认知和心理发展水平,尽量少用文字,可利用

① 金秋萍,陆家桂.大学语文[M].上海:上海交通大学出版社,2017:177-178.

图片、表演、动画、视频、游戏、手工、歌曲等多种方式对讲解内容进行深化。

(5)需根据理论指导的相关内容合理进行团队创意的开发。

(6)展示时,其他组扮演幼儿园儿童。展示结束后,大众投票选出最优秀的"实习教师"。

3.实践指导

讲解过程应充分利用幼儿园的环境布置。一般幼儿园的桌椅都可移动,有进行画画、手工、建模的工具和材料,教室还分为阅读区、画画区、手工区、建构区、模拟厨房等不同区域,有播放歌曲、视频的多媒体设备。讲解的同时需要有互动的活动深化儿童对内容的认识,如课堂问答、人物涂色、手工制作、视频观看等。还可利用颜色、音乐、游戏等帮助儿童理解讲解内容。

4.自我检测

请根据以下检测内容为团队的讲解方案进行自我打分。打分标准:90~100分为完全达到要求,打钩数目为7;80~89分为基本达到要求,打钩数目为6;70~79分为部分达到要求,打钩数目为5;60~69分为少部分达到要求,打钩数目为4;60分以下为未达到要求,打钩数目为0~3。

检测内容	达到要求的请打钩
(1)讲解内容的选取较为集中。	
(2)讲解语句符合儿童心理认知水平,大多数儿童能理解讲解内容。	
(3)讲解方式较为创新,生动有趣,成功吸引了孩子们的注意力。	
(4)充分调动了幼儿园教室的环境作用。	
(5)互动活动能得到大多数儿童的配合。	
(6)互动活动效果良好。	
(7)团队成员之间分工明确、配合度较好。	
打钩总数: 自我打分:	

【实践二】

1.实践场景

暑假期间,学校组织"三下乡"活动,你作为志愿队的队长,被派往江苏某农村,此地依山傍水,农产品丰富,尤其盛产各种野菜,其中具有代表性的野菜为:荠菜、黄花麦果、紫云英,同《故乡的野菜》[①]中的内容基本一致。该村村主任期望大学生志愿者可以为他们出谋划策,对这些农产品进行创意包装和广告营销,广告主要面向城市消费群。

---

① 金秋萍,陆家桂.大学语文[M].上海:上海交通大学出版社,2017:117-119.

2.实践要求

(1)请结合选文中对野菜的描写,选取其中一种或多种野菜,制作一则创意广告,广告时间为15秒,供村主任及村民们参考。

(2)采用团队形式,准备时间为60分钟。其中最初10分钟为材料搜集阶段,确定选取的野菜数量及品种;之后10分钟为团队讨论时间;随后10分钟形成团队创意;之后的20分钟进行广告拍摄;最后10分钟,完善视频制作。各组选取一名代表负责进行广告创意的阐释。

(3)展示时间不超过5分钟,先播放广告视频,随后代表进行阐释。其他组成员扮演村民。

(4)讲解内容需符合野菜的基本特征,尤其要突出野菜的优势,如无公害、保健功能、药效作用等。

(5)广告创意需要满足产品面向的城市消费群的需求,并进行创意性的展示。

(6)视频只需要展示广告的创意构思即可,不需要追求画面的质量等呈现效果。

(7)广告中应有核心的广告词,如"我动故我在"(某运动系列产品广告词)。

(8)各组轮流展示结束后,其他组分享对各团队作品的评价和建议,轮流发言,各组发言时间不超过3分钟。最后选出最佳创意广告。

3.实践指导

进行团队讨论时,可以使用"六项思考帽"的方法,鼓励成员多角度思考问题。如在会议刚开始的阶段,可以让大家戴上白色的"帽子",保持中立客观的思维态度,将问题的相关信息全部详细地罗列出来;然后,大家换上绿色的"帽子",发挥想象力,提出尽可能多的创意点子;接着,换上黑色的"帽子",从批评的角度出发,找出各解决方案的不足之处;最后,戴上蓝色的"帽子",从整体观出发,选出最合适的解决方案。此外,可运用之前学过的"关联想象"的技巧,越是将不相关的事物联系在一起,越能产生富有创意的广告点子。

4.自我检测

请根据以下检测内容为团队的讲解方案进行自我打分。打分标准:90~100分为完全达到要求,打钩数目为7;80~89分为基本达到要求,打钩数目为6;70~79分为部分达到要求,打钩数目为5;60~69分为少部分达到要求,打钩数目为4;60分以下为未达到要求,打钩数目为0~3。

检测内容	达到要求的请打钩
(1)广告突出了选取的野菜的特点及优势。	
(2)广告的创意构思能被大众所理解。	
(3)广告设计富有创新性,能吸引观看者的注意力。	
(4)有核心广告词且符合产品的特性。	

续表

检测内容	达到要求的请打钩
(5)广告设计满足消费群的需求。	
(6)代表对广告创意的阐释思路较为清晰。	
(7)团队成员之间分工明确、配合度较好。	
打钩总数: 自我打分:	

A+B=C 三、知识链接

(一)"六项思考帽" ①

白色思考帽:白色是中性的颜色,代表中立、客观,代表思考过程中搜集证据、数字、讯息等中立客观的事实与数字。

红色思考帽:红色是温暖热情的颜色,代表直觉、情感,代表思考过程中的情感、感觉、印象、直觉等问题。

黄色思考帽:黄色是阳光与乐观的颜色,代表积极、正面,代表思考过程中的乐观及建设性思考,研究利益所在,可取之处等问题。

黑色思考帽:黑色是逻辑与负面的颜色,代表谨慎、负面,代表思考过程中反思事实与判断是否与证据相符,考虑风险、困难、和潜在问题等负面因素。

绿色思考帽:绿色是活跃的颜色,代表创意、巧思,代表思考过程中的探索、提案、建议、新观念,以及可行性的多样化这些问题。

蓝色思考帽:蓝色是冷静的颜色,代表指挥、控制,代表思考过程的控制与组织,冷静地管理思考程序及步骤,了解需求,总结与决策。

---

① 文章来源:http://blog.sina.com.cn/s/blog_65b4b1400102vwk4.html。

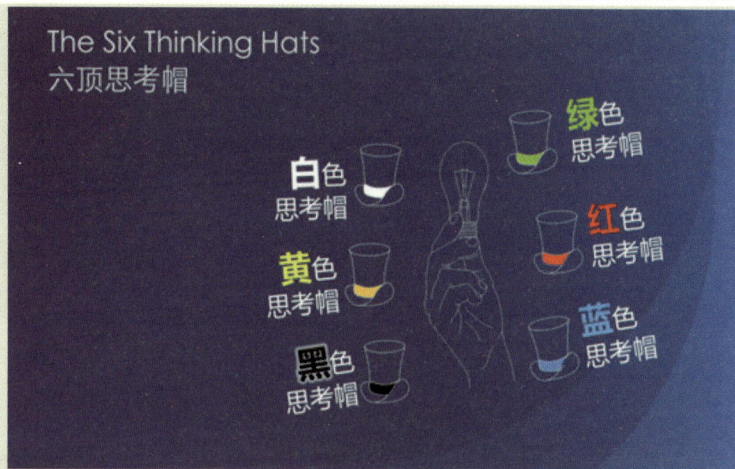

图 5-4-8①

（二）皮克斯动画工作室就像童话王国②

皮克斯动画工厂（Pixar Animation Studios，也称皮克斯动画工作室、皮克斯动画公司，简称皮克斯）总部座落于美国加利福尼亚州的 Emeryville，一直致力于制作优秀的电脑动画作品。公司的作品多次获得奥斯卡最佳动画短片奖、最佳动画长片奖及其他技术类奖项。皮克斯的技术一直领先于业界，其自行开发的 RenderMan 在许多电影中出尽了风头。

皮克斯的动画色彩鲜艳，人物形象设计独特、性格丰满，这与其公司文化密不可分。从《海底总动员》《怪兽电力公司》等影片的花絮中可以感受到整个公司轻松活泼的气氛。公司允许艺术创作者发挥个性，自行装饰他们的办公室，因此每个办公室都各有风格，有的是日式小餐馆，有的是丛林书屋，有的是童话故事中的小木屋。正是这种气氛使皮克斯的工作人员，从故事选材、脚本创作直至人物刻画、技术制作，都充满了创意，为全球观众献上了多部富有创意并充满哲理的精彩影片。

2006 年 1 月 24 日，华特迪士尼公司（The Walt Disney Company）正式宣布将以 74 亿美元收购皮克斯。

（三）更多创意办公室设计

1.《给我一个这样的办公室，我一天上 24 小时的班！》

链接地址：http://www.92to.com/xinwen/2016/10-09/11350257.html

2.《全世界最酷的办公室：Selgas Cano 建在树林里 一半在地下》

链接地址：http://it.newhua.com/2016/0805/309503.shtml

---

① 图 5-4-8 来源：http://s3.sinaimg.cn/large/004gP7Qygy6EHpIAKpY42&690。

② 文章来源：http://www.motifidea.com/cn/news/487.html。蒂娜·齐莉格.斯坦福大学最受欢迎的创意课[M].秦许可,译.长春:吉林出版集团有限责任公司,2013:86.

图 5-4-9 皮克斯总部的"员工墙"

图 5-4-10 许多爱动画的"极客怪咖"们：我不是一个人

图 5-4-11 总部大厅

图 5-4-12 皮克斯标志——超大号跳跳台灯

图 5-4-13 约翰·拉塞特的办公室

图 5-4-14 一位员工的办公室

四、思考练习

1.自由组队,设计团队名称、口号并介绍团队优势,要求:

(1)团队名称不超过 10 个字;

(2)团队口号不超过 20 个字;

(3)团队优势介绍不超过 300 字;

（4）团队名称有较高辨识度,易给人留下深刻印象;

（5）团队口号响亮,朗朗上口,简单易记;

（6）团队优势需同团队名称有关联;

（7）团队优势内容需结合团队各成员的个性情况,展现团队特色。

2.环境能直接影响团队的士气和创意的产生,以宿舍为团队单位,对宿舍环境进行改造。除不可移动的大型物件,如衣柜等,可变换其他可移动物件的摆放位置,或改变宿舍的装饰、色彩等。要求:

（1）宿舍的改造围绕一个统一的主题,如主题为"植物王国",宿舍可增添真实的藤条和仿真树叶,粘贴花卉图案,摆放盆栽等。

（2）改造过程中运用团队创意,共同合作完成。

（3）改造后的宿舍环境能促进团队成员积极心态的形成并引发团队的创意思维。

3.实地考察活动:请前往所在地区的市中心,选择其中一条人流量不大的商业街,仔细观察这条商业街的外观设计、沿街商铺设计、交通便利情况、顾客群情况、出售产品种类、公共基础设施、安全保障等,总结该商业街的优势和存在的问题。随后围绕"怎样能将这里建造成本市具有影响力的商业街"这一议题,为该商业街未来的发展提出富有创造性的合理建议,形成一份创意报告。如条件许可,可提交相关专家进行审阅、修改。

4.手工活动:请利用棉花糖、20 根牙签、6 粒 QQ 糖、一块纸板、橡皮筋、剪刀、胶带、胶水制作一模型,要求棉花糖放置在模型的最顶端。请运用团队智慧完成这一任务,拍下照片并用文字记录自己的感想。最后共同投票选出最佳制作团队。

五、拓展阅读

1.Thomas Vogel.创新思维法[M].陶尚芸,译.北京:电子工业出版社,2016.

2.李艳,杨百寅.创意实施——创新研究未来走向[J].心理科学进展,2016,24(4):643-653.

3.姜辉.复杂创意团队创意能力研究[D].哈尔滨:哈尔滨工业大学,2016.

References

参考文献

一、图书

[1]　郭咸纲.西方管理学说史[M].北京:中国经济出版社,2003.

[2]　柳青,蓝天.有效沟通技巧[M].北京:中国社会科学出版社,2003.

[3]　徐芳.团队绩效测评技术与实践[M].北京:中国人民大学出版社,2003.

[4]　游梓翔.认识辩论[M].台北:双叶书廊有限公司,2003.

[5]　周长城.经济社会学[M].北京:中国人民大学出版社,2003.

[6]　何继善,陈晓红.管理科学:历史沿革、现状与发展趋势[M].长沙:湖南人民出版社,2004.

[7]　李怀祖.管理研究方法论[M].西安:西安交通大学出版社,2004.

[8]　赵慧军.动力与绩效[M].北京:经济管理出版社,2004.

[9]　李雪峰.中国管理学[M].北京:中国人民大学出版社,2005.

[10]　姜杰.西方管理学思想史[M].北京:北京大学出版社,2007.

[11]　刘筱红.管理思想史[M].武汉:湖北人民出版社,2007.

[12]　刘永芳.管理心理学[M].北京:清华大学出版社,2008.

[13]　郝明义.越读者[M].北京:人民文学出版社,2009.

[14]　刘金同,裴明珍.大学生实用口才与演讲[M].北京:清华大学出版社,2009.

[15]　孙绍振.名作细读——微观分析个案研究[M].上海:上海教育出版社,2009.

[16]　王新宇.聘之有道:面试读心术[M].北京:机械工业出版社,2009.

[17]　应届生求职网.应届生求职面试全攻略[M].上海:上海交通大学出版社,2009.

[18]　徐绪松.复杂科学管理[M].北京:科学出版社,2010.

[19]　邱飞廉.职场应用写作[M].北京:中国人民大学出版社,2011.

[20]　王凤彬,李东.管理学[M].北京:中国人民大学出版社,2011.

[21]　姚列铭.创新思维观念与应用技法训练[M].上海:上海交通大学出版社,2011.

[22]　赵凡禹.舌上风暴:辩论技法与辩论口才大全集[M].北京:新世界出版社,2011.

[23]　阮航.应用写作(第四版·含习题集)[M].成都:西南交通大学出版社,2012.

[24]　徐皓峰.刀与星辰:徐皓峰影评集[M].北京:世界图书出版公司,2012.

［25］ 颜永平,杨赛.演讲与口才教程［M］.上海:华东师范大学出版社,2012.

［26］ 胡伟,胡军,张琳杰.沟通交流与口才［M］.北京:清华大学出版社,2013.

［27］ 欧阳国忠.活动策划实战全攻略［M］.北京:清华大学出版社,2013.

［28］ 王俊峰.每天学点销售心理学［M］.北京:石油工业出版社,2013.

［29］ 王启明.好口才系列丛书:辩论口才［M］.成都:巴蜀书社,2013.

［30］ 杨萃先.这些道理没有人告诉过你［M］.北京:北京联合出版公司,2013.

［31］ 彭园珍,成应翠,王慧编.舌尖上的战斗:美国总统大选精彩辩论战集锦［M］.北京:北京航空航天大学出版社,2014.

［32］ 张保忠,陈玉洁.机关·企事业单位应用文写作规范与例文:文秘写作、办公文案［M］.北京:中华工商联合出版社,2014.

［33］ 郑一群.超有效的 10 堂销售口才课［M］.长沙:湖南科学技术出版社,2014.

［34］ 雷凤.别怕,求职面试就这么简单［M］.北京:清华大学出版社,2015.

［35］ 王竹立.碎片与重构:互联网思维重塑大教育［M］.北京:电子工业出版社,2015.

［36］ 小马宋.那些让文案绝望的文案［M］.北京:北京联合出版公司,2015.

［37］ 胡亚萍.有话好好说:沟通与协调实用方法和技巧［M］.北京:经济管理出版社,2016.

［38］ 吴闲云.煮酒探西游［M］.北京:民主与建设出版社,2016.

［39］ 张瑞年,张国俊.应用文写作大全［M］.北京:商务印书馆国际有限公司,2016.

［40］ 周小舟.中华人民共和国合同范本全书(增订版)［M］.北京:中国法制出版社,2016.

［41］ 曹丽娟,叶黔,达廖华.应用写作［M］.成都:四川人民出版社,2017.

［42］ 金秋萍,陆家桂.大学语文［M］.上海:上海交通大学出版社,2017.

［43］ 宋犀堃.销售就是要会聊天［M］.北京:北京联合出版公司,2017.

［44］ 杨国庆.领导决策.［M］北京:研究出版社,2017.

［45］ 叶嘉莹.古诗词课［M］.北京:生活·读书·新知三联书店,2018.

［46］ 乔恩·卡曾巴赫.团队的智慧［M］.侯玲,译.北京:经济科学出版社,1999.

［47］ 苏珊·桑塔格.反对阐释［M］.程巍,译.上海:上海译文出版社,2003.

［48］ 布朗.学会提问:批判性思维指南［M］.赵玉芳,向景辉,译.北京:中国轻工业出版社,2006.

［49］ 克林斯·布鲁克斯.精致的瓮:诗歌结构研究［M］.郭乙瑶,王楠,姜小卫,等,译.上海:上海人民出版社,2008.

［50］ 安伯托·艾柯.误读［M］.吴燕莛,译.北京:新星出版社,2009.

［51］ G·西蒙斯.网络时代的知识和学习:走向连通［M］.詹青龙,译.上海:华东师范大学出版社,2009.

［52］ 罗兰·巴特.罗兰·巴特随笔选［M］.郑法清,谢大光,译.天津:百花文艺出版社,2009.

［53］ 蒂姆·赫森(Tim Hurson).不换思想就换人［M］.张猛,译.北京:机械工业出版

社,2009.

[54] R.基思·索耶编.剑桥学习科学手册[M].徐晓东,译.北京:教育科学出版社,2010.

[55] 河濑和幸.99%的人都用错了销售技巧:日本销售大王让你业绩翻5倍[M].李娟,译.苏州:古吴轩出版社,2011.

[56] 詹姆斯·S.奥罗克.管理沟通:以案例分析为视角[M].康青,译.北京:中国人民大学出版社,2011.

[57] 米歇尔·福柯.这不是一只烟斗[M].邢克超,译.桂林:漓江出版社,2012.

[58] 斯蒂芬·P.罗宾斯.管理学[M].李原,译.北京:中国人民大学出版社,2012.

[59] 霍华德·莱茵戈德.网络素养:数字公民、集体智慧和联网的力量[M].张子凌,老卡,译.北京:电子工业出版社,2013.

[60] 乔·吉拉德, 罗伯特·L.舒克.怎样成交每一单[M].刘志军,熊璞刚,韩冰,译.北京:中国人民大学出版社,2013.

[61] 詹姆斯·格雷克.信息简史[M].高博,译.北京:人民邮电出版社,2013.

[62] 杰夫·戴尔,赫尔·葛瑞格森,克莱顿·克里斯坦森.创新者的基因[M].曾佳宁,译.北京:中信出版社,2013.

[63] 肯·威尔伯,特里·帕滕等.生活就像练习:肯·威尔伯整合实践之道[M].金凡,译.北京:同心出版社,2013.

[64] Peter Morville.随意搜索[M].沈浩翔,译.武汉:华中科技大学出版社,2013.

[65] 蒂娜·齐莉格.斯坦福大学最受欢迎的创意课[M].秦许可,译.长春:吉林出版集团有限责任公司,2013.

[66] 汤姆·凯利,乔纳森·利特曼.创新的艺术[M].李煜萍,谢荣华,译.北京:中信出版社,2013.

[67] 威廉·庞德斯通.谁是谷歌想要的人才[M].闾佳,译.杭州:浙江人民出版社,2013.

[68] 斯科特·扬.如何高效学习[M].程冕,译.北京:机械工业出版社,2014.

[69] 安伯托·艾柯.开放的作品[M].刘儒庭,译.北京:中信出版社,2015.

[70] 卡尔维诺.为什么读经典[M].黄灿然,李桂蜜,译.南京:译林出版社,2015.

[71] 凯莉·史密斯.做了这本书[M].吴琪仁,译.武汉:湖北科学技术出版社,2015.

[72] 瓦尔特·本雅明.单向街[M].陶林,译.南京:江苏文艺出版社,2015.

[73] 埃里克·瓦尔.创意就是这么简单[M].郭晓静,译.北京:中信出版社,2016.

[74] E.M.罗杰斯.创新的扩散(第五版)[M].唐兴通,郑常青,张延臣,译.北京:电子工业出版社,2016.

[75] 哈里·弗里德曼.销售洗脑[M].施轶,译.北京:中信出版社,2016.

[76] 克里斯·安德森.演讲的力量:如何让公众表达变成影响力[M].蒋贤萍,译.北京:中信出版社,2016.

[77] 诺瓦尔·霍金斯.销售圣经[M].刘伟,译.北京:现代出版社,2016.

[78] 帕科·昂德希尔.顾客为什么购买[M].缪青青,刘尚焱,译.北京:中信出版社,2016.

[79] 斯图尔特·弗里德曼.沃顿商学院自我管理课[M].郭慧泉,译.北京:北京联合出版公司,2016.

[80] 特奥·康普诺利.慢思考:大脑超载时代的思考学——欧洲工商管理学院最受欢迎的思维课[M].阳曦,译.北京:九州出版社,2016.

[81] 亚当·罗宾逊.如何学习:用更短的时间达到更佳效果和更好成绩[M].林悦,译.北京:中国青年出版社,2016.

[82] 托马斯·沃格尔.创新思维法[M].陶尚芸,译.北京:电子工业出版社,2016.

[83] 奥野宣之.如何有效整理信息[M].苏萍,译.南昌:江西人民出版社,2017.

[84] 本尼迪克特·凯里.如何学习[M].玉冰,译.杭州:浙江人民出版社,2017.

[85] 大岩俊之.实用性阅读指南:把读到的知识转化成能力[M].陈怡萍,译.南昌:江西人民出版社,2017.

[86] 东尼·伯赞.伯赞学习技巧[M].卜煜婷,译.北京:化学工业出版社,2017.

[87] 约翰C.马克斯维尔.领导力21法则[M].路本福,译.上海:文汇出版社,2017.

[88] 科里·鲍克.没有带不好的团队:高绩效团队管理的全新技巧模板[M].郭慧泉,译.北京:中国友谊出版公司,2017.

[89] 马丁·纽曼.演讲的本质:让思想更有影响力[M].郑燕,译.北京:中信出版社,2017.

[90] R.梅雷迪思.贝尔宾.管理团队:成败启示录[M].袁征,蔺红云,李和庆,译.北京:机械工业出版社,2017.

[91] 东尼·伯赞,巴利·伯赞.思维导图[M].卜煜婷,译.北京:化学工业出版社,2018.

[92] 乔·帕克,瑞贝卡·唐克林,胡诚项.辩论的艺术[M].周杰,译.桂林:广西师范大学出版社,2018.

二、期刊论文、报纸文章

[1] 成思危.管理科学的现状与展望[J].管理科学学报,1998(1):8-14.

[2] 彭剑锋,张望军.如何激励知识型员工[J].中国人力资源开发,1999,20(9):12-14.

[3] 黄华新,濮方平.试论创新思维的基本构成与测试方法[J].绍兴文理学院学报(哲学社会科学版),2000(3):30-36.

[4] 段文红.经济合同写作中应注意的问题[J].新疆广播电视大学学报,2001(2):29-30.

[5] 吴歌.合同写作中概念运用存在的问题[J].辽宁教育学院学报,2001,18(5):31-32.

[6] 陈湘纯,傅晓华.论创新思维的哲学内涵[J].科研管理,2003(1):10-14.

[7] 谢武奇.浅谈企业工作报告撰写的"三忌三宜"[J].办公室业务,2003(1):21-21.

[8] 陈立恒.合同写作要求浅谈[J].广西商业高等专科学校学报,2003,20(4):73-75.

[9] 张文生.论创新思维的基本原理[J].南京社会科学,2003(12):26-32.

[10] 杨宏郁.论创新思维的特征与大学生创新思维的培养[J].广西民族学院学报(哲学社

会科学版),2004(2):230-233.

[11]　李淑文.论创新思维培养的方法[J].教育理论与实践,2005(20):6-8.

[12]　林尚立.公共管理学:定位与使命[J].公共管理学报,2006,3(2):1-6.

[13]　薛福连.合同写作怎样"咬文嚼字"[J].写作(上旬刊),2006(9):25-26.

[14]　梁淑珍.浅议大学生创新思维的培养与训练[J].江西财经大学学报,2007(2):
　　　118-121.

[15]　姚丽萍.管理沟通中的激励技巧[J].商场现代化,2007(30):112.

[16]　廖艳君.求职简历的撰写要诀[J].新闻与写作,2008(1):61.

[17]　袁楠,何跃.创新思维与创新心理及其相互关系[J].社会科学管理与评论,2008
　　　(2):7-13.

[18]　孙绍振.文本分析的七个层次[J].语文建设,2008(3):4-8.

[19]　孙绍振.文本分析的七个层次(续)[J].语文建设,2008(4):7-9.

[20]　林绚晖,卞冉,朱睿,车宏生.团队人格组成、团队过程对团队有效性的作用[J].心理
　　　学报,2008,40(4):437-447.

[21]　丁琳,席酉民.变革型领导对员工创造力的作用机理研究[J].管理科学,2008,21(6):
　　　40-46.

[22]　程基伟.写好个人求职简历[J].科学导报,2008,26(14):106.

[23]　钟美慧.练就营销口才的秘诀[J].企业科技与发展,2008(21):28.

[24]　苏勇,刘国华.中国管理学发展进程:1978—2008[J].经济管理,2009(1):164-172.

[25]　秦长江,侯汉清.知识图谱——信息管理与知识管理的新领域[J].大学图书馆情报,
　　　2009,27(1):30-37.

[26]　陆扬.经典与误读[J].文学评论,2009(2):83-87.

[27]　祝世兴,董永春.论研究生个性尊重对创新能力及创新思维培养的意义[J].中国高教
　　　研究,2009(2):43-45.

[28]　王永丽,邓静怡,任荣伟.授权型领导、团队沟通对团队绩效的影响[J].管理世界,
　　　2009(4):119-127.

[29]　姜禾,陈方,杨宁.网络信息搜集技能探析[J].现代情报,2009(6):119-121.

[30]　秦秋,程冷杰.创新思维及其能力培养探析[J].江苏社会科学,2009(6):227-231.

[31]　何能.脱口就能"秀"[J].决策,2009(7):60.

[32]　孙绍振.多元解读和一元层层深入——文本分析的基本理论问题[J].中学语文教学,
　　　2009(8):4-8.

[33]　方乐.几种策划书的写作要点[J].秘书,2009(10):38-40.

[34]　赵鹏娟,李永鑫.应届大学毕业生求职简历调查分析[J].人才资源开发,2009(12):
　　　38-39.

[35]　樊重俊,黄凤兰.中国管理模式创新研究[J].商业研究,2010(1):58-61.

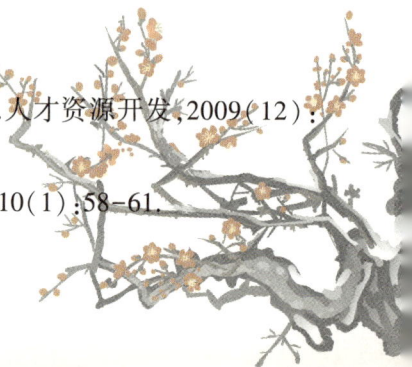

[36] 刘卫平.论大学生创新思维教育的本质特性及其内容[J].教育与现代化,2010(2)：26-30.

[37] 李祎,段万春,郑晓明.变革型领导对团队效能的影响研究[J].昆明理工大学学报(社会科学版),2010,10(3):84-86.

[38] 陈振明.公共管理的学科定位与知识增长[J].行政论坛.2010,17(4):17-20.

[39] 王翠.科学精神与创新思维[J].湖南社会科学,2010(5):50-52.

[40] 黄朝阳.加强批判性思维教育,培养创新型人才[J].教育研究,2010,31(5):69-74.

[41] 沈坤.在购物中博弈快感[J].医学美学美容(财智),2010(12):42-43.

[42] 丁辉.理论惯性与文本误读——关于沈从文《萧萧》的教学札记[J].语文知识,2011(1):35-37.

[43] 王峰,马琰.论文本误读的限度[J].求索,2011(1):217-219.

[44] 张志林.科学哲学与批判——创新思维[J].哲学研究,2011(1):94-100+129.

[45] 邱江,张庆林.创新思维中原型激活促发顿悟的认知神经机制[J].心理科学进展,2011,19(3):312-317.

[46] 周宪.关于解释和过度解释[J].文学评论,2011(4):171-180.

[47] 郝其宏.大学生辩论赛的逻辑底线设计[J].徐州师范大学学报(哲学社会科学版),2011(6):133-136.

[48] 孙大爽.浅谈辩论中的逻辑方法[J].现代交际,2011(8):14.

[49] 张海森.2001—2010年中外思维导图教育应用研究综述[J].中国电化教育,2011(8):120-124.

[50] 周鸿祎.创业者需要好口才[J].科技创业,2011(8):110.

[51] 刘琍.专题活动策划书写作探析[J].湖北广播电视大学学报,2011,31(9):132.

[52] 胡庆芳.培养学生创新思维品质的课堂实践研究[J].教育理论与实践,2012,32(2):52-54.

[53] 周宪.经典的编码与解码[J].文学评论,2012(4):85-96.

[54] 赵国庆.概念图、思维导图教学应用若干重要问题的探讨[J].电化教育研究,2012,33(5):78-84.

[55] 戴金成.做好"五大"文章,写好工作汇报[J].秘书,2012(10):34-35.

[56] 陈璐.从思维路径看创新思维的模式类型[J].前沿,2012(14):48-50.

[57] 祝琳,李志勤.大学生创新思维探析[J].教育理论与实践,2012,32(15):17-18.

[58] 方慧.关于大学生创新思维方式的思考[J].中国成人教育,2012(19):57-59.

[59] 张莉,曲振涛,鲁啸军,章刘成.应用型人才培养的创新思维模式探索[J].中国高等教育,2012(19):62-63.

[60] 李存金.大学生创新思维能力培养的实践途径与机制[J].创新与创业教育,2013,4(1):1-5.

[61] 李存金,闫永晶,杨青.大学生创新思维能力形成影响因素的实证分析[J].技术经济,
2013,32(3):29-35.

[62] 眭平.基于应用创新性人才培养的创新教育实践[J].中国高教研究,2013(8):89-92.

[63] 严颖.完美演讲礼仪技巧研究[J].商,2013(10):233.

[64] 徐文彬.关联与想象是学习与教学的实质[J].江苏教育,2013(33):1.

[65] 于承敏.基于思维导图的课堂教学模式研究[J].计算机时代,2014(1):66-68+71.

[66] 赵燕.人本教育理念下学生创新思维培养的路径探索[J].中国教育学刊,2014(2):
79-81.

[67] 崔国明.文本解读的三重境界[J].文学教育(下),2014(4):4-8.

[68] 李德毅,郑思仪.大数据时代的创新思维[J].北京联合大学学报,2014,28(4):1-6.

[69] 楼连娣,庞维国.知识基础对大学生创新思维的影响[J].华东师范大学学报(教育科
学版),2014,32(4):90-98.

[70] 魏丽英,路科.现代教育技术应用与创新思维培养的高效协调机制研究——供应链管
理视角下的分析[J].电化教育研究,2014,35(6):38-43.

[71] 张江.强制阐释论[J].文学评论,2014(6):5-18.

[72] 胡桂兰.创业团队风险感知与创业决策关系研究——基于团队沟通的中介作用分析
[J].技术经济与管理研究,2014(7):36-40.

[73] 李华平.症候:破译文本的密码——文本解读中的"症候解读法"[J].语文教学通讯,
2015(1):42-45.

[74] 孙静蕊.诗以为治:《诗经》中的法意——兼论法律与文学的关联及其意义[J].社会中
的法理,2015,7(1):241-296.

[75] 王宁.批评的公正性和阐释的多元性[J].中国文学批评,2015(2):12-15.

[76] 周宪.文学阐释的协商性[J].中国文学批评,2015(2):8-12.

[77] 朱立元.文学批评的任务主要不在于还原作者的意图[J].中国文学批评,2015(2):
15-19.

[78] 党路源.关于工作报告写作要领的探讨[J].长安学刊:哲学社会科学版,2015(4):
181-182.

[79] 杨艳蕾.课堂教学中正确绘制思维导图刍议[J].教育科学,2015,31(4):32-35.

[80] 黄厚江.文本解读的尊重和超越[J].语文教学通讯,2015(5):27-48.

[81] 王跃新,赵迪,王叶.创新思维发生及运行机制探赜[J].吉林大学社会科学学报,
2015,55(5):102-106+173-174.

[82] 沈汪兵,袁媛.创造性思维的社会文化基础[J].心理科学进展,2015,23(7):
1169-1180.

[83] 张美娟.例谈大学生校园活动策划书的写作[J].应用写作,2015(8):31-34.

[84] 张一玮.感知、空间与都市性:电影中的电梯影像[J].文化研究,2016(1):18-30.

[85]　闫守轩.思维导图:优化课堂教学的新路径[J].教育科学,2016,32(3):24-28.

[86]　李艳,杨百寅.创意实施——创新研究未来走向[J].心理科学进展,2016,24(4):643-653.

[87]　何克抗.论创客教育与创新教育[J].教育研究,2016,37(4):12-24+40.

[88]　张江.作者能不能死[J].哲学研究,2016(5):3-9.

[89]　周建兴.营销推广活动策划书的写作训练与应试技巧[J].读与写(教育教学刊),2016,13(7):289.

[90]　张江.强制阐释的独断论特征[J].文艺研究,2016(8):5-13.

[91]　刘智敏,独知行,于胜文,韩晓冬.思维导图方法的教学实践[J].测绘科学,2016,41(9):186-190.

[92]　包镭.论赛场主题演讲致胜要诀[J].新丝路(下旬),2016(11):224-226.

[93]　杨喜军.常见问题分析简易经济合同写作[J].应用写作,2016(11):21-23.

[94]　周宪.从"沉浸式"到"浏览式"阅读的转向[J].中国社会科学,2016(11):143-163.

[95]　徐丽华,李兵,张勇.基于微课和思维导图的混合式实验教学研究[J].实验技术与管理,2016,33(12):180-182.

[96]　丰卫东,高宝明.浅论团队优化[J].现代工业经济和信息化,2016,6(20):117-118.

[97]　李文慧.论演讲有声语言的表达艺术[J].现代交际,2017(1):76-77.

[98]　张家平.赏心悦目简洁明了,让求职简历靓起来[J].秘书之友,2017(1):35-37.

[99]　张江.开放与封闭——阐释的边界讨论之一[J].文艺争鸣,2017(1):6-14.

[100]　张铮.体验式教育对大学生创新思维培育研究[J].中国成人教育,2017(1):18-21.

[101]　王梓霖.基于创新的团队合作研究[J].经济研究导刊,2017(2):173-174.

[102]　耿步健.马克思恩格斯的创新思维方法论[J].江苏社会科学,2017(3):15-21.

[103]　连煜民.演讲多说真心话[J].政工导刊,2017(5):67.

[104]　张江,伊拉莎白·梅内迪,马丽娜·伯恩蒂等.文本的角色——关于强制阐释的对话[J].文艺研究,2017(6):75-81.

[105]　翟淼淼.大学生求职简历的写作技巧[J].考试周刊,2017(7):152.

[106]　周玉文.房屋租赁合同写作应注意的几个问题[J].应用写作,2017(7):21-23.

[107]　邓维斌,吴少飞,高锡荣.基于正交实验的头脑风暴关键影响因素筛选及其组合效应分析[J].西南大学学报(自然科学版),2017,39(10):84-94.

[108]　程林盛.怎样写好求职简历[J].中国大学生就业,2017(13):27-29.

[109]　刘文光.辩论式教学溯源及特点探析[J].遵义师范学院学报,2018(1):125-129.

[110]　于天.例谈大学生求职信的写法[J].应用写作,2018(1):37-39.

[111]　王军.伟大时代宣言,当代公文精品——党的十九大报告写作艺术赏析[J].办公室业务,2018(2):5+9.

[112]　冯一潇.诺贝尔奖为何青睐交叉学科[N].科学时报,2010-02-02.

三、学位论文

[1]　崔佳颖.组织的管理沟通研究[D].北京:首都经济贸易大学,2006.

[2]　柳丽华.企业知识型员工绩效管理研究[D].济南:山东大学,2006.

[3]　聂丽莎.高科技企业研发人员绩效考核体系设计[D].北京:首都经济贸易大学,2006.

[4]　贺文娟.团队冲突与团队创造力关系研究[D].厦门:厦门大学,2008.

[5]　孟太生.科研团队领导行为及其影响团队效能的研究[D].成都:电子科技大学,2008.

[6]　宋新忠.孔子人才管理思想——以《论语》为考察中心[D].济南:山东大学,2008.

[7]　魏珂敬.大学生团队价值观调查研究[D].苏州:苏州大学,2010.

[8]　应腾.辩论的逻辑分析[D].杭州:浙江大学,2010.

[9]　李彩思.文学阅读教学中的文本理解与误读研究[D].西安:陕西师范大学,2011.

[10]　吴涛.公共领导者的战略领导力研究[D].上海:华东师范大学,2011.

[11]　程璐.我国古代团队管理思想研究[D].南昌:江西财经大学,2012.

[12]　董博清.基于思维导图的中学物理教学实证研究[D].长春:东北师范大学,2013.

[13]　沈红宇.当代中国文化软实力问题研究[D].北京:中共中央党校,2013.

[14]　吴淑芳.大学教育与人的创新素养发展[D].上海:华东师范大学,2013.

[15]　杨丽艳.《孟子》论辩艺术初探[D].重庆:重庆大学,2013.

[16]　李辉.高管团队特征与决策效果研究——行为整合的中介作用[D].沈阳:辽宁大学,2014.

[17]　姚海娟.创造性思维与认知抑制:机制和影响因素[D].天津:天津师范大学,2014.

[18]　叶新东.未来课堂环境下的可视化教学研究[D].上海:华东师范大学,2014.

[19]　陈圣鹏.基于创新生成理论模型的网络头脑风暴法设计研究[D].南京:南京航空航天大学,2015.

[20]　姜辉.复杂创意团队创意能力研究[D].黑龙江:哈尔滨工业大学,2016.

[21]　邵峥嵘.创新发展理念与创新思维方式的关系论[D].重庆:中共重庆市委党校,2017.

四、电子文献

[1]　维基百科:类推预测法.[DB/OL].[2009-10-16].http://wiki.mbalib.com/wiki/类推预测法.

[2]　360doc 个人图书馆:管理者必看的 100 个小故事.[DB/OL].[2014-08-22].http://www.360doc.com/content/14/0822/20/2650383_403905716.shtml.

[3]　十五位企业家经典决策案例.[EB/OL].[2014-09-03].http://m.hx2car.com/car/newsdetails.htm? id=508345.

[4]　产品思维写简历.[EB/OL].[2014-11-24].http://www.woshipm.com/pmd/121412.html.

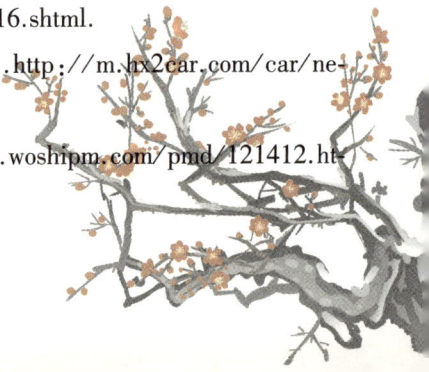

［5］ 纯诗印象派的博客.［EB/OL］.［2015-07-02］.http://blog.sina.com.cn/u/5294354256.

［6］ 一字之差错失百万,合同藏"语言陷阱".［EB/OL］.［2015-07-30］.http://news.youth.cn/sh/201507/t20150730_6940383.htm.

［7］ 江猛.超级推销口才"六点攻心术".［EB/OL］.［2015-09-11］.http://www.chuandong.com/news/news.aspx?id=164181.

［8］ 办公室装修——Pixar(皮克斯)动画工作室.［EB/OL］.［2016-05-19］.http://www.motifidea.com/cn/news/487.html.

［9］ 百度百科:维珍.［DB/OL］.［2016-08-30］.https://baike.baidu.com/item/维珍/17638.

［10］ 个人工作报告范文.［EB/OL］.［2016-11-10］.https://www.liuxue86.com/a/3007553.html.

［11］ 舒乙.老舍的爱好.［DB/OL］.［2016-11-16］.http://www.360doc.com/content/16/1116/08/33735976_606922487.shtml.

［12］ 合同中的陷阱,一字之差,百万损失.［DB/OL］.［2016-11-25］.http://www.360doc.com/content/16/1125/22/28451161_609548600.shtml.

［13］ 冯兄话吉.应届生成功面试的四大法则+校招面试问题汇总.［EB/OL］.［2016-12-05］.https://zhuanlan.zhihu.com/p/24185747.

［14］ 长沙医学院官方网站:"茶话会"活动策划书.［EB/OL］.［2017-03-15］.http://www.csmu.edu.cn/zyx/show.asp?id=774.

［15］ 百度百科:3M 公司.［DB/OL］.［2017-06-08］.https://baike.baidu.com/item/3M 公司.

［16］ 李开复.6 个交流技巧让你的演讲更成功.［EB/OL］.［2017-09-08］.http://www.sohu.com/a/190694216_99983489.

［17］ 百度百科:IDEO.［DB/OL］.［2017-09-13］.https://baike.baidu.com/item/IDEO.

［18］ 疯狂填词游戏,释放你的想象力.［EB/OL］.［2017-10-25］.http://www.sohu.com/a/200193132_308384.

［19］ 看过他为 YKK 设计的拉链,就知道为什么他的工作室排名世界第一了.［EB/OL］.［2017-12-11］.http://www.justeasy.cn/news/7958.html.

［20］ 出国留学网:个人年度工作报告范文.［EB/OL］.［2017-12-15］.http://www.liuxue86.com/a/3546678.html.

［21］ MBA 智库百科:情绪疗法 ABC 理论.［DB/OL］.［2018-02-05］.http://wiki.mbalib.com/wiki/情绪 ABC.

［22］ MBA 智库百科:目标设置 SMART 原则.［DB/OL］.［2018-02-06］.http://wiki.mbalib.com/wiki/SMART 原则.

［23］ 百度百科:GTD 时间管理法.［DB/OL］.［2018-02-07］.https://baike.baidu.com/item/GTD 时间管理/3859426?fr=Aladdin.

［24］ 百度百科:PDCA 循环过程管理法.［DB/OL］.［2018-02-07］.https://baike.baidu.

com/item/PDCA 循环/5091521？fr＝aladdin.

［25］ 豆丁文档网:目标多权树法.［DB/OL］.［2018－02－08］.http://www.docin.com/p－231438749.html.

［26］ MBA 智库百科:四象限法则.［DB/OL］.［2018－02－10］.http://wiki.mbalib.com/zhtw/%E6%97%B6%E9%97%B4%E5%9B%9B%E8%B1%A1%E9%99%90.

［27］ MBA 智库百科:沟通漏斗效应.［DB/OL］.［2018－02－10］.http://wiki.mbalib.com/wiki/%E6%B2%9F%E9%80%9A%E6%BC%8F%E6%96%97.

［28］ MBA 智库百科:二八法则.［DB/OL］.［2018－02－12］.http://wiki.mbalib.com/zh－tw/80/20%E6%B3%95%E5%88%99.

［29］ 百度百科:意识流.［DB/OL］.［2018－03－04］.https://baike.baidu.com/item/意识流/109181？fr＝aladdin.

［30］ Sean Ye.面试 100 人,据说 99%的人都回答不好这个问题.［EB/OL］.［2018－03－08］.https://zhuanlan.zhihu.com/ilovemyjob.

［31］ 豆丁文档网:松下集团团队建设.［DB/OL］.［2018－03－12］.http://www.docin.com/p－1686727407.html.

［32］ HR 告诉你电话面试技巧以及接电话礼仪.［EB/OL］.［2018－03－14］.http://arts.51job.com/arts/71/381349.html.

［33］ 16 个经典面试问题回答思路.［EB/OL］.［2018－03－20］.http://arts.51job.com/arts/05/336951.html.

［34］ 百度百科:MAC(苹果电脑).［DB/OL］.［2018－03－20］.https://baike.baidu.com/item/MAC/173？fr＝aladdin.

［35］ 幼儿教师工作报告范文.［EB/OL］.［2018－04－10］.http://sh.qihoo.com/pc/96cb72a87ff84daac.

［36］ MBA 智库百科:冲突管理流程.［DB/OL］.［2018－04－15］.http://doc.mbalib.com/view/1ca3af7c50d295d6055ef76a1a8ed8ed.html.

［37］ 百度百科:螃蟹效应.［DB/OL］.［2018－04－18］.https://baike.baidu.com/item/螃蟹效应/383310？fr＝Aladdin.

［38］ 百度百科:Facebook.［DB/OL］.［2018－04－22］.https://baike.baidu.com/item/Facebook.

［39］ 百度词条:新青年.［DB/OL］.［2018－05－01］.https://baike.baidu.com/item/%E6%96%B0%E9%9D%92%E5%B9%B4/25994？fr＝aladdin#4_1.

［40］ 出国留学网:合同范本大全.［EB/OL］.［2018－05－01］.https://www.liuxue86.com/he-tongfanben.

［41］ 出国留学网:活动策划书模板大全.［EB/OL］.［2018－05－01］.https://www.liuxue86.com/cehuashu/huodong.

［42］ 好范文网:述职报告范文集合.［EB/OL］.［2018－05－01］.http://www.haoword.com/
shuzhibaogao.

［43］ 论文联盟网:大学辩论赛策划方案.［EB/OL］.［2018－05－01］.http://www.lwlm.com/
GuiZeFangAn/201112/601664.htm.

［44］ 中华人民共和国人民政府网站.历年国务院政府工作报告.［EB/OL］［2018－05－01］.
http://www.gov.cn/guowuyuan/baogao.htm.

［45］ 徐强.面试加分项［M/OL］.杭州:浙江出版集团数字传媒有限公司,2016［2016－11－
17］.https://www.zhihu.com/publications/hour/119552704.

能力达人荣耀墙

　　请在课程实践环节努力争优，收集如下图所示的五个"达人能量章"（能量章的获取方式请咨询授课教师），对应各部分的四章内容，集满四点能量，即可点亮对应的能力勋章：解码高手、写作精英、口语达人、领军人物、创新天才。在本课程结束的时候，可将你所获得的五个方向上的能量点用直线连接成一幅"雷达图"，向你的好友们展示你的新能力。

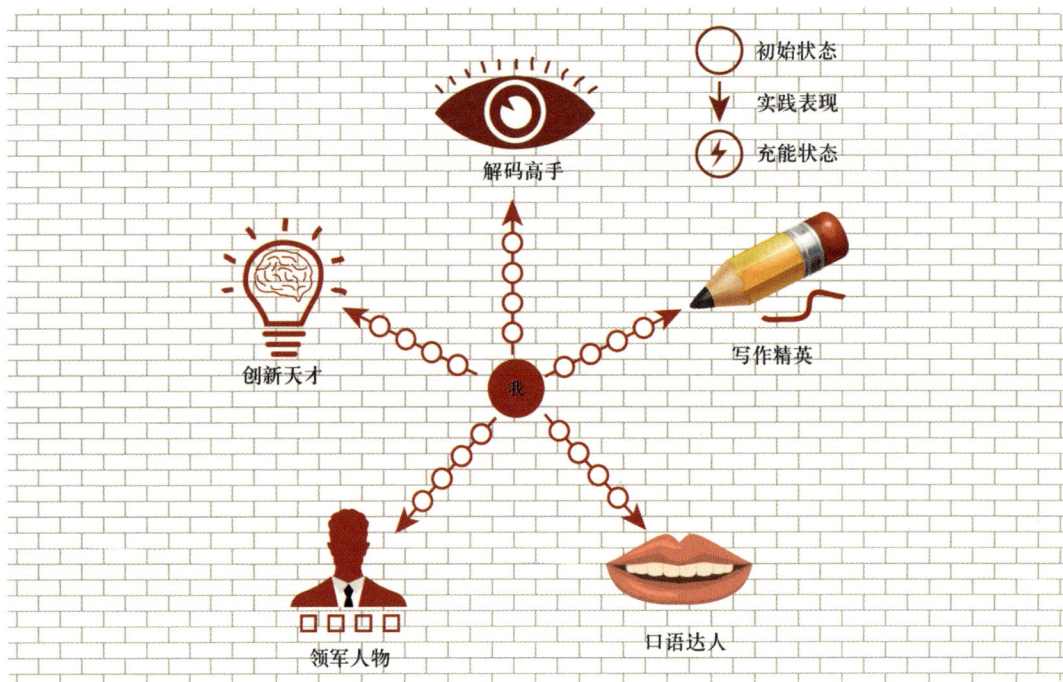

解码高手

初始状态

实践表现

充能状态

创新天才

写作精英

我

领军人物

口语达人